土木工程专业研究生系列教材

桥梁结构地震响应与抗震性能分析

柳春光　编著

中国建筑工业出版社

图书在版编目(CIP)数据

桥梁结构地震响应与抗震性能分析/柳春光编著. —北京:中国建筑工业出版社,2009
（土木工程专业研究生系列教材）
ISBN 978-7-112-11111-4

Ⅰ.桥… Ⅱ.柳… Ⅲ.桥梁结构—抗震设计—研究
Ⅳ.U442.5

中国版本图书馆 CIP 数据核字(2009)第 112331 号

本书以桥梁结构地震可靠性和抗震性能分析为研究内容,对桥梁结构的抗震设计原理、震害特点、地震可靠性分析方法、抗震性能分析方法等进行了阐述。并且以实例形式详细介绍了桥梁结构地震可靠性分析方法、可靠性计算过程、弹塑性地震响应和桥梁结构抗震性能分析方法,将抗震分析理论和工程应用结合起来。该书具有很强先进性和实用性。

本书可为从事土木、建筑专业的工程技术人员,高等学校的学生以及研究生等参考。

* * *

责任编辑　常　燕

本书的出版得到了大连市人民政府的资助。

土木工程专业研究生系列教材
桥梁结构地震响应与抗震性能分析
柳春光　编著
*
中国建筑工业出版社出版、发行(北京西郊百万庄)
各地新华书店、建筑书店经销
广州友间文化有限公司制版
广州佳达彩印有限公司印刷
*
开本:787×1092 毫米　1/16　印张:15¾　字数:383 千字
2009 年 10 月第一版　2009 年 10 月第一次印刷
定价:**32.00** 元
ISBN 978-7-112-11111-4
(18354)

版权所有　翻印必究
如有印装质量问题,可寄本社退换
(邮政编码 100037)

前　言

2008年5月12日发生在我国四川省汶川的8.0级特大地震,造成近7万人死亡,37万人受伤,直接经济损失达上千亿元人民币。这次地震损失如此惨重的原因,除了地震震级大、震源浅以外,还有一个非常重要的原因就是:汶川地处山区,地形复杂、交通不便,地震又造成道路、桥梁等生命线工程的严重毁损,给震后的救援工作带来巨大的困难,以致造成生命和财产的更大损失。由此可见,桥梁是生命线工程中的关键部分,在地震发生后的紧急救援和抗震救灾、灾后重建中有着极其重要的地位。桥梁震害及其带来的次生灾害均给桥梁抗震设计以深刻的启示和新的思考。

桥梁结构抗震问题涉及到的基本内容十分广泛,目前,桥梁结构抗震问题方面的书籍已经较多,但涉及桥梁结构地震可靠性和抗震性能方面的书籍还较少,为此,本书结合汶川地震给桥梁结构抗震分析带来的新思考,希望以桥梁结构地震可靠性和抗震性能分析作为本书的主要内容进行阐述和总结,并加以桥梁结构实例作详细分析与说明。这是编写本书的初衷,同时希望能提供一本桥梁结构地震响应分析和抗震性能研究的参考书。

本书根据编写目的对桥梁结构的抗震设计基本原理、线弹性地震响应、弹塑性地震响应、桥梁结构地震可靠性、智能算法在桥梁结构地震可靠性分析中的应用以及桥梁抗震性能等方面进行了讨论。并根据实际的连续梁桥、刚构桥、斜拉桥等算例进行了详细分析和介绍。

本书结合国内外桥梁结构抗震研究的最新进展,力求把目前这方面的最新研究成果编入在内,为此,本书侧重于桥梁结构的地震可靠性分析和抗震性能分析等方面的研究问题,做到全面、系统地介绍桥梁结构的抗震问题、震害特点、地震可靠性以及抗震性能等研究内容。但由于篇幅的关系,对于有些问题不能进行详细的推导,在此只是作了简单的介绍。本书共分15章,第1章介绍了桥梁结构抗震设计方法以及设计原则,分析了地震对桥梁结构的影响和地震中桥梁的破坏特点,讨论了桥梁结构的抗震分析方法的发展和变化。第2章对地震波的传播理论以及场地地震响应计算理论作了基础性的介绍,并阐述了一种简单的大型桥梁结构系统地震动参数的分析方法。第3章介绍了单自由度系统的振动问题的基本理论。第4章介绍了多自由度系统的振动问题的基本理论。第5章介绍了运动微分方程的基本解法。以 Newmark β 法、Wilson θ 法为主,详细介绍了地震响应的直接积分方法。第6章介绍了地震反应谱理论、反应谱求法、振型分解法以及基于反应谱理论的地震力计算方法等问题,并进行了论述和详细分析。第7章针对梁桥结构,介绍了桥梁结构地震可靠性分析以及已建桥梁结构系统加固优化方法。第8章介绍了遗传算法的基本原理、分析步骤、执行策略以及收敛性等问题,将遗传算法引入到桥梁结构地震可靠性分析中。第9章介绍了桥梁结构抗震可靠性的反应谱分析方法,分别阐述了一致地震激励结构的反应谱分析方法和非一致地震激励时结构抗震可靠性的反应谱分析方法。第10章介绍了结构抗震性能评价方法，阐述了基于性能的抗震设计的理论框架以及 pushover 方法的分析原理。第 11 章介绍了桥梁结构的非线性地震响应及抗震性能分析方法，阐述了桥梁结构的非线性分析模型以及桥梁结构的地震响应分析方法，并通过实例加以说明。第 12 章介绍了改进的适应谱 Pushover 方法，讨论了高阶振型对桥梁抗震性能的影响问题，提出了基于改进的适应谱 Pushover 方法的桥梁抗震性能评价方法，并通过实例加以说明。第 13 章介绍了基于位移的适应谱 Pushover 方法，并提出了基于位移的适应谱 Pushover 方法的梁桥抗震性能评价方法。第 14 章以斜拉桥为例，介绍了斜拉桥的静力弹塑性分析以及基于屈服后位移模式修正的 DASPA 法，提出了斜拉桥非线性地震响应分析与性能评价方法。第 15 章通过算例阐述了基于日本抗震规范桥梁结构抗震性能设计方法，希望能对我国抗震设计有新的启示。

本书提供了一本全面、系统、学习桥梁结构地震可靠性和抗震性能分析等研究内容的参考书，通过理论基础知识和实际算例相结合的方式，可为从事土木、建筑专业的工程技术人员，高等学校的学生以及研究生服务。

由于时间的限制以及作者的学识有限，书中疏漏和错误之处在所难免，敬请读者批评指正。

感谢被引用文献的作者们，感谢国家自然科学基金的资助，感谢大连市学术著作出版基金的资助，感谢中国建筑工业出版社的支持。

柳春光
2008 年 12 月于大连理工大学

目 录

第1章 桥梁结构抗震概述 ·· 1
1.1 引言 ··· 1
1.2 桥梁结构的构造及特点 ··· 2
1.3 桥梁结构类型 ··· 3
1.4 桥梁结构震害 ··· 4
1.5 桥梁结构抗震设计方法 ··· 9
1.6 桥梁结构的抗震设计特点 ·· 12
1.7 桥梁结构的抗震设计原则 ·· 13

第2章 场地地震危险性评价 ·· 15
2.1 引言 ··· 15
2.2 地震及地震波 ··· 15
2.3 地震动的确定方法 ·· 18
2.4 设定地震 ·· 18
2.5 场地地震动参数的确定 ··· 19

第3章 单自由度系统的振动 ·· 24
3.1 引言 ··· 24
3.2 运动方程 ·· 24
3.3 自由振动 ·· 25
3.4 强迫振动 ·· 27
3.5 阻尼比测取原理 ·· 31

第4章 多自由度系统的振动 ·· 36
4.1 运动方程的建立 ·· 36
4.2 自由振动 ·· 38
4.3 强迫振动 ·· 41

第5章 运动微分方程的基本解法 ··· 44
5.1 引言 ··· 44
5.2 傅式变换法 ··· 44
5.3 振型叠加法 ··· 48
5.4 逐步积分法 ··· 50
5.5 桥梁结构有限元分析的基本单元 ·· 52
5.6 桥梁结构的振动频率与振型 ·· 57

  5.7 桥梁结构的振动阻尼 ………………………………………………………… 59

第6章 地震反应谱理论 ……………………………………………………………… 61
  6.1 地震反应谱 …………………………………………………………………… 61
  6.2 振型参与系数 ………………………………………………………………… 64
  6.3 振型组合 ……………………………………………………………………… 65
  6.4 反应谱求法 …………………………………………………………………… 66
  6.5 设计反应谱 …………………………………………………………………… 68
  6.6 拟反应谱、三联反应谱和标准反应谱 ……………………………………… 68
  6.7 基于反应谱理论的地震力计算 ……………………………………………… 69
  6.8 基于我国规范桥梁抗震设计方法 …………………………………………… 69

第7章 梁桥结构地震可靠性分析 …………………………………………………… 74
  7.1 引言 …………………………………………………………………………… 74
  7.2 结构可靠性分析方法 ………………………………………………………… 75
  7.3 桥墩构件可靠性分析 ………………………………………………………… 87
  7.4 算例分析 ……………………………………………………………………… 88
  7.5 桥梁上部结构可靠性分析 …………………………………………………… 89
  7.6 梁桥结构系统可靠性分析 …………………………………………………… 97
  7.7 算例分析 ……………………………………………………………………… 98
  7.8 已建桥梁结构系统加固优化方法研究 ……………………………………… 98

第8章 遗传算法在桥梁结构可靠性分析中的应用 ………………………………… 102
  8.1 遗传算法简介 ………………………………………………………………… 102
  8.2 遗传算法的基本原理 ………………………………………………………… 103
  8.3 遗传算法步骤 ………………………………………………………………… 104
  8.4 遗传算法执行策略 …………………………………………………………… 105
  8.5 遗传算法的收敛性 …………………………………………………………… 106
  8.6 遗传算法在结构可靠性分析中的应用 ……………………………………… 107
  8.7 算例分析 ……………………………………………………………………… 108

第9章 桥梁结构抗震可靠性的反应谱分析 ………………………………………… 110
  9.1 一致地震激励结构的反应谱分析 …………………………………………… 110
  9.2 非一致地震激励时结构抗震可靠性的反应谱分析 ………………………… 112
  9.3 基于反应谱理论的结构抗震可靠度分析方法 ……………………………… 120
  9.4 算例分析 ……………………………………………………………………… 121

第10章 结构抗震性能评价方法 …………………………………………………… 123
  10.1 引言 ………………………………………………………………………… 123
  10.2 基于性能的抗震设计的理论框架 ………………………………………… 123
  10.3 Pushover方法的分析原理 ………………………………………………… 126
  10.4 能力谱方法 ………………………………………………………………… 128
  10.5 位移影响系数法 …………………………………………………………… 130

  10.6 地震需求谱的建立 ·· 130
第 11 章 桥梁结构的非线性地震响应及抗震性能分析 ································ 138
  11.1 引言 ·· 138
  11.2 桥梁结构非线性有限元模型 ··· 138
  11.3 桥梁结构的非线性分析模型的建立 ·· 147
  11.4 钢筋混凝土结构非线性地震响应的时程分析 ······························ 150
  11.5 桥梁结构的 Pushover 分析 ··· 151
第 12 章 基于改进的适应谱 Pushover 方法的桥梁抗震性能评价 ··············· 159
  12.1 引言 ·· 159
  12.2 改进的适应谱 Pushover 方法 ··· 159
  12.3 算例分析 ··· 162
  12.4 高阶振型对桥梁抗震性能的影响 ·· 167
第 13 章 基于位移的适应谱 Pushover 方法的梁桥抗震性能评价 ··············· 172
  13.1 引言 ·· 172
  13.2 基于位移的适应谱 Pushover 方法 ··· 173
  13.3 梁桥算例分析 ·· 174
第 14 章 斜拉桥非线性地震响应分析与性能评价 ······································· 184
  14.1 引言 ·· 184
  14.2 斜拉桥的工程概况和计算模型 ··· 185
  14.3 斜拉桥的静力弹塑性分析 ·· 191
  14.4 基于屈服后位移模式修正的 DASPA 法 ···································· 195
第 15 章 基于日本抗震规范的桥梁结构抗震性能设计方法 ························ 198
  15.1 中、日抗震设计规范的比较分析 ·· 198
  15.2 算例 1 基于日本抗震规范单墩柱的 Pushover 抗震分析 ············ 204
  15.3 算例 2 基于日本抗震规范桥梁全体系 Pushover 抗震分析 ········ 227
参考文献 ··· 238

第1章 桥梁结构抗震概述

1.1 引 言

地震是一种自然现象,全世界每年要发生很多次,绝大多数地震对生命安全和工程建设并无危害,能够形成灾难的,全世界每年平均发生十几次。我国是地震多发国家之一,有40%以上的国土属于超过Ⅶ度的地震烈度区。20世纪以来,我国平均每三年发生两次7级以上地震,其中有几次酿成重灾。如1976年发生在我国河北省唐山市里氏7.8级大地震,造成近20万人死亡,16万人受伤,唐山市遭到毁灭性破坏。1999年9月21日在我国台湾省集集镇发生的台湾本岛有记录的最强烈地震(M7.6级),造成2400多人死亡和10000多人受伤,各类建筑物倒塌近万间,另约7000幢建筑物受到严重损伤。公路桥梁包括那些遵照抗震设计要求建造的桥梁,也遭到严重破坏,根据台湾省公路部门的统计,地震直接造成至少9座桥梁严重破坏,这其中包括3座正在施工的桥梁。另外由于断层破裂,导致5座桥梁倒塌,7座桥梁受到中等程度破坏。2008年5月12日发生在四川汶川的大地震(震级M8.0级),造成的损失远比唐山大地震还要严重,地震导致近7万人死亡,37万人受伤,直接经济损失达上千亿元人民币。这次地震损失如此惨重的原因,除了地震震级大、震源浅以外,还有一个非常重要的原因就是:汶川地处山区,地形复杂、交通不便,地震又造成道路、桥梁等生命线工程的严重损毁,给震后的救援工作带来巨大的困难,以致造成生命和财产的更大损失。

桥梁结构是生命线工程系统中的关键部分,在地震发生后的紧急救援和抗震救灾、灾后重建中有着极其重要的地位。近年来,桥梁震害及其带来的次生灾害均给桥梁抗震设计以深刻的启示和新的思考。为此,桥梁结构地震可靠性和抗震性能问题将成为人们关注的焦点。

桥梁结构抗震是基于总结和验证灾害基础上发展起来的一门学科。长期以来,人们为了从地震威胁中解脱出来,从过去的灾害中不断总结经验、分析原因、吸取教训,制定有效的抗震设防措施,以达到减轻地震损失的目的。可以说,桥梁结构抗震设计理论和技术的发展都是以沉痛的灾害教训为代价的,新的结构抗震设计标准和设计理念的确立都经历了灾后的反思、验证、总结和提高的过程。

桥梁结构抗震设计理论经历了静力弹性设计、动力弹性设计方法以后,动力弹塑性设计方法的有效性已经得到广泛的认同,延性设计、减隔震结构等结构抗震设计方法已在各国的抗震设计规范中得到不同程度的应用,我国桥梁抗震设计规范也正朝着弹性设计、弹塑性设计方法并存的方向发展,因此仅了解和掌握弹性设计理论已不能满足工程结构抗震设计的需要,弹塑性地震响应设计方法在桥梁结构抗震设计中的重要性越来越显著。

桥梁结构形式多种多样,其按功能分为人行桥、公路桥、铁路桥、高架桥、立交桥、管道桥、运河桥、高架水渠桥等；按材料分为木桥、石桥、钢桥、钢筋混凝土桥等；按结构形式分为浮桥、吊桥、梁式桥、拱桥、斜拉桥、悬索桥、刚构桥等。

1.2 桥梁结构的构造及特点

桥梁结构一般分为上部结构和下部结构。其上部结构分为桥身（梁、拱、缆、索）、桥面和必要的连接构件；下部结构分为桥墩、桥台、支座和基础。图1.1为一个桥梁结构的示意简图。

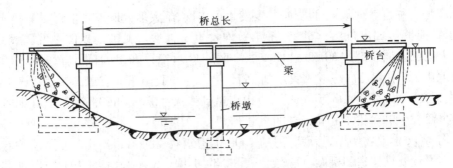

图1.1 桥梁结构示意图

桥墩是支承桥身的承重构件，它要承受竖向的恒载（车辆行人的活荷载和竖向地震作用），水平方向荷载（车辆制动力、风和水平地震作用）。桥墩坐落在基础上，基础对桥梁的稳定有关键作用。桥梁的基础一般有以下的形式：

（1）浅基础，如果地基是岩石或坚实的土层，一般就直接将桥墩坐落在地基上，为减少压强，将基础适当扩大，所以也叫扩大基础。

（2）桩基础，当水比较深，覆盖软土层厚，用得比较多的是桩基础，与房屋建筑的桩基础相同，一般用群桩，桩顶建承台将群桩连为整体。

（3）管柱钻孔桩基础，先将多个一定直径的管柱打到基岩，然后在管内钻孔，灌入混凝土，完成后用钢板桩将全部管柱围成围堰，灌注承台，形成基础与墩身一体的下部结构。

（4）沉井基础，常用于上部软，而深部坚实的地基。如果把沉井的底节封盖，加压输气作成工作室，则为沉箱。

（5）地下连续墙，它也是特殊的灌注桩，只是钻孔是方形的，连在一起可成为各种形状的连续墙。

（6）深水设置基础，将基础在岸上预制好，清理整平地基后，用浮运沉井或大型浮吊在深水中安装，适合水深、潮急、现场施工困难的地方，如海峡深水桥、海洋平台等。

桥身构件按不同结构形式有不同的类型，一般的为梁、拱和桥面组成，桥身横梁受竖向力后上部受压，下部受拉，是承受车辆行人荷载的主要构件。但桥身不是直接架在桥墩上，中间有支座。支座的作用首先是适应由于热胀冷缩或受力产生的桥梁上部结构的变形，其次是要固定梁的位置，而隔震支座可以吸收地震能量，减少上部结构振动，因此在国内外的很多桥梁中得以应用。桥梁支座一般可分为活动支座和固定支座。活动支座允许梁伸缩和转动变形,而固定支座允许转动但不许伸缩。支座的形式很多,有钢支座、板式和盆式橡胶支座、球面支座等。

1.3 桥梁结构类型

桥梁结构一般分为以下几种结构形式:

梁桥,它是运用最广泛的桥梁结构。梁桥的桥身是用各种梁作为承载结构,按照截面形式,可分为实腹梁和桁架梁,实腹梁又分板梁和箱梁,当桥跨度大要求梁增大高度时,可节省材料。实心梁逐渐演变为工字梁等空心梁,然后把梁的横截面做成薄壁箱形,既节约材料、重量,又保证承载力。图1.2为桁架式梁桥的示意图。

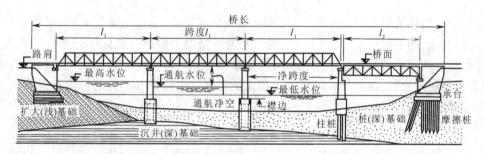

图1.2 桁架式梁桥的示意图

拱式桥,它是古老又年轻的桥梁形式,按桥身相对拱肋的位置,可分为上承式、中承式和下承式。弯曲的拱肋承受压力,将压力传到支座,拱的支座要同时承受竖向压力和横向推力,因此对基础和地基的要求高。如果在用系杆将两个拱脚连接,作用在拱脚的水平推力就由拉杆承受,它可减轻对地基的荷载作用。石拱桥结构示意图见图1.3。

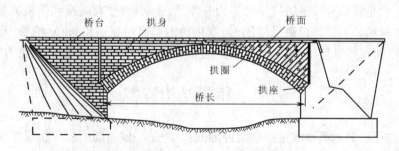

图1.3 石拱桥结构示意图

悬索桥,它是一种最适合大跨度的桥梁形式,见图1.4。桥身一般是刚度较大的刚性梁(又称加劲梁),用吊索悬挂在大缆上。大缆用高强度、冷拔加工的镀锌钢丝,分成几十甚至上百股,每股又包含几十或上百根钢丝,所以一根大缆有几千或几万根钢丝。大缆由主塔支撑,大缆的另一头固定在两岸的锚碇上,因此锚碇受到竖向和水平的拉力。悬索桥的大缆几何形状由荷载控制,对大跨度桥,自重(恒载)占绝大比例,桥上的活荷载不会改变桥身形状,即重力刚度,因此只要加大大缆的尺寸、主塔、锚碇,悬索桥可以跨度更大。但悬索桥的吊索彼此平行,容易在风荷载作用下振动变形,如1940年当时居世界第三跨度的美国的塔科马海峡悬索桥在8级大风作用下剧烈扭曲振动而坠毁。

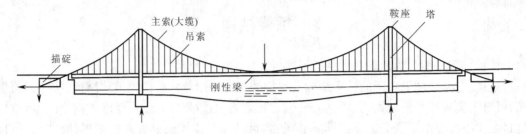

图1.4 悬索桥示意图

斜拉桥,将悬索桥适当改变,把大缆和吊索改为斜拉索,它也由塔柱支持,最边上的拉索仍拉在桥身上,用不着锚碇,见图1.5。实际上主塔相当于桥墩。斜拉桥的结构形式起源很早,分析拉索的受力计算困难。但因为与悬索桥相比,斜拉桥刚度大,抵抗风振的能力强,所以随着计算机的发展,这种形成的桥有了很大的发展。斜拉桥有不同的拉索布置方式,可以显示出不同的建筑风格。

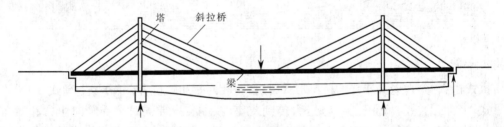

图1.5 斜拉桥示意图

刚构桥,它是将梁身和桥墩或桥台连为一体,形成刚架,兼有梁桥和拱桥的特点,外形轻巧美观,节省材料。当桥面标高受限制时,刚构桥的梁高可以做得很小,给桥下留出净空高度,所以立交、跨线桥常使用,特别与预应力钢筋混凝土结构结合使用,优点更为突出。

1.4 桥梁结构震害

桥梁结构受到的地震影响主要有两种形式:一种是场地运动引起的桥梁结构振动,另一种是场地相对位移产生的强制变形。前者是以惯性力的形式将地震作用施加在桥梁结构上,而后者则是支点强制变形产生的超静定内力或过大的相对变形影响桥梁结构的地震安全性。

地震波从震源到地表面的传播过程中,从大的方面可划分为两个阶段:第一阶段是从震源传到地下基岩,第二阶段是从地下基岩传至地表面的建筑物。在第一阶段的地震波传播中,波形的变化主要表现为振幅的衰减。根据机理,振幅衰减包括几何衰减、黏性衰减和能量辐射衰减三个部分。由于在这一阶段中地震波的周期特性变化比较小,波形改变是以振幅衰减为主,因此也称之为距离衰减。地震波在第二阶段的传播中需要穿过地表面的土层,由于土层之间存在分界面,波在土层之间发生折射和反射后传到地表面。地面的地震波周期和振幅特性与基岩位置的地震波相比有比较明显的差异,这种差异与地表面土层结构和地质条件密切相关。根据地震波传播的这种特点,桥梁结构的地震响应分析,除了必须考虑震源发生的地震规模外,还需要考虑地震波的传播距离和表面土层结构,土质条件等因素的影响。

一般桥梁结构的各桥墩(墩台)所在的位置,由于地质条件往往很不相同,质点之间受到地震运动很难一致,所以在地震中将会发生相对位移引起的破坏现象。特别是跨越断层地带、液化地基的桥梁,桥梁相对位移将会导致落梁破坏、支座切断、梁和墩(台)的结构损伤等地震破坏现象。

在地震作用下,桥梁受到不同程度的破坏,轻者桥台、桥墩倾斜或开裂、支座锚栓剪断或拉长,重者桥台、桥墩滑移,落梁,倒塌。由于公路桥桥梁荷载一般比铁路桥梁小,故其基础常较浅,震害一般较重。人们通过调查总结发现,除了如液化、断层等地基失效引起的破坏以外,钢筋混凝土桥梁主要的破坏形式为桥墩柱的破坏。

桥墩柱的破坏是地震中桥梁破坏的主要形式。桥墩的破坏现象主要有桥墩的倒塌、断裂和严重倾斜;对于钢筋混凝土桥墩,其破坏现象还包括桥墩轻微开裂、保护层混凝土剥落和纵向钢筋屈曲等。

在地震作用下钢筋混凝土桥墩发生三种有代表性的破坏类型,分别称为弯曲破坏、弯剪破坏和剪切破坏。由于上部结构一般具有较高的抗震性能和承载力,而抗震设计主要是面向桥墩,因此设计方面的缺陷、施工质量的优劣均体现在桥墩的抗震性能上。桥墩的破坏主要原因可以概括为以下三个方面:(1)在20世纪70年代之前桥梁结构的设计方法基本上是弹性设计方法,只采用弹性设计而对延性考虑得不够的桥墩,一旦超过屈服则无法利用塑性耗能来抗震,强度会急剧下降而使桥墩破坏,另外由于主筋的切断位置不当也可造成强度下降引起桥墩破坏。(2)墩身剪切破坏。根据Priestley等的试验研究,钢筋混凝土桥墩的剪切强度主要由沿斜裂缝方向混凝土骨料的咬合作用、横向钢筋及轴力共同提供。现有钢筋混凝土桥梁中横向钢筋含量一般较小,而且连接性能较差,因此桥墩抗剪强度有限,尤其是短粗的桥墩更容易遭受剪切破坏。桥墩的剪切破坏主要发生在盖梁与桥墩的连接处,桥墩中部及桥墩与承台的连接处。(3)桥墩与盖梁的节点剪切破坏。一般发生在多柱式桥墩及外伸式墩柱框架的节点,由于盖梁、主梁、柱子主筋锚固不足或者是节点外横向钢筋含量太小,无法有效传递地震力而发生破坏。

由于钢筋混凝土结构的破坏形式影响结构的变形能力,延性比较差的结构在地震中因构件失去承载能力容易发生倒塌性破坏,修复比较困难。因此,脆性的剪切破坏、弯剪破坏是结构在地震中不希望出现的破坏形式。

1.4.1 桥墩弯曲破坏

弯曲破坏,是指结构的弯曲承载能力低于剪切破坏的承载能力,结构承载力由抗弯性能起控制作用的破坏形式。在水平反复荷载作用下,由于构件的截面弯曲抵抗能力低,在损伤截面内形成塑性铰,产生较大的回转变形,从损伤开始到最终破坏变形幅度变化很大,也就是说具有比较大的变形能力。在损伤发生以后,由于塑性变形吸收地震能量和刚度下降能够减轻地震作用的强度,因此,这种形式的破坏通常可以避免桥梁在地震中发生倒塌破坏。

图 1.6 为弯曲破坏的实例,其中前一例损伤发生在桥墩中间纵向钢筋截断位置,而后一例则发生在刚架桥墩变截面弯矩最大处。两者在地震中均能保持支撑上部结构的机能,没有发生桥梁倒塌破坏。

图 1.6　桥墩弯曲破坏实例

1.4.2　桥墩剪切破坏

剪切破坏,是指结构弯曲承载力高于剪切承载能力,结构的承载力完全由剪切强度控制的破坏形式。剪切破坏的破坏形态以斜方向的剪切裂缝为主。剪切破坏也是一种脆性破坏,塑性变形能力很差。地震时,剪切破坏是桥梁遭受致命性破坏的重要原因,这种形式的破坏比较多见。图 1.7 为发生剪切破坏的一些实例,梁桥因桥墩剪切破坏而失去了承载力。由于剪切破坏的脆性和突然性,在设计新的桥梁或加固设计中都需要特别注意避免剪切破坏的发生。

图 1.7　桥墩剪切破坏实例

1.4.3 落梁破坏

无约束活动节点处的位移过大使得桥跨在纵向的相对位移超出支座长度而引起的桥梁破坏，称之为落梁破坏。落梁破坏的例子很多，这种破坏在高墩柱的多跨连续梁中尤其容易发生。落梁破坏的主要原因是由于梁与桥墩(台)的相对位移过大，支座丧失约束能力后引起的破坏形式，如发生在桥墩之间的地震相对位移过大、梁的支撑长度不够、支座破坏、梁间地震碰撞等情况。图 1.8(a)为 1951 年 Kobe 地震中 Wangan 高速公路上 Nishinomiya-ko 拱桥东连接跨的落梁破坏；图 1.8(b)为 2008 年 5 月 12 日汶川大地震中的落梁破坏。

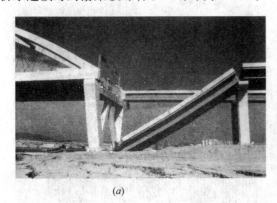

(a)　　　　　　　　　　　　　　　(b)

图 1.8　桥梁结构落梁破坏实例

1.4.4 桥台、桥墩滑移

当桥梁跨过河流时，桥台均建于坡岸上，桥墩也常在河岸缓坡上，当地基或边坡含有软弱土层(如可液化的砂层)时，在强地震动作用下边坡易产生滑坡，从而带动桥台、桥墩向河心滑移，引起桥台、桥墩断裂、倾斜、沉陷，甚至倒塌。对于桥台而言，背后填土在地震时产生的土动压力会使桥台滑移或倾斜，破坏翼墙或使填土下沉。这种震害多见于冲积平原河流上的桥梁。一般桥墩在地震时会产生倾倒或剪切破坏(图 1.9、图 1.10)，桥墩东倒西歪(图 1.11)。震动也使桥发生纵向(图 1.12)或横向位移，造成桥身错位或塌落。桥台是桥梁两侧岸边的支撑部分，一般是在岸边的原土或填土上用钢筋混凝土修建三角形或矩形的支台，因为桥台的路基高且三面临空，振动大，桥台和下面的土刚度不同，有相互作用，土体本身在地震中会产生液化、震陷等破坏，所以桥台是桥梁抵抗地震作用的薄弱部分。桥台常见的破坏是桥台或填土处开裂(图 1.13)，当受到振动或场地液化影响，填土还会产生滑移、塌落等破坏现象(图 1.14)。

1.4.5 支座破坏

桥梁支座破坏是上部结构中最常见的一种破坏形式。上部结构的地震惯性力通过支座传到下部结构，当传递荷载超过支座的设计强度时支座发生合在一起。支座损伤也是引起落梁破坏的主要原因，对下部结构而言，支座损伤可以避免上部结构的地震作用传到桥墩，避免桥墩发生破坏。

桥梁支座破坏的原因有两种，即地基失效和结构振动。不论是哪一种破坏原因，桥梁支座处都受到很大的剪力或变形，当剪力超过锚栓强度，锚栓既被剪断或拉长；当变位超过活动支座的容许值，桥即倾斜或支座落位(图 1.15、图 1.16)。据统计，1976 年 7 月 28 日唐山地震时仅铁路桥,支座锚栓被剪断者至少有19座。

图1.9 桥墩破坏(神户地震,1995)

图1.10 短桥墩剪断(台湾集集大地震,1999)

图1.11 桥墩滑移(唐山大地震,1976)

图1.12 桥身纵向滑移落梁(神户地震,1996)

图1.13 桥台附近填土开裂(丽江地震,1996)

图1.14 桥台后的路基塌落(唐山大地震,1976)

图 1.15 桥支座撞坏(唐山大地震,1976)　　图 1.16 滦河桥塌落(唐山大地震,1976)

1.4.6 承台及桩基的破坏

通常情况下承台强度较大、体积大而破坏较轻,然而桩基的破坏则较常见,尤其是在地面以下 1~2 倍桩径范围内。由于桩可相对自由运动,承受较大弯矩,因此,对于高桩承台,桩基破坏更为严重,而且由于桩基的柔性会使桥墩的屈服位移增大而使结构的延性变差导致桥墩与上部结构的破坏现象。

高架桥破坏是近年城市地震破坏的引人注目的现象。高架桥的特点是桥墩随地形或跨越需要而高低不等,大多有弯曲、细长的引桥,多层跨越,空间构形十分复杂。这样的复杂空间受力状态在设计阶段很难考虑周全,特别是当某一跨先破坏,受力状态将发生变化,因此高架桥的地震震害十分特别,地震反应分析也非常复杂。

1.4.7 桥梁结构震害教训

总结桥梁结构震害教训,尤其是最近十年来的桥梁震害教训,有以下一些新的启示:

(1)桥梁抗震设防采用性能设计原则比较合理。即在考虑工程造价、结构遭遇地震作用水平、紧急情况下维持交通能力的必要性以及结构的耐久性和修复费用等因素下,决定桥梁的重要性及其在遭遇不同水准的地震作用下允许的损坏程度(性能),据此进行桥梁的抗震设计;

(2)桥梁抗震设计应同时考虑强度和延性,尤其注重提高桥梁结构整体和钢筋混凝土桥墩的延性能力;

(3)重视采用减隔震的设计技术,以提高桥梁的抗震性能;

(4)对复杂桥梁(如斜弯桥、高墩桥梁或桥墩刚度变化很大的桥梁),强调进行空间动力时程分析的必要性;

(5)重视桥梁支座的作用及其设计,同时开发更有效的防止落梁装置。

1.5 桥梁结构抗震设计方法

桥梁结构的抗震计算的地震力理论经历了静力法、反应谱理论和动态时程分析法三个阶段。目前,延性设计、减隔震结构等结构抗震设计方法已在各国的抗震设计规范中得到不同程度的应用,我国桥梁抗震设计规范也正朝着弹性设计、弹塑性设计法并存的方向发展。

地震力理论也称地震作用理论,它研究地震时地面运动对结构物产生的动态效应。地面运动现可用强震仪以加速度时程曲线(两个水平、一个竖向)的形式记录,在工程应用中简称地震波记录。结构在地震波激励下的强迫振动是随机振动,求解结构地震反应是相当复杂的。在桥梁抗震计算中,早期采用简化的静力法,20世纪50年代后发展了动力法的反应谱理论,近20年来对重要结构物采用动力法的动态时程分析法。

1. 静力法

最早在1899年,日本大房森吉提出静力法的概念。它假设结构物各个部分与地震动具有相同的振动。此时,结构物上只作用着地面运动加速度 $\ddot{\delta}_g$ 乘上结构物质量 M 所产生的惯性力,把惯性力视作静力作用于结构物作抗震计算。惯性力计算公式为

$$F = \ddot{\delta}_g M = \ddot{\delta}_g \frac{W}{g} = KW \tag{1.1}$$

式中 W——结构物各部分重量;

K——地面运动加速度峰值与重力加速度 g 的比值。

从动力学的角度,把地震加速度看作是结构地震破坏的单一因素有极大的局限性,因为它忽略了结构的动力特性这一重要因素。只有当结构物的基本固有周期比地面运动卓越周期小很多时,结构物在地震振动时才可能几乎不产生变形而可以被当作刚体,静力法才能成立。

2. 反应谱法

1931年,美国开始进行强震观测网布置。1940年,美国英佩里亚尔谷(Imperial Valley)地震成功地收集了包括埃尔森特罗(El-Centro)地震在内的大量地震加速度记录资料,为抗震计算动力法的建立提供了宝贵的科学资料。1943年,M. A. Biot提出了反应谱概念,给出世界上第一个弹性反应谱,即一个单质点弹性体系对应于某一强震记录情况下,体系的周期与最大反应(加速度、相对速度、相对位移)的关系曲线。1948年,G. W. Honsner提出了基于反应谱理论的抗震计算动力法。

反应谱是地震工程中普遍使用的一个概念。所谓反应谱,是指在某一给定的地震动作用下,单自由度体系反应的最大绝对值与自振周期、阻尼比之间的关系。而反应谱理论就是将结构物简化为多自由度体系,多自由度体系的地震反应可以按振型分解为多个单自由度体系反应的组合,每个单自由度体系的最大反应可以由反应谱求得。

地震中的反应谱理论由于考虑了结构的动力特性与地震动特征之间的动力关系,又保持了原有的静力理论形式,因而得到了广泛的使用。各国现行的结构抗震设计规范,绝大多数仍采用弹性反应谱理论计算结构的弹性地震力,并通过一个所谓的"强度折减系数"对弹性地震力进行修正,以反映结构弹塑性变形的影响。但反应谱方法仍存在如下缺陷:(1)只适用于弹性分析;(2)只能得到最大反应,不能反映结构在地震过程中的经历,也不能反映地震动持续时间的影响;(3)多振型反应谱法存在振型组合问题。

3. 动态时程分析法

结构在强震作用下,通常都进入弹塑性范围,产生较大的塑性变形,从而逐步认识到结

构延性对抗震的作用。由于反应谱理论无法反映许多实际的复杂因素,诸如大跨桥梁的地震波输入相位差、结构的非线性二次效应、地震振动的结构—基础—土的共同作用等问题,因此,20世纪60年代,重要的建筑物、大跨桥梁和其他特殊结构物采用多节点、多自由度的结构有限元动力计算模式,把地震强迫振动的激振——地震加速度时程直接输入,对结构进行地震时程反应分析,这通称为动态时程分析。地震作用输入可以直接选用强震仪记录得地震加速度时程,它有两个水平分量(南—北,东—西)和一个竖直分量。动态时程分析法可以精确地考虑结构、土和深基础相互作用、地震波相位差及不同地震波多分量多点输入等因素建立结构动力计算模式和相应地震振动方程;同时,考虑结构几何和物理非线性以及各种减震、隔震装置非线性性质(如桥梁特制橡胶支座、特种阻尼装置等)的非线性地震反应分析亦更趋成熟和完善。因此,动态时程分析法可以考虑各种不同因素,使结构抗震计算分析的结果更加符合实际震害现象。另外,由于发展了动态时程分析方法,使桥梁抗震计算从单一强度保证转入强度、变形(延性)的双重保证。目前,大多数的国家对常用的桥梁结构型式的中小跨桥梁仍采用反应谱理论计算外,对重要、复杂、大跨的桥梁抗震计算都建议采用动态时程分析法。

动力分析包括计算模型、结构动力特性以及外力作用下结构动力响应计算等几个部分。计算模型是影响计算结果是否合理的首要前提,因此需要根据结构形状、外力作用方式、结构振动特性等实际情况进行综合判断,适当选择。严格地讲,桥梁的地震响应要从三维结构考虑,但是通常的桥梁为细纤结构,而且地震作用又以低阶振型的影响为主,因此抗震设计一般以杆系结构模型为主。只有某些特殊场合,比如计算需要模拟地震波在土层中传播影响等情况时,计算模型中的一部分或全部应采用二维或三维单元。

动力分析有线性和非线性两种情形,而非线性分析又包括几何非线性、材料非线性和双非线性三种形式,在计算分析时需要根据地震作用的大小,结构形式以及结构物的重要性等实际情况考虑采用。当地震作用比较小且结构具有一定刚度时,地震响应可以按线弹性理论计算。几何非线性是考虑结构形状变化影响的计算方法,一般用在柔性桥梁,比如大跨度悬索桥、斜拉桥的柔性结构在地震时几何形状变化显著的情形。

4. 随机振动分析方法

早在20世纪50年代,人们就注意到了地震动具有明显的随机性,并开始用随机过程来进行描述。随机振动方法由于充分考虑了地震发生的统计性特征,被广泛认为是一种较先进合理的工具。采用随机过程理论计算结构的响应进行结构安全性和可靠性的评估,正日益受到重视和应用。虚拟激励法的提出,为利用随机振动方法进行大型工程分析提供了有效的计算手段。

5. 静力弹塑性分析方法

由于非线性时程分析方法技术复杂、计算耗费机时、计算工作量大、结果处理繁杂,且许多问题在理论上还有待改进(如输入地震动的不确定性),各规范有关时程分析方法的规定又缺乏可操作性,因此在实际工程中该方法并没有得到广泛的应用,通常仅限于理论研究。鉴于此,寻求一种简化的评估方法,使其能在某种近似程度上了解结构在强震作用下的弹塑性反应性能,将具有一定的应用价值。1975年Freeman等提出了一种简单实用又比较可靠的抗震设计方法——静力弹塑性分析方法(Pushover分析方法),以后虽有一定的发展,但未引起更多的重视。20世纪90年代以后,随着基于性能的抗震设计思想的提出和发展,Pushover分析方法引起了地震工程界的广泛兴趣。

Pushover分析方法相对时程分析方法来说比较简单,能大大简化设计计算工作,同时它能够清晰地反映出结构在强震作用下各个方面的性能,尤其对于反应以基本振型为主的结构,Pushover分析方法不仅能够很好的反映结构的整体变形,还能够很清晰地反映结构局部的塑性变形机制;相对于传统的线弹性静力法,它能够检测出线弹性静力法所不能检测到的结构缺陷,如局部楼层过大的变形、强度的不均匀分布和潜在易破坏构件的局部过载等问题。一些国家的抗震规范已逐渐接受了这一分析方法并纳入其中,如美国的ATC-40、FEMA-273和FEMA-274,日本、新西兰等国的规范。我国在新的建筑结构抗震设计规范中也引入了Pushover分析方法。

1.6 桥梁结构的抗震设计特点

通过大量的桥梁结构的震害现象,我们可以获得如下启示:(1)要重视桥梁结构的总体设计,选择较理想的抗震结构体系;(2)要重视延性抗震,并且必须避免出现脆性破坏;(3)要重视结构的局部构造设计,避免出现构造缺陷;(4)要重视桥梁支承连接部位的抗震设计,同时开发有效的防止落梁装置;(5)对复杂桥梁(斜弯桥、高墩桥梁或墩刚度变化很大的桥梁),应进行空间动力时程分析;(6)要重视采用减隔震技术提高结构的抗震能力。

目前,桥梁的抗震设计方法主要有基于强度和基于位移的抗震设计方法。基于强度的抗震设计方法首先是根据反应谱或等效静力法考虑综合影响系数或反应修正系数计算地震作用效应,然后根据地震作用效应检验或设计结构构件的强度。如美国的《AASHTO规范》、欧洲的《EUROCODES规范》以及我国早期的《公路和铁路工程抗震设计规范》都是采用基于强度的设计方法。基于位移的抗震设计方法是当前发展起来的一种新的抗震设计方法,在进行结构抗震设计时强调位移设计和检验首先是被加利福尼亚州运输部(1999年)的抗震设计准则所采用。根据桥梁结构形式的特点,其抗震设计也有如下的特点:

(1)限制梁纵、横向位移。桥梁破坏虽然很少伤人,但为了保证交通的应急需要,要求强震后桥梁仍能通车,至少要求在短期抢修后能通车,因此应防止地震时桥梁落梁的发生。落梁的原因在于梁与台墩之间的相对位移,这种相对位移来自桥梁各部运动的相位差、横向位移、基础转动或不均匀沉陷等方面。现有的防止落梁有效措施是加强不连续部分的联系以防止坠落,如加强钢梁端的连接钢板和混凝土梁的防止落梁钢筋和加大墩台帽尺寸等。

(2)跨河桥梁应考虑由于边坡失稳而产生的滑移。特别是在平原地区,地基下带夹有不良土层,地下水位常较高,大部分桥梁和桥墩倒塌事故是由于地基失效引起的。因此在桥梁设计中,选址时要特别重视工程地质条件,液化与边坡失稳的可能性。选择合理的基础形式,如深基和桩基等;选择合理的结构形式,避免斜交桥,以防止扭转破坏;施工缝处应埋设榫头或钢筋,增强接缝的抗剪能力。

(3)立交桥由于桥下空间要求,常采用单柱式桥墩。事实证明,对这种静定式的桥墩,应加强结构延性,加密柱中箍筋,防止脆性破坏,采取加强纵筋的搭接和锚固措施来提高短柱的延性等。

1.7　桥梁结构的抗震设计原则

近20年来,美国、日本等一些国家的地震工程专家先后提出了分类设防的抗震设计思想,即"小震不坏、中震可修、大震不倒"。由于中、小地震发生的频率高,可能性大,为了不使结构因累计损伤而影响其使用功能,故要求在常发生地震处,结构处于弹性范围内工作,以强度破坏作准则。而大地震在结构使用寿命期内发生的概率较小,是一种突发的特殊荷载,要结构弹性地抵抗它,既不经济也不现实,可以允许结构产生塑性变形和有限度的损伤,以结构的延性(常用的定义是结构弹塑性最大变形值与结构屈服极限变形之比)作为破坏准则,以达到"大震不倒"的要求。

目前,我国现行建筑规范采用的是三水准抗震设防目标和两阶段设计。它是根据我国现有科学水平和经济条件,从安全性考虑,使建筑抗震设防后,减轻建筑的地震破坏、避免人员伤亡、减少经济损失的原则确定的。三水准设防标准简要地说,就是要求建筑抗震设计做到"小震不坏、中震可修、大震不倒"。三水准设计的要求是指在第一水准时,结构处于弹性工作阶段,因此可以采用线弹性动力理论进行建筑结构地震反应分析,以满足强度要求。在第二水准烈度,既设防基本烈度时,建筑物可能出现一定程度的破坏,但经一般修理仍可继续使用。从结构受力角度来讲,结构已经进入非弹性阶段,但结构的弹塑性变形被控制在一定的限度内,或结构体系的损伤控制在修复的范围内。当结构遭受第三水准烈度,即罕遇地震烈度时,建筑物虽然破坏比较严重,整个结构可以有较大的非弹性变形,但应控制在规定的范围内,以免发生倒塌,从而保障建筑内部人员的安全。

两阶段设计是指:第一阶段对结构进行强度验算,即采用第一水准的地震烈度及其有关的地震动参数,按弹性理论计算地震作用效应与其他荷载效应组合,对结构进行承载力和弹性变形验算,以保证结构必要的承载力和变形要求,并采用相应的构造措施,使结构具有足够的延性,能够发展所需的塑性变形,自动满足第二水准地震烈度及其有关的地震动参数关于损伤控制在可修复范围内的设计要求。第二阶段对结构进行弹塑性变形验算,即对重要的建筑在地震时易倒塌的结构,按第三水准的地震烈度及有关参数进行薄弱层的弹塑性变形验算,并采取相应的抗震构造措施以实现"大震不倒"的设计要求。

在进行桥梁抗震设计时,其研究内容应包括如下方面:

(1)确定地震中预期的延性构件和能力保护构件,选择地震中延性构件潜在的塑性铰位置;

(2)进行多遇地震、设计烈度地震和罕遇地震作用下结构地震反应分析。多遇地震作用下的地震反应分析可采用反应谱方法,而设防烈度地震和罕遇地震作用下的地震反应分析应采用非线性时程分析方法;

(3)根据箍筋约束混凝土的应力—应变曲线进行立柱塑性铰区域的转动能力分析,以确定立柱塑性铰区域的容许转动能力;

(4)进行多遇地震作用下立柱强度验算;设防烈度地震作用下桥梁上部结构和下部结构的连接构件验算;罕遇地震作用下立柱塑性铰区域的转动能力验算;

(5)根据能力保护原则进行能力保护构件设计,以确保在地震作用下能力保护构件处于弹性反应范围；

(6)抗震构造细节设计。

由此可见,这种多级抗震设计思想的分析步骤可以统一归纳为桥梁结构的强度设计及性能设计,分析框图见图 1.17 所示。两种设计方法在初步设计阶段及根据所选择的结构计算模型在重力及地震作用下结构所需要的抗力效应阶段是一致的,而在结构的细部设计阶段两种方法存在着显著的差别,体现了不同的设计思想。强度设计方法中截面确定后,构件的验算和配筋只是为了满足构件的荷载效应,而在能力设计方法中,细部设计时首先要合理地选择桥梁结构的塑性铰位置,然后确定构件的尺寸,并对塑性区按所期望的延性能力进行配筋,最后对结构中其余构件进行设计确保其全过程的弹性性能。能力设计方法设计的桥梁在地震作用下的破坏机理的可预见性好,体现了较好的抗震性能。两种设计方法在地震作用下所表现的抗震能力见表 1.1。

按不同设计方法的桥梁结构的抗震性能比较　　　　表 1.1

强度设计方法	1. 塑性铰位置不明确； 2. 抗弯破坏及抗剪破坏都可能出现； 3. 塑性铰区截面延性难以估计； 4. 总体结构抗震能力难以确定； 5. 结构的抗震性能较差
能力设计方法	1. 塑性铰只发生在预先选择的部位； 2. 只产生弯曲破坏,剪切破坏不容许； 3. 截面延性易确定； 4. 结构有明确的延性能力； 5. 结构能达到预期的抗震性能

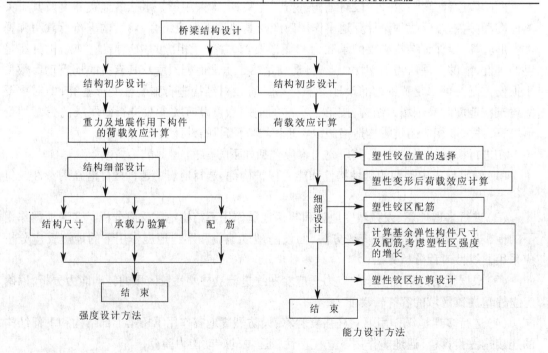

图 1.17　桥梁结构设计框图

第2章 场地地震危险性评价

2.1 引 言

一般来说，地震动的统计特性可以用它的幅值、频率含量、持续时间来描述。地震动实际过程包含了上述三个参数，它是一次地面运动的纪录。究竟选择哪些参数作为结构抗震设计的地震震动输入参数取决于结构的类型、结构的重要程度、拟采用的分析方法以及对结构破坏机制的认识。地震危险性、场地效应（场地分类和设计反应谱）、结构分析、结构设计及施工技术均为结构抗震设计的研究内容。而地震动时程是进行结构分析和生命线网络系统抗震分析的基础。对于房屋建筑而言，结构抗震设计方法已较成熟，它们要求的设计地震动参数只是近地表处单点的地震动峰值（加速度或速度）与反应谱，特别重要的核电厂也只是要求近地表处单点的地震动峰值、反应谱与强震动持续时间，或描述单点地震动过程的一组加速度过程。但是，上述没有考虑地震动的多点输入问题。

2.2 地震及地震波

2.2.1 地震

地震是由于地球中的地幔对流的不均匀性，各个板块的移动速度不相同，板块之间的速度差促使构成地壳的岩石受到挤压，发生变形，使其应变逐渐增加，当应变达到某一极限值时，岩石发生破坏，积蓄在岩石中的能量被释放出来，即产生了地震(earthquake)。地球的半径约为6370km，地球的最里部称为地核(the earth's nucleus)，而地核又由内核及外核构成。内核由比重较大的金属元素构成，处于固体状态，外核则为液体状态。地球的中间部分称为地幔(mantle)，厚度约为2900km。地球最外层称为地壳(the crust)，其构成成分为花岗岩、玄武岩等固体岩石，厚度大小不等，约为5~60km，平均厚度大约为35km，不及地球半径的1/100。地球表面又分为陆地与海洋，一般来讲，陆地部分地壳的厚度较大，而海洋部分地壳的厚度则较小。地壳并非一个连续的整体，它被一些海沟、海岭分割为不同大小的板块(plate)，这些板块浮于地幔上面，如同冰山漂浮于海洋上面一样。地球内部的温度不同，越接进地核，温度就越高。由于内部温度差的影响，地幔产生对流作用，浮于地幔上的板块受地幔对流的影响，将发生缓慢的移动，每年的移动距离大约为几厘米。

2.2.2 地震波

地震能量是以波的形式由震源传播到地表，称为地震波。地震波的传播距离越远，其振幅就越小，这种现象称为地震波的距离衰减现象。如果在均质的媒质中传播，尽管振幅减小，地震波的传播形式并不发生变化。实际上，在地震波的传播过程中，由于受地球内部多种多样的传播媒质的影响，地震波的传播途径、大小、形状要发生复杂的变化。地震波并非单纯波,而是包含各种波形的复合波,其一般可分为如下几类(图2.1)。

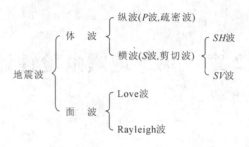

图2.1　地震波的分类

纵波传播速度较快,纵波的振动方向与传播方向相同。在纵波的传播过程中,周围媒质不断受到压缩及拉伸,其体积发生变化,因此纵波一般又称为疏密波(dilatational wave)或压缩波(compression wave)。横波一般又称为剪切波或简称 S 波(shear wave)。由于横波的速度比纵波慢,在横波的传播过程中,周围媒质的体积不发生变化,但产生变形,因此横波也称为扭转波(rotational wave,或者 equivoluminal wave)。纵波(longitudinal wave)及横波(transverse wave)的振动及传播的示意图见图2.2所示。横波的振动方向与传播方向垂直,横波又分为 SV 波与 SH 波。虽然这两种波都与传播方向垂直,但 SV 波与 SH 波的振动方向不同。在图2.3所示的3维坐标空间中,or 为波的传播方向,那么与 or 垂直的方向有2个:一个在纸面内(oyz 面),一个与纸面垂直。与纸面垂直方向振动的波称为 SH 波,在纸面内振动的波称为 SV 波。除垂直传播,即沿 z 轴方向传播以外,由于 SV 波总是具有上下振动(vertical vibration)的成分,故称其为 SV 波。如果 S 波沿 z 轴方向传播,此时只有 SH 波,没有 SV 波。

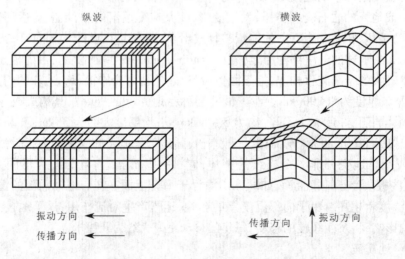

图2.2　横波、纵波的传播及振动方向

由于纵波及横波都是在地球内部传播,所以两者合称为体波(body wave)。与纵波相比,横波的振动幅度较大,对处于地表的建筑结构破坏力较强。在建筑结构的振动分析中使用的地震波常常就是指横波。

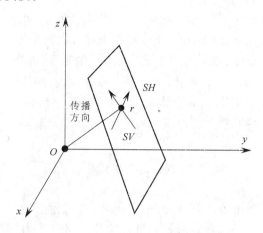

图 2.3 SV 波及 SH 波的振动方向

面波(surface wave)是指沿地球表面传播的地震波。面波的卓越周期比体波长。如果震源较深,有时可能不产生面波。面波中的 Love 波与 Rayleigh 波都是以发现者的名字命名的波。Love 波与 Rayleigh 波的区别为:Love 波的振动方向与地表面平行,Rayleigh 波的振动方向与地表面垂直。由于表面波的卓越周期较长,对建于松软土质上的高层建筑,自振周期较大的隔震结构影响较大。

纵波与横波的传播速度不同,其传播速度可表示为下式:

$$V_p = \sqrt{\frac{(1+v)E}{(1+v)(1-2v)\rho}}$$

$$V_s = \sqrt{\frac{G}{\rho}} = \sqrt{\frac{E}{2\rho(1+v)}} \quad (2.1)$$

式中 V_p、V_s——纵波与横波的传播速度(m/s);

E、G——媒质的弹性模量及剪切弹性模量(N/m^2);

ρ——媒质的密度(N·s^2/m^4);

v——媒质的泊松比。

根据式(2.1),可以得到纵波与横波的传播速度比为:

$$\frac{V_p}{V_s} = \sqrt{\frac{2(1-v)}{1-2v}} \quad (2.2)$$

从式(2.2)可以看出,纵波与横波的传播速度比与周围媒质的弹性模量 E 及剪切弹性模量 G 无关,只与媒质的泊松比 v 有关。由于媒质的泊松比 $v < 1$,所以总有 $V_p > V_s$ 成立。也就是说,纵波的传播速度要比横波快。地壳中媒质的泊松比大约为 0.25 左右,所以纵波与横波的传播速度之间有以下关系:

$$V_p = \sqrt{3} V_s \quad (2.3)$$

由式(2.3)可知,由于纵波的传播速度较快,在地震发生时我们最先感觉到的振动是纵波。一般来讲,上述各种波传播速度的快慢可表示为:纵波传播速度 > 横波传播速度 > Love

波传播速度 > Rayleigh 波传播速度。

地壳中的媒质由许多性质不同的物质组成。为分析简便,在深度方向,一般把同一性质的媒质归纳为同一层。这样,地震波所通过的媒质就可以简单地划分很多平行层。当地震波在通过这些层的分界面时,将发生与光波同样性质的现象,即产生反射波(reflection wave)与折射波(refraction wave)。一般来讲,从地中越接近地表,媒质的弹性模量 E,剪切弹性模量 G 越小。从式(2.1)可以看出,如果媒质的弹性模量,剪切弹性模量 G 越小,地震波的传播速度越慢。反之,E、G 的值越大,地震波的传播速度就越快。

2.3 地震动的确定方法

目前确定地震动的基本方法有四种:一是利用地震危险性分析的结果,通过土层反应计算确定地表加速度时程,这种方法比较合理,但需要大量的人力和物力;二是利用拟建场地的强震记录,但由于地震重现期比较长,强震台有限,很难在拟建场地获得实际的强震记录;三是利用典型的强震记录,这种方法是根据场地条件和地震烈度在现有的强震记录中寻找一条或几条作为地震动输入,但这种方法也是很难找到与场地条件和烈度完全一致的地点上的地震记录;四是利用规范反应谱合成人造地震动。由此可见,地震危险性分析是为地震区的地震威胁提供了解和为工程抗震设计提供设计地震动依据。由于地震发生的时间、地点和强度都有很大的不确定性,因此必须用概率的方法来推测一个场地的地震动,这就是地震危险性分析。目前地震危险性分析已广泛用于地震区划和重要工程场地地震动的估计。因此地震危险性评价就是在综合地质、地震等资料基础上,确定出桥梁结构系统周围的潜在震源区,进而估计未来可能遭遇到袭击的桥梁结构系统的地震动大小。它是桥梁结构系统抗震能力评估的基础,也是地震预警系统的布设依据。其工作内容主要包括:(1) 潜在震源区划分(地震构造分析,地震活动性分析);(2) 地震动衰减关系建立;(3) 建设地震安全性评价等。

2.4 设定地震

设定地震是依据地震危险性概率法给定的峰值地震动参数的超越概率结果,在一定的地震环境下依据一定原则确定的地震。传统的设定地震的方法有很多种,其中最为被工程界常用的是最大历史地震法,它采用该地区历史上发生的最大影响地震作为设定地震,设定地震可以是一个或几个有代表性的地震。此种方法具有明确的震级和震中距的物理概念,能够粗略的表明未来地震事件造成的损失,常用于工程震害预测中。缺点是它不足以说明未来地震活动的不确定性及发生的可能性大小。设定地震的原则一般为:一是在场址产生的地震动要与给定的设防标准一致;二是反映对场址地震动参数危险水平贡献较大的地震;三是反映工程结构的动力特性。设定地震分析步骤如下:

(1) 确定贡献量最大的潜在震源区:某一概率水平下,对场点地震危险性贡献量最大的震级和震中距的组合应该来自于贡献量最大的潜在震源区。从数学上讲,贡献量最大的潜在震源区可以看成是设定地震的一级近似。

（2）潜在震源区震级贡献量分布概率的确定：由于设定地震的震级和震中距受到在场点产生的地震烈度值 I_0 的约束，因此，震级与震中距不是相互独立的，它们之间应满足地震烈度衰减关系：$I=f(M,R)$。设定地震对场点地震危险性贡献量问题，可以简化为在给定超越概率及地震烈度 I_0 条件下，潜在震源区内不同震级档贡献量的分布概率。

（3）设定地震的震级和震中距：在确定贡献量最大的潜在震源区震级贡献量分布概率后，就可知道贡献量最大的震级档，由此便产生了设定地震震级。震级确定以后，可以依据地震烈度衰减关系求取设定地震震中距。

（4）设定地震的空间位置：研究表明，地震震中集中分布在发震断层附近，这是确定设定地震空间位置的基本依据。

地震灾害是由某一个具体地震引起的。因此近年来在大城市或特定地区震害预测中，国内外一些学者提出用设定地震的方法确定地震烈度（地震动）输入参数。如 1991 年东京都防灾协会在东京都震害预测中及 1995 年 Risk Management Solutions, Inc. 和 Stanford University 在旧金山震害预测中，用如下两种方法确定设定地震：（1）以区域范围内对场点影响最大的历史地震（1923 年东京 7.9 级地震和 1906 年旧金山 8.3 级地震）确定设定地震；（2）以城市可能遭遇到的最大直下型地震作为设定地震。就分析方法而言，这实际上又退回到了传统的确定性方法。

2.5 场地地震动参数的确定

地面运动或地震动是地震时由震源以一定辐射方式通过地壳介质传播在地表或地下浅层产生的介质强烈振动，而介质的强烈振动作为地表结构物的基底输入对其产生作用，从而导致结构物的振动反应，当振动效应超过结构的防御能力时便发生结构破坏。

场地地震动参数是描述地震发生时场地上地震动特征的量。场地地震动的特性不仅与地表土层土体的介质特性有关，而且还与地震震源特性及地震波从震源传播至场地的路径及途径介质有关。因此，在确定场地地震动参数时，首先应确定地震震源特性及传播途径对地震波的影响，而后再去考虑地表土层对地震波的影响。

根据不同场地上的强震记录资料，统计分析给出不同类别场地的地震动参数值，是考虑场地条件对地震动影响的最直接的方法。但是这一方法需要建立在大量强震记录资料的基础上，而且强震记录资料还应具有代表性并满足广泛分布的条件。基于强震记录资料统计给出场地地震动参数值，实际上将地震震源特性、地震波传播途径及地表土层（场地）条件的影响进行了综合考虑，而没有单独区分地表土层条件的影响作用，因此，考虑到各个地区的地震震源特性、地震波传播途径介质特性之间存在差别，强震记录资料的处理方法所得的结果存在地区适用性问题。为此，人们采用场地模型计算分析方法来考虑场地条件对地震动影响的问题，但这一方法仍然存在计算模型数量不够，难以完整地反映不同场地情况等问题。

国内场地地震动参数的确定方法可分为两大类。

一类是与建筑抗震设计规范相对应的统计经验方法，它给出的场地地震动参数是场地自由表面上的设计地震动反应谱，它的基本思想是：

(1)利用场地上所得到的记录,按近震、远震及不同的场地类别分别进行统计分析,给出每一类场地上的实际地震动的统计特征参数,即地震动反应谱;

(2)对每一类工程场地,确定其所属的场地类别及对这一场地地震动其主要作用的地震属于近震或远震;

(3)套用分类场地设计地震动反应谱,确定对应于此工程场地的设计地震动反应谱。

另一类是地表局部场地地震反应分析方法,它给出的场地地震动参数是场地上的相关反应谱及相应的地震动时程,它的基本思想是:

(1)利用地震危险性分析所得的自由基岩表面地震动相关反应谱相对应的地震动时程,确定场地反应计算中的计算基底输入地震波时程;

(2)建立与工程场地相对应的场地计算力学模型,利用数值动力反应分析方法求解工程场地对应的力学模型在已知基底入射波情况下的反应,给出场地表面或某一深处的地震动反应时程及相关的反应谱或其他量;

(3)为使场地反应结果精确,应利用多条时程作为计算基底入射波时程。

2.5.1 基岩衰减关系的确定

基岩地震动参数包括峰值、反应谱等,所谓基岩地震动参数的衰减规律是指这些参数随震级、距离等的变化规律。由于在不同地区震源特性和地球介质的力学性质不同,地震动参数的衰减规律也不同。对于积累了较丰富强震观测资料的地区(如美国西部),衰减规律通常直接用统计回归确定。但是对于包括我国在内的世界上大多数地震活动区,目前只有很少的强震纪录,而且这种状况短期很难改变,而这些地区往往拥有较丰富的地震烈度资料。因此在建立这些地区的衰减规律时,除了尽可能利用本地区的强震记录外,可以根据本地的地震烈度衰减规律,利用外地的地震烈度和地震动衰减规律,通过转换建立本地区基岩地震动参数衰减规律。如新编的地震动参数区划图所用的衰减关系,就是利用美国西部的强震资料,通过换算的方法即采用胡聿贤教授等提出的缺乏强震观测资料地区地震动参数的估算方法得到的,以下就此方法作一简要介绍:

已知,A地区烈度I_A和地震动的衰减关系式分别为:

$$I_A = B_0 + B_1 M + B_2 \ln(R + R_0) + \varepsilon_1 \tag{2.4}$$

$$\ln Y_A = C_0 + C_1 M + C_2 \ln(R + R_0) + \varepsilon_{iny} \tag{2.5}$$

已知,B地区的烈度I_B的衰减关系为:

$$I_B = B_0' + B_1' M' + B_2' \ln(R' + R_0') + \varepsilon_1' \tag{2.6}$$

求:B地区的地震动衰减关系:

转换的基本思路是做了如下两个假定:

1. 假定只有在同一震级M下,从同一地区得到的烈度与地震动的关系才可能用于另一地区,此法即等震级法。

2. 假定只有在同一距离处,从同一地区得到的烈度与地震动的关系才可能用于另一地区,此法即等距离法。

如:利用等震级法,令$M = M'$,将式(2.4)代入式(2.5),消掉M,令$I_A = I_B, Y_A = Y_B$,则可得:

$$\ln Y_B = C_0' + C_1' M' + C_2' \ln(R' + R_0') + \varepsilon_{iny}' \tag{2.7}$$

式中 $C'_0 = C_0 + \dfrac{C_2}{B_2}(B'_0 - B_0)$

$$C'_1 = C_1 + \dfrac{C_2}{B_2}(B'_1 - B_1)$$

$$C'_2 = \dfrac{C_2}{B_2}B'_2$$

$$\varepsilon'_{iny} = \varepsilon_{iny} + \dfrac{C_2}{B_2}(\varepsilon'_1 + \varepsilon_1)$$

ε'_{iny} 的方差为:

$$\sigma'^2_{iny} = \sigma^2_{iny} + \left(\dfrac{C_2}{B_2}\right)^2 (\sigma'^2_1 + \sigma^2_1)$$

通过烈度与地震动参数的换算可以给出我国四个大区水平峰值加速度、速度、位移和反应谱的衰减系数,而且可以给出长轴和短轴方向的衰减系数,基岩和土层的衰减系数。而 A.H.-S.Ang 等(1986)提出的美国西部基岩加速度衰减关系为下式:

$$\ln(a/g) = -3.7349 + 0.8038M - 1.0862 \ln R - 0.0050R \tag{2.8}$$

式中 R——震源距;

M——面波震级 Ms。

2.5.2 场地系数的确定

以往的地震表明场地特征对地面震动有较大影响,如在 1989 年 Loma Prieta 地震中他们发现在若干位于软土层的台站上的强震记录在短周期和长周期段都比基岩上大,图 2.4 给出的基岩和软土层的平均反应谱清楚地反应了这一情况。1989 年亚美尼亚地震,1992 年土耳其 Ezinca 地震中也有软土层对地震动强度有放大效应的报导。

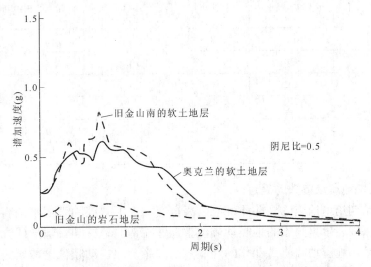

图 2.4 Loma Prieta 地震中旧金山海湾地区基岩和土层的谱加速度

1964 年在我国的抗震设计规范的草稿中,首先规定了根据场地条件选取不同的反应谱形状(即不同的 T_g),而不是反应谱最大值的作法。随后,各国抗震规范也作了类似的规定,一般都分为软、中、硬三类场地,也有分四类的。在 1994 NEHRP Provisions 中规定了场地类别及相应的场地系数,如表 2.1 和表 2.2。Hwang et al. (1997) 也对场地系数作了深入的研究,提出了确定场地系数的概率方法,即采用 1994 年 NEHRP Provisions 中的场地分类方法(场地 F 需作专门评估,这里不包括;但增加一基岩场地类型 BR),这样把场地分为三种岩石 BR、A、B 和三种土层 C、D、E 来考虑。在岩石场地利用地震学基本模型合成加速度时程,在土层场地应用程序 SHAKE91(Idriss and Sun,1992)作非线性场地反应分析合成地面加速度时程及相应的反应谱。在一确定周期内,某一场地类型的反应谱加速度与基岩场地 BR 的比值即为此场地的场地系数 $F*(T)$。考虑各种因素的不确定性,如震源模型、衰减途径和场地条件的不确定性,在每一场地中作 250 次运算,对这些数据作回归分析得到不同周期不同场地的场地系数 $F*(T)$。

场地分类　　　　　　　　　　　　　表 2.1

类　型	场　地　特　征
A	坚硬岩石,剪切波速 $V_s > 1500 \text{m/s}$
B	岩石,$760 \text{m/s} < V_s \leqslant 1500 \text{m/s}$
C	密实硬土或软岩石,$360 \text{m/s} \leqslant V_s \leqslant 760 \text{m/s}$
D	硬土,$180 \text{m/s} \leqslant V_s \leqslant 360 \text{m/s}$
E	剪切波速 $V_s < 180 \text{m/s}$ 的土壤或大于 3m 的松软土层
F	需专门研究的土层

场地放大系数　　　　　　　　　　　表 2.2

场地类别 \ 地震动	$A_a \leqslant 0.1\text{g}$	$A_a = 0.2\text{g}$	$A_a = 0.3\text{g}$	$A_a = 0.4\text{g}$	$A_a \leqslant 0.5\text{g}$
A	0.8	0.8	0.8	0.8	0.8
B	1.0	1.0	1.0	1.0	1.0
C	1.2	1.2	1.1	1.0	1.0
D	1.6	1.4	1.2	1.1	1.0
E	2.5	1.7	1.2	0.9	—
F	—	—	—	—	—

2.5.3 场地地震动参数的确定

大型桥梁结构场地地震危险性评价应以离散空间点上地震动来表示地震动场,而空间点上的地震动可以表示为频域的地震动幅值谱与相位谱。地震动幅值的研究较多,取得的成果可以直接给出地震动幅值谱变化的经验衰减关系。地震动相位谱的研究较少,目前工程常用的是相位在 $[0,2\pi]$ 内随机均匀分布的假定。关于地震动频率非平稳性与相位谱关系的研究近年来有了较大的进展,提出了一些相位谱规律描述的半经验性方法(廖振鹏等,1988,1995;赵凤新等,1992,1995;金星等,1994)。无论是对平稳还是非平稳的地震动时程,利用傅里叶变换均可得到相应的地震动的幅值谱与相位谱,而地震动频率非平稳性又只能体现在相位谱的规律上,因此,有关学者便将地震动非平稳特性的研究归结为对相位谱特性的研究,他们利用物理机制分析与数值经验统计相结合的方法研究地震动的相位的变化规律。但为了问题的简单与工程实用性,本节介绍一种利用衰减关系和场地系数相结合的分析方法,即利用合成给定的与工程场地相关的场地基岩(岩性介质)上的地震动场,也就是空间离散点上的地震动时程,再以场地基岩面上的地震动场的估计值作为地震动输入,考虑局部场地条件对地震动场的影响,从而建立大型桥梁结构地震危险性评价方法。其中场地反应谱或最大加速度值 SA 可以通过场地系数 $F*(T)$ 乘以基岩加速度反应谱 Y 得到,如下式:

$$SA(T) = Y(T) \times F*(T) \qquad (2.9)$$

第3章 单自由度系统的振动

3.1 引 言

单自由度系统更常用的模型形式是图3.1中所示的模型形式。图中单自由度系统由一个质点(无几何尺寸的惯性元件,质量为 m),一个弹簧(无质量的弹性元件,刚度为 k)和一个阻尼器(黏性耗能元件,阻尼为 c)组成,且弹簧与阻尼器并联,其一端连接质点,另一端固定在刚性基础上。质点只能在与弹簧轴线平行的方向上移动。这种最简单的振动系统称为弹簧振子。

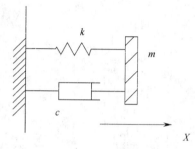

图3.1 单自由度体系模型

3.2 运动方程

根据图3.1中的模型来分析单自由度系统的振动问题。考虑该模型的质点上作用着一个随时间 t 变化的外力(一般称为扰力)$p(t)$,其方向沿弹簧振子系统的轴线方向。这是一个完整的力学模型,即除了包含有模型化了的结构自身部分和位移边界条件外,现在还有了力边界条件。取系统的轴线方向为 x 轴方向,原点在系统未变形时的质点位置处。当系统振动起来后,质点的位移(因其描述了整个系统的位移状态,故也称为系统的位移;同样,质点的振动也就是系统的振动)即为质点的坐标 x 所表示。现在假想将质点和弹簧及阻尼器段开,分而成为两个子系统(图3.2),其间的相互作用力为弹簧恢复力 $f_s = kx$ 和黏性阻尼力 $f_d = c\dot{x}$(均为系统内力,注意有作用力与反作用力成对称性)。取 $f_d = c\dot{x}$ 表明这里考虑的阻尼力是与质点速度(代表系统变形速度)成正比的普通黏性阻尼力。

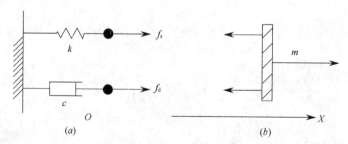

图3.2 单自由度体系系统
(a) 质子和弹簧系统;(b) 阻尼系统

由于质点的位移或位置可完全决定整个系统的变形和内力状态,所以只需研究质点的运动规律。应用牛顿第二定律或达朗贝尔原理(惯性力、恢复力、阻尼力与外力之和为零),

可对质点列出动平衡方程

$$p - f_s - f_d - m\ddot{x} = 0 \tag{3.1}$$

即

$$m\ddot{x} + c\dot{x} + kx = p \tag{3.2}$$

微分方程(3.2)就是常称的单自由度系统的运动方程。

3.3 自由振动

当质点(或说系统)无扰力作用时,系统所作的振动称为自由振动。此时在方程(3.2)中令 $p=0$,便得自由振动方程

$$m\ddot{x} + c\dot{x} + kx = 0 \tag{3.3}$$

其解有形式

$$x = Ae^{st} \tag{3.4}$$

将它带入方程(3.3),得特征方程

$$ms^2 + cs + k = 0 \tag{3.5}$$

由微分方程理论可知,当 $c^2 - 4mk \geq 0$,即方程(3.5)有实特征根 s 的情况下(有 $s<0$),系统位移 x 将无"振动"解,亦即当阻尼 c 足够大,达到 $2\sqrt{mk}$ 时,系统将动不起来,而反之则有"振动"解,记

$$c_0 = 2\sqrt{mk} \tag{3.6}$$

并称之为临界阻尼。$c = c_0$ 时的临界阻尼情形和 $c > c_0$ 时的过阻尼情形不予以讨论,今后我们只研究特征根 s 为复数或 $c < c_0$ 时的低阻尼情形。

下面介绍阻尼比这一重要的概念,在本节中它是属于单自由度系统的。定义阻尼比

$$\lambda = \frac{c}{c_0} = \frac{c}{2\sqrt{mk}} \tag{3.7}$$

它表示的是系统的阻尼与该系统的临界阻尼之比。

由上述可知,有所谓的临界阻尼比 $\lambda_0 = 1$,而且当 $\lambda \geq \lambda_0$ 系统不振动,而 $\lambda < 1$ 的情形则是我们所要研究的。在工程实际问题中,遇到的情况多数是小阻尼情况 $\lambda \ll 1$ 的情况(一般 $0 < \lambda \leq 0.1$ 时可认为属此情况);少数是中等阻尼情况($0.1 < \lambda \leq 0.2$)和大阻尼情况($0.2 < \lambda < 1$)。

这里引入参数

$$\alpha = c/(2m) \tag{3.8}$$

于是方程(3.3)可改写为

$$m\ddot{x} + 2\alpha m\dot{x} + kx = 0 \tag{3.9}$$

再引入参数

$$\omega = \sqrt{k/m} \tag{3.10}$$

可推知有关系式

$$\alpha = \lambda\omega \tag{3.11}$$

于是方程(3.9)又可改写为

$$\ddot{x} + 2\lambda\omega\dot{x} + \omega^2 x = 0 \tag{3.12}$$

方程(3.9)和方程(3.12)都是单自由度系统自由振动方程的常见形式。特别是方程(3.12),它表明有阻尼单自由度系统只需要两个独立的系统参数,即 ω 和 λ,就可以完全描述系统本身和基本决定系统的振动规律。

方程(3.12)的通解(即系统的基本振动规律)是

$$x = Ae^{-\lambda\omega t}\cos(\omega' t - \psi) \tag{3.13}$$

这里,A 称为最大振幅,$\omega' t - \psi$ 是相位或相角,而 $\phi = -\psi$ 是初相角;又其中的 ω' 是

$$\omega' = \omega\sqrt{1-\lambda^2} \tag{3.14}$$

由式(3.13)可见,ω' 是单自由度系统阻尼自由振动的圆频率,它取决于系统的上述两个独立参数,因而是系统的一个固有振动特性(为一种自由振动特性);另外,阻尼自由振动的振幅 $Ae^{-\lambda\omega t}$ 是衰减的。

另外,设初始条件为

$$\left.\begin{array}{l} x = d_0, t = 0 \\ \dot{x} = v_0, t = 0 \end{array}\right\} \tag{3.15}$$

则可定出两个待定常数:
振幅 A 为

$$A = \sqrt{d_0^2 + \left(\frac{v_0 + \lambda\omega d_0}{\omega'}\right)^2} \tag{3.16}$$

初相角 ψ 为

$$\psi = \arctan\left(\frac{v_0 + \lambda\omega d_0}{\omega' d_0}\right) \tag{3.17}$$

上面是振动函数取余弦形式的结果。当振动函数取正弦形式时,方程(3.12)的初值问题的解为

$$x = Ae^{-\lambda\omega t}\sin(\omega' + \phi) \tag{3.18}$$

其中,振幅 A 仍由(3.16)计算,而初相角 ϕ 为

$$\phi = \arctan\left(\frac{\omega' d_0}{v_0 + \lambda\omega d_0}\right) \tag{3.19}$$

因此,参数 $\alpha = \lambda\omega$ 表示的是振幅衰减的一种速度,再考虑到它在方程(3.9)中的位置,因而可称它为阻尼衰减系数。另外式(3.13)或(3.18)最后还表明,ω 和 λ 这两个参数与初始条件是无关的。

当系统无阻尼存在时,有 $c=0$ 和 $\alpha=0$。这是一种理想情形,实际中并不存在。不过它代表了一种极限情形,有典型意义和可用之处。此时,前面所列的有关方程和解答均将得到简化,特别是自式(3.14)可得

$$\omega' = \omega \tag{3.20}$$

以及自式(3.13)和(3.18)可得

$$x = A\cos(\omega t - \psi) \tag{3.21}$$

$$x = A\sin(\omega t + \phi) \tag{3.22}$$

它表明参数 ω 是无阻尼单自由度系统自由振动的圆频率,是仅与系统参数 m 和 k 有关

的物理量,因而与阻尼自由振动情形中的 λ(仅与系统参数 m、k 和 c 有关)一起,是系统最基本的固有振动特性(阻尼自由振动情形中的 ω' 已先被认作是一种固有振动特性)。式(3.21)和式(3.22)还表明,无阻尼系统的自由振动是一种简谐周期振动,满足条件 $x(t+T)=x(t)$,其中周期 T 为 $T=2\pi/\omega$,频率则为 $f=\omega/(2\pi)$(在不发生误会的情况下,以后也常常简称圆频率为频率)。对有阻尼系统,由于振幅是衰减的,没有类似于上述的条件可以满足,因而从严格的意义上来说,有阻尼系统已无振动周期可言。

3.4 强迫振动

当系统有外力作用时,系统所作的振动称为强迫振动。作用外力是动力荷载,常称为强迫力。强迫力可分为几种:简谐力、周期荷载、冲击荷载、任意扰力和支座运动扰力。

3.4.1 对简谐激励的响应

取方程(3.2)中的 p 为 $P\cos\theta t$,于是这里有系统运动方程

$$m\ddot{x} + c\dot{x} + kx = P\cos\theta t \tag{3.23}$$

式中　P——简谐力的振幅(幅度);

　　　θ——简谐力的圆频率。

我们将方程(3.23)的右端项改写成复数形式 $Pe^{i\theta t}$,于是有新的方程

$$m\ddot{x} + c\dot{x} + kx = Pe^{i\theta t} \tag{3.24}$$

这样做一点也不会影响原问题的求解,只要最后取出方程(3.24)的特解(系一复值函数)的实部来实用就可以了,另外需要说明的一点是,对新方程(3.24)或原方程(3.23)可以用 m 除方程的两边,所得之变形方程仍然表明 ω 和 λ 可以作为系统本身的两个独立的系统参数,尽管现在问题的解要涉及第三个系统参数(不妨就取 m;情况见下述公式)。现在设此特解的形式为

$$x = Be^{i\theta t} \tag{3.25}$$

这里 B 是复数位移振幅。将(3.25)带入方程(3.24),定出 B 后,得

$$x = Be^{i\theta t} = H(\theta)Pe^{i\theta t} \tag{3.26}$$

其中

$$H(\theta) = \frac{(k-m\theta^2) - ic\theta}{(k-m\theta^2)^2 + (c\theta)^2} \tag{3.27}$$

称为复数频率响应函数,也称为传递函数,在这里表示系统在单位振幅的复简谐力作用下的复位移响应,是系统的一种动力特性——强迫振动特性。解(3.25)可表示成

$$x = |B|e^{i(\theta t + \phi)} = |H|Pe^{i(\theta t + \phi)} \tag{3.28}$$

其中

$$|H| = [(k-m\theta^2)^2 + (c\theta)^2]^{-1/2} \tag{3.29}$$

称为幅频特性,在这里是简谐位移反应的振幅相对于简谐力振幅的一个比值;而

$$\phi = \text{arctg}[-c\theta/(k-m\theta^2)] \tag{3.30}$$

称为相频特性,在这里是简谐位移反应的振幅相对于简谐力的超前量。现在取解(3.26)的实部,就得到了原问题的特解 x_c:

$$x_c = A\cos(\theta t - \psi) \tag{3.31}$$

其中

$$A = |B| = P|H| = P/[(k - m\theta^2)^2 + (c\theta)^2]^{1/2} \tag{3.32}$$

$$\psi = -\phi = \operatorname{arctg}[c\theta/(k - m\theta^2)] \tag{3.33}$$

假如方程(3.2)的右边是 $p = P\sin\theta t$，在现在实用复数解法的情况下，只要取式(3.26)的虚部就可得出相应的特解 x_s：

$$x_s = A\sin(\theta t - \varphi) \tag{3.34}$$

其中，A 即式(3.32)中的 A，而 ψ 依旧是式(3.33)中的 ψ。

上面得到的特解 x_c 和 x_s 是所谓的稳态强迫振动解。它们对应的系统振动是一种稳态简谐振动。对于 $p = P\cos\theta t$，方程(3.2)的通解是

$$x = e^{-\lambda\omega t}(c_1\cos\omega' t + c_2\sin\omega' t) + x_c \tag{3.35}$$

在应用初始条件(3.15)后，积分常数 c_1 和 c_2 定出，遂得初值问题的解

$$x = x_1 + x_2^c + x_c \tag{3.36}$$

其中，x_1 即自由衰减振动解见式(3.13)或(3.18)：

$$x_1 = e^{-\lambda\omega t}\left(d_0\cos\omega' t + \frac{v_0 + \lambda\omega d_0}{\omega'}\sin\omega' t\right) \tag{3.37}$$

x_2^c 称为伴随振动，是自由振动和稳态强迫震动的混成部分：

$$x_2^c = -Ae^{-\lambda\omega t}\left(\cos\psi\cos\omega' t + \frac{\lambda\bar{\omega}\cos\psi + \theta\sin\psi}{\omega'}\sin\omega' t\right) \tag{3.38}$$

假如方程(3.2)的右端项是 $p = P\sin\theta t$，则此时初值问题的解为

$$x = x_1 + x_2^s + x_s \tag{3.39}$$

其中，自由衰减部分依旧 x_1，伴随振动部分为

$$x_2^s = Ae^{-\lambda\omega t}\left(\sin\psi\cos\omega' t + \frac{\lambda\omega\sin\psi - \theta\cos\psi}{\omega'}\sin\omega' t\right) \tag{3.40}$$

根据式(3.36)和(3.39)，便可知道自由衰减振动部分和伴随振动部分都是随时间衰减的，都是所谓的瞬态项，而稳态强迫振动部分则不然，是持久地起作用的稳态简谐振动项。无阻尼强迫振动问题可以作为这里的特殊情形来得到相应的解。另外，ω 和 λ 这两个参数不受外力和初始条件的影响，它们作为阻尼单自由度系统的两个独立参数完全刻画了系统的特性，因而是系统的固有振动特性。

下面就稳态强迫振动部分介绍动力放大系数的概念和共振问题。

P/k 这个量，它表示的是单自由度系统在静态常力 P 作用下所产生的静位移。再看量 $A = P|H|$，它表示的则是系统在动态变力 $P\cos\theta t$ 或 $P\sin\theta t$ 作用下所产生的稳态强迫振动的位移振幅，通常被称作频率响应函数。因此，量

$$D = \frac{A}{P/k} \tag{3.41}$$

所表示的便是一种动力放大效应，称为动力放大系数。记强迫力频率 θ 与系统固有频率 ω 之比为 $\beta = \theta/\omega$，于是动力放大系统的计算式为

$$D = [(1 - \beta^2)^2 + (2\lambda\beta)^2]^{1/2} \tag{3.42}$$

现在视式(3.42)中的阻尼比 λ 为参量,于是动力放大系数 D 成为频率比 β 的函数。由 $\dfrac{dD}{d\beta}=0$,给出

$$\beta = \beta_m = \sqrt{1-2\lambda^2} \tag{3.43}$$

此时 D 取极大值

$$D_{\max} = \dfrac{1}{2\lambda\sqrt{1-\lambda^2}} \tag{3.44}$$

小阻尼情况下,有 $\beta_m \approx 1$,还有近似式 $D_{\max} \approx \dfrac{1}{2\alpha}$ \hfill (3.45)

此时的 $D_{\max}$ 是个很大的数。因此,小阻尼情况下只要 β 接近于1,系统就会发生所谓的共振现象。

从式(3.42)出发去看,当 $\beta = \beta_r = 1$,D 取值

$$D_r = D(\beta = 1) = 1/2\lambda \tag{3.46}$$

此时当然对任意的 λ 值都是对的,但是在小阻尼情况下,可以见到 D_r 的值是很接近 $D_{\max}$ 的。由于上述结果,以及工程中的多数问题是小阻尼情况下的问题,因而工程上为了方便,常将 $\beta = 1$ 时(即当 $\theta = \omega$ 时)作为发生共振的条件。

3.4.2 在任意扰力作用下的响应

当系统在随时间任意变化的动力荷载作用下振动时,一般已经不能用常规方法求方程(3.2)的解析解了。不过,人们还是设法通过了一条特殊途径求得了一种解析形式的解。

先介绍冲量荷载作用情形(一般的冲击荷载是一类脉冲型荷载,即强度较大,但作用时间很短的荷载,其极限情形即为冲量荷载)。此时问题的数学模型是

$$\left. \begin{array}{l} m\ddot{x} + c\dot{x} + kx = I\delta(t) \\ x(0) = \dot{x}(0) = 0 \end{array} \right\} \tag{3.47}$$

其中,I 是初始时刻冲量荷载的强度,$\delta(t)$ 是所谓的 δ 函数,它满足

$$\left. \begin{array}{l} \delta(t) = 0, t \neq 0 \\ \int_{-\infty}^{\infty} \delta(t) dt = 1 \end{array} \right\} \tag{3.48}$$

另外,初始条件暂先考虑为零初始值条件。

由动量定理和零初始速度条件,有等式

$$I = mv_0 \tag{3.49}$$

其中,v_0 质点所获得的一个初始速度。即初始时刻的外力冲量被等效转换,化成了一个初速度。由上式得

$$v_0 = I/m \neq 0 \tag{3.50}$$

作这样的等效转换处理后,原初始问题(3.47)变成了如下的新初值问题:

$$\left. \begin{array}{l} m\ddot{x} + c\dot{x} + kx = 0 \\ x(0) = 0 \\ \dot{x}(0) = v_0 \end{array} \right\} \tag{3.51}$$

这个问题的解已经知道,是式(3.16)、(3.19)和(3.50)

$$x = \frac{1}{m\omega'}e^{-\lambda\omega t}\sin\omega' t \tag{3.52}$$

其中,所有物理量符号的含义同前。

同理,如果系统在 $t \leq \tau$ 这段时间内一直是静止不动的,而在 $t = \tau$ 时刻作用一个外力冲量 I,那么相应的解为

$$x = Ih(t-\tau), t > \tau \tag{3.53}$$

其中

$$h(t-\tau) = \frac{1}{m\omega'}e^{-\lambda\omega(t-\tau)}\sin\omega'(t-\tau) \tag{3.54}$$

它称为单位脉冲响应函数,是 $t = \tau$ 时刻在静止系统上施加一个单位强度的冲量后所引起 $t > \tau$ 时的系统响应。同复频率响应函数一样,它也是系统的一种动力特性(一种强迫振动特性)。

在任意扰力作用下:

$$\left.\begin{array}{l} m\ddot{x} + c\dot{x} + kx = p(t) \\ x(0) = \dot{x}(0) = 0 \end{array}\right\} \tag{3.55}$$

由于方程是线性的,初始条件是齐次的(零初位移和零初速度),故可把扰力 $p(t)$ 分成在时间轴上相接的一系列脉冲之和后,应用叠加原理求解。应强调的是,要做的事情是把相应于一系列脉冲作用的,各自在零初值条件下求得的解叠加起来,亦即前面的脉冲作用效应是不影响后面的脉冲作用效应的。再或者说,后一个脉冲作用效应不是在接前一个脉冲作用效应的基础上去求解的。

在 $t = \tau$ 时刻至 $t = \tau + \Delta\tau$ 时刻这一微小时段内,作用到系统上的脉冲的冲量为 $p(\tau)\Delta\tau$。由于相应于 $t = \tau$ 时刻的这一冲量的作用,系统在 $t \leq \tau$ 时是静止不动的,故它引起的 $t > \tau$ 时的位移(贡献量)为

$$\Delta x = [p(\tau)\Delta\tau]h(t-\tau) \tag{3.56}$$

由此,有

$$x = \int_0^t p(\tau)h(t-\tau)d\tau \tag{3.57}$$

这个积分称为 Duhamel 积分,为问题(3.55)的解。

如果系统有非零初值条件,使初始条件成为非齐次方程,那么只需在(3.57)的基础上加上一项由初位移和初速度引起的自由衰减振动解就可以了。

当 $p(t)$ 有解析表达式,且使 Duhamel 积分容易积出时,可以获得问题的显式解析解。若积分不易积出或 $p(t)$ 无解析表达式,则可用数值求积法求解。$p(t)$ 无解析表达式时,直接从原问题(3.55)出发,而用其他数值方法求解。

3.4.3 支座扰动引起的振动

图 3.1 中的单自由度系统,如果无外力作用,但其支座(基础)不是固定不动而是沿着系统的轴线运动,那么系统的运动方程就是

$$m\ddot{x} + c\dot{u} + ku = 0 \tag{3.58}$$

其中,x 是质点在一个固定坐标系中的绝对位移(质点的惯性力需用绝对加速度来确定);u 和 $\dot{u}$ 分别是质点相对于支座的位移和速度(由弹簧提供的弹性恢复力和自由阻尼器

提供的黏性阻尼力需分别据它们来计算）。若支座运动的位移为 u_g，则有 $x = u + u_g$，于是方程(3.58)可写为

$$m\ddot{u} + c\dot{u} + ku = -m\ddot{u}_g \tag{3.59}$$

在实际问题中，已知的支座运动物理量可以是位移 u_g，也可以是加速度 $\ddot{u}_g$。例如，考虑地震地面运动对地面结构物的影响，提供的地面运动时程记录是加速度 $\ddot{u}_g(t)$，此时 $\ddot{u}_g$ 也常常用符号 a 来表示。如果视方程(3.59)的右端一项 $-\ddot{u}_g$ 为外力 p，那么前面所有的分析方法和结果都可以搬到这里来用，反之亦然。不过对前一种来说，注意直接得到的结果是系统的相对位移解（在这一种情况里，$p = -m\ddot{u}_g$ 可看成是假定基础不动，而来分析系统（相对）位移时用的一个等效外力；另外对原问题来说，$p = -m\ddot{u}_g$ 仅仅是系统获得的部分惯性力。

3.5　阻尼比测取原理

在结构动力学中，涉及到的基本的结构材料特性参数有三个，就是除了弹性模量 E（有的问题还要加上剪切模量 G，或泊松比 μ）之外，还有质量密度 ρ 和材料黏性常数 η。E（或 G）是测量出来的，ρ 也是测量（称量）出来的，都是通过对有一定的形状和尺寸的试件做试验来得到的，其中包括做一点简单的计算。显然，对 η 这个量来说同样应是如此，只不过它是用一种比较间接的方式来测取的，其中包含了利用某些理论结果并进行一定的计算。现介绍阻尼比的测取方法。人们在口头上常说的测阻尼，实际上是测阻尼比。阻尼 c 是结构的一般特性参数，而阻尼比却是结构的固有振动特性参数。由于在工程问题中，通常情况下阻尼比还可以看作是一个材料特性参数，所以现主要以单个试件或构件为对象进行介绍。

3.5.1　自由衰减振动法

前面已经讨论了阻尼自由振动问题，并得到了描述单自由度系统自由衰减振动规律的式(3.13)：

$$x = Ae^{-\lambda\omega t}\cos(\omega' t - \psi) \tag{3.60}$$

由式(3.60)可得

$$\dot{x} = -Ae^{-\lambda\omega t}[\lambda\omega\cos(\omega' t - \psi) + \omega'\sin(\omega' t - \psi)] \tag{3.61}$$

由 $\dot{x} = 0$ 可得

$$\tan(\omega' t - \psi) = \frac{-\lambda\omega}{\omega'} = \frac{-\lambda}{\sqrt{1-\lambda^2}} = \text{const} \tag{3.62}$$

和

$$t_k = \frac{1}{\omega'}\left[\arctan\frac{-\lambda}{\sqrt{1-\lambda^2}} + k\pi + \psi\right] (k = 1, 2, \cdots) \tag{3.63}$$

即位移响应极值点 $t = t_k(k = 1, 2, \cdots)$ 以固定间隔 $T_h = \pi/\omega'$ 分布着，而对应位移正（或负）极值的正（或负）极值点 $t = t_j(j = 1, 2, \cdots)$ 则以固定间隔分布着（T' 即阻尼自由振动的所谓"周期"）。这样，可得到相邻的两个位移正（或负）极值 S_j 和 S_{j+1} 之间的一个关系式

$$\frac{S_j}{S_{j+1}} = e^{-\lambda\omega T'} (j = 1, 2, \cdots) \tag{3.64}$$

引入对数衰减率 δ

$$\delta = \lambda \omega T' = \frac{2\pi\lambda}{\sqrt{1-\lambda^2}} \tag{3.65}$$

于是式(3.64)成为

$$\frac{S_j}{S_{j+1}} = e^{\delta} \quad (j=1,2,\cdots) \tag{3.66}$$

即对任何一个 $j(j=1,2,\cdots)$,量 S_j/S_{j+1} 是相同的。对式(3.66)取自然对数,得

$$\delta = \ln\left(\frac{S_j}{S_{j+1}}\right) \quad (j=1,2,\cdots) \tag{3.67}$$

由于 S_j/S_{j+1} 对任意的 j 都保持为一个仅与阻尼比有关的常数,所以可以通过量取实验中记录得到的试件自由衰减震动位移曲线的任意两个相邻的正(或负)峰值,从式(3.67)算出 δ,接着可再从式(3.65)反算出 λ。

在实际的测取工作中,考虑到仅使用两个相邻的正(或负)峰值来确定 λ,会因为测量误差的存在而使结果不理想,故一般的做法是量取相距一段距离(含 m 个周期)的两个正(或负)位移峰值 S_j 和 S_{j+1},再来计算 λ。该做法的依据是这样的:

记

$$\delta_i = \ln\left(\frac{S_{j+i-1}}{S_{j+i}}\right) \quad (i=1,2,\cdots,m) \tag{3.68}$$

可知有

$$\sum_{i=1}^{m} \delta_i = m\delta = \ln\left(\frac{S_j}{S_{j+m}}\right) \tag{3.69}$$

故有

$$\delta = \frac{1}{m}\ln\left(\frac{S_j}{S_{j+m}}\right) \tag{3.70}$$

按式(3.70)所示的要求测取的 δ 和 λ,将有较好的准确度。如果为了尽可能地消除测量误差,还可采用由正峰值和负峰值得到的结果的平均值,或再考虑采用其他多次平均的方法来计算。

当时 $\lambda \leqslant 1$,式(3.65)有近似式

$$\delta = 2\pi\lambda \tag{3.71}$$

由此式算得的 λ 将是一个近似值。

3.5.2 半功率点法

前面讨论了动力放大系数和共振问题的时候,动力放大系数具有的定义式是式(3.41)。反过来,频响函数 A 就为

$$A(\beta;\lambda) = \left(\frac{P}{k}\right)D(\beta;\lambda) \tag{3.72}$$

它是可以用不同频率的简谐力对试件进行扫描激振的方法,通过给出试验曲线(共振曲线)来得到的。下面要做的事情是找出两个特殊的点(半功率点)$\beta=\beta_1$ 和 $\beta=\beta_2$ 来,使有

$$A(\beta=\beta_1) = A(\beta=\beta_2) = A_r\sqrt{2} \tag{3.73}$$

其中,$A_r = A(\beta=1) = (P/k)D_r$,即共振时的位移振幅。要求有式(3.73),即要求有式

$$D(\beta=\beta_1)=D(\beta=\beta_2)=D_r\sqrt{2} \tag{3.74}$$

于是上述事情可以通过解下列方程来得到：

$$\frac{1}{[(1-\beta^2)^2+(2\lambda\beta)^2]^{\frac{1}{2}}}=\frac{1}{\sqrt{2}\cdot 2\lambda} \tag{3.75}$$

由该方程可先得到

$$\beta^2=1-2\lambda^2\pm 2\lambda\sqrt{1+\lambda^2} \tag{3.76}$$

略去式(3.76)中根号下的高阶小量 λ^2，再开方，可得近似式

$$\left.\begin{array}{l}\beta_1=1-\lambda-\lambda^2\\ \beta_2=1+\lambda-\lambda^2\end{array}\right\} \tag{3.77}$$

由此可得

$$\lambda=\frac{\beta_2-\beta_1}{2} \tag{3.78}$$

从上面的叙述可以看到，这个方法的关键是做出好的频响函数曲线 $A(\beta;\lambda)$ 和准确地确定两个所谓的半功率点 $\beta=\beta_1$ 和 $\beta=\beta_2$。

所述的方法称为半功率点法，是因为在 $\beta=\beta_1$ 和 $\beta=\beta_2$ 这两个点上，系统的两个输入功率之和等于在点 $\beta=\beta_m$ 上（A 取 A_{max} 或 D 取 D_{max} 时）系统的输入功率，而不是那两个输入功率各自等于 $\beta=\beta_m$ 时（或 $\beta=1$ 共振时）系统的输入功率之半。所以，此法的另一个名称——0.707 法——也许更恰当一点，它源自式(3.74)。

3.5.3 共振耗能法

单自由度系统内力做功和耗能的情况。见图 3.2，我们有

$$f=f_s+f_d=kx+c\dot{x} \tag{3.79}$$

其中，f 是合内力，f_s 和 f_d 分别是弹性恢复力和黏性阻尼力。考虑系统在简谐扰力 $p=P\cos\theta t$ 作用下的稳态响应（取 $p=P\sin\theta t$ 来讨论也可），此时位移响应的解为

$$x=A\cos(\theta t-\psi) \tag{3.80}$$

式(3.80)和(3.79)里的阻尼力项中，有

$$f=kx-c\theta A\sin(\theta t-\psi) \tag{3.81}$$

从式(3.80)和(3.81)中消去 t，得 f 和 x 的关系式

$$f=kx\pm c\theta A\sqrt{1-(x/A)^2} \tag{3.82}$$

这是一个在 (x,f) 平面上的"斜侧"椭圆见图 3.3(a)的解析表达式。称其为斜侧椭圆，是因为这个椭圆实际上是在描述黏性阻尼力 f_d 与位移 x 的关系的"正"椭圆见图 3.3(b)。

$$f_d=\pm c\theta A\sqrt{1-(x/A)^2} \tag{3.83}$$

即

$$\left(\frac{x}{A}\right)^2+\left(\frac{f_d}{c\theta A}\right)^2=1 \tag{3.84}$$

由于弹性恢复力 $f_s=kx$ 的存在，而在竖轴方向（内力轴线）上作的一种剪切式上下错动的基础上而形成的。所以，斜侧椭圆右极点 E 的投影和左极点 F 的投影分别就是正椭圆的右极点 G 和左极点 H，而斜侧椭圆的面积 U 即正椭圆的面积。如图 3.3 所示。

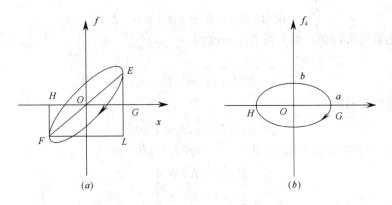

图 3.3

$$U = \pi ab = \pi c\theta A^2 = 2\pi\lambda\omega m\theta A^2 \tag{3.85}$$

其中,$a = A$ 和 $b = c\theta A$ 分别是正椭圆的长半轴和短半轴。从式(3.80)～式(3.82)可知,单自由度系统工作状态点(x,f)在图3.3(a)中的斜侧椭圆上,工作状态点的变动方向为该图总所示的顺时针方向(相对于无黏性的理想弹性情形来说,出现了应变落后于应力的现象——滞变现象,这使该斜侧椭圆有了一个专用名称,叫滞变环,或滞回环)。于是由式(3.85)所表示的滞回环的面积 U 实际上就是黏性阻尼力 f_d 在系统振动一周期内所做的功,亦即系统内阻尼消耗的能量。至于弹性恢复力 f_d 做功,在系统振动一周期间内使系统获得的最大弹性变形能则是

$$V = kA^2/2 \tag{3.86}$$

它相应于图3.3(a)中三角形 EOG 的面积。取比值

$$\psi = \frac{U}{V} = \frac{2\pi c\theta}{k} = \frac{4\pi\lambda\theta}{\omega} \tag{3.87}$$

称之为材料耗散系数。

下面考虑共振时的情况。此时有 $a = A_r$ 和 $b = c\omega A_r$,而

$$U = U_r = \pi c\omega A_r^2 = 2\pi\lambda kA_r^2 \tag{3.88}$$

$$V = V_r = kA_r^2/2 \tag{3.89}$$

$$\psi = \psi_r = \frac{U_r}{V_r} = \frac{2\pi c\omega}{k} = 4\pi\lambda \tag{3.90}$$

根据实验室测量内力,进行试件或构件的共振试验,把获得的在(x,f)平面上画出的实际滞回环的面积作为 U_r,并除以相应的 V_r,再从式(3.90)中的 ψ_r 的定义式和计算式反算出阻尼比 λ。画出的实际滞回环不一定是个斜侧椭圆,另外画出的滞回环上的右极点 E 所对应的位移正极值点 G 和滞回环上的左极点 F 所对应的位移负极值点 H 不一定以原点 O 互为对称点。此时,可量取图中三角形 EFL 的面积 W_r 作为 4 倍的 V_r,即取 $V_r = W_r/4$,而仍从式(3.90)中算出 λ。

3.5.4 其他方法

从上面关于共振耗能法的讨论中可知道,该方法的关键是测量共振条件下由式(3.79)所示的内力 f。如果实验室不具备测量内力 f 的条件,那么除了半功率点法外,还可以通过

共振曲线来测取内阻尼比 λ。注意到共振时($\theta = \omega$ 时)由式(3.33)可得 $\psi = \pi/2$(考虑 $\theta \to \omega^-$),于是由式(3.31)可再得到

$$x = A_r \sin\omega t \tag{3.91}$$

将它代入方程(3.23),可知此时有

$$m\ddot{x} + kx = 0 \tag{3.92}$$

从而有

$$f_d = c\dot{x} = c\omega A_r \cos\omega t = P\cos\omega t \tag{3.93}$$

即有

$$c\omega A_r = P \tag{3.94}$$

它表示共振时阻尼力的振幅 $c\omega A_r$(或椭圆的短半轴 b)等于简谐扰动力的振幅 P。此时材料耗散系数称为

$$\psi_r = \frac{2\pi P}{kA_r} = 4\pi\lambda \tag{3.95}$$

此式表明可以通过测量 k、P 和 A_r 这三个量来测取 λ。实际上这个式子从式(3.94)中已经可以得到。另外,还可以指出的是,式(3.96)可改写为

$$a = \frac{P}{2kA_r} \tag{3.96}$$

$$\lambda = \frac{1}{2D_r} \tag{3.97}$$

它就是前面的式(3.46)。这表明除了半功率点法以外,从动力放大系数曲线 $D(\beta;\lambda)$ 上我们还可以有一种测取阻尼比 λ 的方法——共振点法。

上面关于测量内力 f 是在试验中安排了一个酷似理想的单质点体系的实物模型来做的。这样的安排也不是做不到,例如用强梁弱柱门形框架来做侧力加载试验(在共振条件下测柱的剪力)。但是,一般试验中安排的常是单根梁或单根杆的试验。不管是怎样的试件和构件,测取阻尼比还可以考虑下面的方法。

测量内力的不便在于存在惯性力。但是如果做试验时扰力频率 θ 的值比较小,及对试件或构件加载的速度比较慢,使试件的惯性力可以忽略掉,那么此时因内力等于外力,而变成容易测量。忽略惯性力后,系统服从的方程为

$$c\dot{x} + kx = P\cos\theta t \tag{3.98}$$

可由此方程出发从头推导全部需要的公式(但也可在有关公式中令 $m = 0$ 而得到)。式(3.85)应对其中最后一个等式的右边进行变通,表成

$$U = \pi ab = \pi c\theta A^2 = \frac{2\pi\lambda k\theta A^2}{\omega} \tag{3.99}$$

式(3.87)现在可再写成下式:

$$\psi = \frac{4\pi\lambda\theta}{\omega} \tag{3.100}$$

这样,我们可通过测量非共振情况下的材料耗散系数 ψ 来测取阻尼比 λ(固有频率 ω 可安排单独测量或考虑进行计算)。这一测取阻尼比的方法称为静力试验法。

第4章 多自由度系统的振动

4.1 运动方程的建立

4.1.1 牛顿-达朗贝尔法

牛顿-达朗贝尔法较实用于自由度少的系统,特别是集中参数系统即质点—弹簧—阻尼器系统,如多层剪切型框架和多点负荷的扭轴等结构体系,可用这种系统来模拟。一个具体的例子是图4.1所示的一个双自由度系统(图中有选定的相应的广义坐标),在分析它的两个质点的受力情况后,应用牛顿第二定律或达朗贝尔原理,可以列出如下形式的矩阵运动方程:

$$\begin{bmatrix} m_1 & 0 \\ 0 & m_2 \end{bmatrix} \begin{Bmatrix} \ddot{x}_1 \\ \ddot{x}_2 \end{Bmatrix} + \begin{bmatrix} c_1+c_2 & -c_2 \\ -c_2 & c_2+c_3 \end{bmatrix} \begin{Bmatrix} \dot{x}_1 \\ \dot{x}_2 \end{Bmatrix} + \begin{bmatrix} k_1+k_2 & -k_2 \\ -k_2 & k_2+k_3 \end{bmatrix} \begin{Bmatrix} x_1 \\ x_2 \end{Bmatrix} = \begin{Bmatrix} p_1 \\ p_2 \end{Bmatrix} \quad (4.1)$$

其中,三个方阵依次分别称为系统质量矩阵$[M]$,阻尼矩阵$[C]$和刚度矩阵$[K]$;m_1和m_2分别是两个质点的质量;k_1、k_2和k_3分别是三个弹簧的刚度,c_1、c_2和c_3分别是三个阻尼器的阻尼;p_1和p_2分别是作用在两个质点上的扰力,组成扰力向量$\{p\}$,x_1和x_2是两个质点的广义坐标或位移,组成位移向量$\{x\}$。

牛顿-达朗贝尔法可以说是建立系统运动微分方程的一个直接方法,也是一个最基本的方法,是大家最为熟悉的。

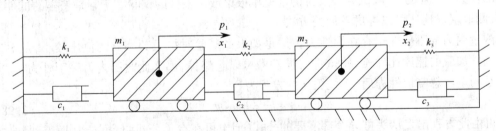

图4.1 双自由度系统体系

4.1.2 拉格朗日方程法

拉格朗日方程法的一般形式的方程中,包含有对应于系统运动微分方程中阻尼力项的瑞利(Rayleigh)散逸函数F。这种表示能量耗散的所谓散逸函数主要是一种理论上的表述。除了结构的力学模型中内外阻尼力都是集中作用于质点上,因而可用分离的阻尼器来体现这种作用情形外,在一般的工程实际问题中它常常难以表出,所以很少使用。实际上,如果阻尼是集中参数,那么此时亦无必要写出瑞利散逸函数,因为此时系统阻尼矩阵已经容易直接建立。先讨论无阻尼情形。此时n个自由度系统的拉格朗日方程形式为:

$$\frac{d}{dt}\left(\frac{\partial T}{\partial \dot{q}_i}\right) - \frac{\partial T}{\partial q_i} + \frac{\partial V}{\partial q_i} = Q_i (i=1,2,\cdots,n) \tag{4.2}$$

式中 T、V——系统的动能和弹性势能；

q_i——广义坐标；

Q_i——广义力，它是单位虚位移 δq_i 所引起的系统外力功 δW_i：

$$Q_i = \frac{\delta W_i}{\delta q_i} \tag{4.3}$$

拉氏方法比较适用于系统多自由度体系，且易于写出系统动能 T 和弹性势能 V 表达式的情形。以图 4.2 中的系统为例，取 $q_1 = x_1$、$q_2 = x_2$、$q_3 = x_3$，可写出

$$T = \frac{1}{2}\sum_{i=1}^{3} m_i \dot{x}_i^2 \tag{4.4}$$

$$V = \frac{1}{2}[k_1 x_1^2 + k_1(x_1 - x_2)^2 + k_3(x_1 - x_3)^2] \tag{4.5}$$

另外由式(4.3)，可知有 $Q_1 = 0$、$Q_2 = p_2$ 和 $Q_3 = 0$。将它们一起代入方程(4.2)，可得系统矩阵形式的运动方程

$$\begin{bmatrix} m_1 & 0 & 0 \\ 0 & m_2 & 0 \\ 0 & 0 & m_3 \end{bmatrix} \begin{Bmatrix} \ddot{x}_1 \\ \ddot{x}_2 \\ \ddot{x}_3 \end{Bmatrix} + \begin{bmatrix} k_1 + k_2 + k_3 & -k_2 & -k_3 \\ -k_2 & k_2 & 0 \\ -k_3 & 0 & k_3 \end{bmatrix} \begin{Bmatrix} x_1 \\ x_2 \\ x_3 \end{Bmatrix} = \begin{Bmatrix} 0 \\ p_2 \\ 0 \end{Bmatrix} \tag{4.6}$$

其中，两个方阵依次分别是质量矩阵 $[M]$ 和刚度矩阵 $[K]$，它们的后面分别是加速度向量 $\{\ddot{x}\}$ 和位移向量 $\{x\}$；右边为荷载向量 $\{p\}$。

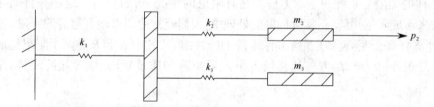

图 4.2

4.1.3 影响系数法

影响系数法亦称柔度法，适用于较易求得柔度矩阵的系统，如图 4.1 中所示的弯曲型多质点体系模型。先考虑无阻尼系统。在结构力学中有力法公式

$$x_i = \sum_{j=1}^{n} \alpha_{ij} f_j (i=1,2,\cdots,n) \tag{4.7}$$

式中 x_i——位移；

f_j——荷载；

α_{ij}——影响系数或柔度系数。

在结构力学中，应用达朗贝尔原理后，式(4.7)中的 f_j 成为

$$f_j = p_j - m_j \ddot{x}_j (j=1,2,\cdots,n) \tag{4.8}$$

式中 p_j——扰力；

m_j——质点的质量。

于是式(4.7)成为

$$x_i = \sum_{j=1}^{n} \alpha_{ij}(p_j - m_j \ddot{x}_j) \quad (i=1,2,\cdots,n) \tag{4.9}$$

式(4.9)可以写成矩阵形式

$$\{x\} = [\alpha](\{p\} - [M]\{\ddot{x}\}) \tag{4.10}$$

其中$[\alpha]$为结构柔度矩阵,$[M]$为仅在对角线上有元素$m_j(j=1,2,\cdots,n)$的质量矩阵;$\{x\}$和$\{p\}$分别为位移向量和扰力向量。

利用式(4.10),可以推出常用形式的矩阵运动方程:

$$[M]\{\ddot{x}\} + [K]\{x\} = \{p\} \tag{4.11}$$

其中,$[K]=[\alpha]^{-1}$为结构刚度矩阵。

4.1.4 有限元法

有限元法是一个应用十分广泛的数学离散化方法,也是一个强有力的力学离散化方法。用它可以程序化地形成大型复杂结构刚度矩阵,也是可以程序化地形成结构的所谓一致质量矩阵。对于杆系结构来说,以结构力学的观点形成刚度矩阵的有限元法实际上是矩阵位移法的一种推广。由于研究结果表明,在结构力学问题中,使用直接堆聚法形成的集中质量矩阵(对角矩阵,应用起来方便)的效果与使用一致质量矩阵(非对角矩阵)的效果差别不大,误差一般在工程问题许可范围之内,所以现在常用的是集中质量矩阵,我们以后提到的质量矩阵也都是指这种对角质量矩阵。对荷载的处理则常用静力等效荷载移置法来形成荷载向量。

有了刚度矩阵、质量矩阵和荷载向量,便可应用牛顿-达朗贝尔原理建立形式如方程(4.11)那样的无阻尼系统的运动方程。在有阻尼的情况下,当具备一定的条件时也可以用有限元法来形成阻尼矩阵,但实际问题的处理中,人们经常使用以瑞利冠名的阻尼矩阵$[C]=\alpha[M]+\beta[K]$(即阻尼阵为质量阵和刚度阵的线性组合,其中α和β是两个阻尼组成系数),或比例阻尼矩阵$[C]=2\beta[K]$,通常情况下阻尼矩阵和质量矩阵、刚度矩阵一样,是对称矩阵。

4.2 自由振动

现介绍无阻尼多自由度系统的自由振动问题,因为它是以后使用方法处理工程实际中阻尼自由振动和阻尼强迫振动问题的基础。

4.2.1 无阻尼情形

无阻尼多自由度(n自由度)系统的自由振动方程是

$$[M]\{\ddot{x}\} + [K]\{x\} = 0 \tag{4.12}$$

由该方程的特点,可以寻找下列形式的特解:

$$\{x\} = \{X\}\cos\omega t \tag{4.13}$$

其中,ω是系统自由振动的圆频率;$\{X\}$是所谓的位移振型向量。将式(4.13)代入式(4.12)后,得

$$([K] - \omega^2[M])\{X\} = 0 \tag{4.14}$$

即形成了一个数学里的广义特征值问题。为使这里称作特征向量$\{X\}$的n个分量不全

为零,特征值 $\lambda = \omega^2$ 需满足下列频率方程:

$$\Delta(\omega^2) = |[K] - \omega^2[M]| = 0 \tag{4.15}$$

这是一个关于 ω^2 的 n 次代数方程。在求得了 $\omega_i^2(i=1,2,\cdots,n)$ 后,可以进而从方程(4.14)求得相应的 $\{X\}_i(i=1,2,\cdots,n)$。可见在这种情况下只能求得各 $\{x\}_i$ 各自的 n 个分量之间的一个相对比例关系,而不是 n 个分量的确定值。因此,为了确定某个 $\{X\}_i$ 的各分量的相对值,可采用某种规定,譬如令第一个分量的值是1,再确定这个 $\{X\}_i$ 的其他分量的值;或者直接再设定各分量的平方和的开方为1,即使得振型向量的长度为1,重新确定各分量的值。一般上述确定过程为振型归一化过程,以后我们谈的振型向量基本都是经过归一化的振型向量。

由线性代数理论可知。只要 $[K]$ 和 $[M]$ 中有一个是正定的,方程(4.15)便存在 n 个正实根 $\omega_i^2(i=1,2,\cdots,n)$。在我们的问题中,不仅 $[M]$ 是正定的,而且 $[K]$ 也是正定的,因为对任何一个分量不全为零的速度向量 $\{\dot{x}\}$ 和位移向量 $\{x\}$,有动能 T 大于零,即

$$T = \frac{1}{2}\{\dot{x}\}^T[m]\{\dot{x}\} > 0 \tag{4.16}$$

和弹性势能 V 大于零,即

$$V = \frac{1}{2}\{x\}^T[m]\{x\} > 0 \tag{4.17}$$

所以,可以得到 n 个正实根 ω_i^2,从而再得到需要的那 n 个自由振动圆频率 $\omega_i(i=1,2,\cdots,n)$。

除了特解(4.13)外,可以验证

$$\{x\} = \{X\}\sin\omega t \tag{4.18}$$

是方程(4.12)的一个线性独立的特解。由线性代数理论还可以知道,与 n 个 ω_i^2 相应的 n 个 $\{X\}_i$ 是线性无关的。于是再由微分方程理论,可以写出方程(4.12)的通解:

$$\{x\} = \sum_{i=1}^{n} b_i\{X\}_i\cos(\cos\omega_i t + \varphi_i) \tag{4.19}$$

其中,待定常数 b_i 和 $\varphi_i(i=1,2,\cdots,n)$ 可以由下列初始条件定出:

$$\left.\begin{array}{l}\{x\} = \{d\}_0, t=0 \\ \{\dot{x}\} = \{v\}_0, t=0\end{array}\right\} \tag{4.20}$$

式中,$\{d\}_0$ 和 $\{v\}_0$ 是给定的 n 个自由度系统的初始位移向量和初始速度向量。解(4.19)表明,n 个自由度系统的振动由 n 个不同频率的简谐振动分量组成;相应于某个圆频率为 ω_i 的简谐振动分量,系统的位移空间分布在任何时刻都是一个确定的"型"的,即各个自由度上的位移值在振动过程中维持着一个不变的比例关系,这个比例关系由所谓的振型 $\{X\}_i$ 表达。

可以看到,$\omega_i(i=1,2,\cdots,n)$ 与单自由度情形里的 ω 一样,它们只与系统特性矩阵 $[M]$ 和 $[K]$ 有关,故是系统的一种固有振动特性,称为固有圆频率(无阻尼自由振动圆频率);$\{X\}_i(i=1,2,\cdots,n)$ 也是一样,也是系统的一种固有振动特性,称为固有振型(无阻尼振型)。

求解广义特征值问题(4.14)的方法很多,其中有些不是先求固有频率后求振型,而是同时求固有频率和振型,或先求振型后求固有频率。

4.2.2 有阻尼情形

n 个自由度系统的阻尼自由振动方程是

$$[M]\{\ddot{x}\} + [C]\{\dot{x}\} + [K]\{x\} = 0 \tag{4.21}$$

其中各符号的意义相同。可以寻找形式为

$$\{x\} = \{X\}e^{st} \tag{4.22}$$

的特解。将其代入方程(4.21)，便得到相应的特征值问题

$$(s^2[M] + s[C] + [K])\{X\} = 0 \tag{4.23}$$

为使 $\{X\}$ 有非零解，s 需满足方程

$$\Delta(s) = |s^2[M] + s[C] + [K]| = 0 \tag{4.24}$$

线性代数里有证明，如果系统的动能 T，弹性势能 V 和瑞利散逸函数 F 都是正定二次型，那么特征方程(4.24)所有的根均有负的实部：

$$s_k^{(1,2)} = -\alpha_k \pm i\omega'_k \quad (k=1,2,\cdots,n)$$

即其中的 $\alpha_k(k=1,2,\cdots,n)$ 是正数。对每一对这样的特征根 $s_k^{(1)}$ 和 $s_k^{(2)}$，有相应的一个分量不全为零的特征向量 $\{X'\}_k$。于是方程(4.21)的通解为

$$\{x\} = \sum_{k=1}^{n} b_k \{X'\}_k e^{-\alpha_k t} \cos(\omega'_k t + \varphi_k) \tag{4.25}$$

其中 ω'_k 和 $\{X'\}_k (k=1,2,\cdots,n)$ 分别是系统的阻尼固有圆频率和阻尼固有振型；$\alpha_k(k=1,2,\cdots,n)$ 是相应各个振动分量的阻尼衰减系数；待定常数 b_k 和 $\varphi_k(k=1,2,\cdots,n)$ 可以有初始条件(4.20)定出。

4.2.3 固有振型的正交性

前面介绍固有振型 $\{X'\}_i(k=1,2,\cdots,n)$ 是线性无关组，实际上 $\{X'\}_i(k=1,2,\cdots,n)$ 还是两两正交的。由于振型的这一性质很重要，下面叙述一下证明过程。

因每一对特征对 ω_i^2 和 $\{X\}_i$ 满足方程(4.14)，固有

$$([K] - \omega_i^2[M])\{X\}_i = 0 \tag{4.26}$$

对式(4.26)前乘 $\{X\}_j^T$ 后，有

$$\{X\}_j^T[K]\{X\}_i = \omega_i^2 \{X\}_j^T[M]\{X\}_i \tag{4.27}$$

对式(4.27)转置，并注意到 $[K]$ 和 $[M]$ 是对称的，便有

$$\{X\}_i^T[K]\{X\}_j = \omega_i^2 \{X\}_i^T[M]\{X\}_j \tag{4.28}$$

同理，对特征对 ω_j^2 和 $\{X\}_j$ 来说有类似(4.27)的式子

$$\{X\}_i^T[K]\{X\}_j = \omega_j^2 \{X\}_i^T[M]\{X\}_j \tag{4.29}$$

从式(4.28)中减去式(4.29)，有

$$(\omega_i^2 - \omega_j^2)\{X\}_i^T[M]\{X\}_j = 0 \tag{4.30}$$

于是当 $\omega_i \neq \omega_j$ 时，可先得

$$\{X\}_i^T[M]\{X\}_j = 0 \quad (i \neq j) \tag{4.31}$$

继可从式(4.29)得

$$\{X\}_i^T[K]\{X\}_j = 0 \quad (i \neq j) \tag{4.32}$$

而当 $\omega_i \neq \omega_j$ 时，由 $[K]$ 和 $[M]$ 的正定性，有

$$\{X\}_i^T[M]\{X\}_i > 0 \quad (i=1,2,\cdots,n) \tag{4.33}$$

和
$$\{X\}_i^T[K]\{X\}_i > 0 \quad (i=1,2,\cdots,n) \tag{4.34}$$

式(4.31)至(4.34)表明,振型向量$\{X\}_i(i=1,2,\cdots,n)$关于质量矩阵$[M]$和刚度矩阵$[K]$都是正交的。这是一个以后有用处的结果。

4.3 强迫振动

4.3.1 对简谐激励的响应

考虑下列运动方程:

$$\begin{bmatrix} m_1 & 0 \\ 0 & m_2 \end{bmatrix}\begin{Bmatrix} \ddot{x}_1 \\ \ddot{x}_2 \end{Bmatrix} + \begin{bmatrix} c_{11} & c_{12} \\ c_{21} & c_{22} \end{bmatrix}\begin{Bmatrix} \dot{x}_1 \\ \dot{x}_2 \end{Bmatrix} + \begin{bmatrix} k_{11} & k_{12} \\ k_{21} & k_{22} \end{bmatrix}\begin{Bmatrix} x_1 \\ x_2 \end{Bmatrix} = \begin{Bmatrix} P\cos\theta t \\ 0 \end{Bmatrix} \tag{4.35}$$

其右端扰力向量中第二个分量为零;若不为零,则因问题是线性的而可考虑应用叠加原理处理。

本节只讨论稳态强迫振动情形—求方程(4.35)的特解。将扰力$P\cos\theta t$形式上先复化,改写为$Pe^{i\theta t}$,变成新方程

$$\begin{bmatrix} m_1 & 0 \\ 0 & m_2 \end{bmatrix}\begin{Bmatrix} \ddot{x}_1 \\ \ddot{x}_2 \end{Bmatrix} + \begin{bmatrix} c_{11} & c_{12} \\ c_{21} & c_{22} \end{bmatrix}\begin{Bmatrix} \dot{x}_1 \\ \dot{x}_2 \end{Bmatrix} + \begin{bmatrix} k_{11} & k_{12} \\ k_{21} & k_{22} \end{bmatrix}\begin{Bmatrix} x_1 \\ x_2 \end{Bmatrix} = \begin{Bmatrix} Pe^{i\theta t} \\ 0 \end{Bmatrix} \tag{4.36}$$

此新方程的特解有形式

$$x_r = B_r e^{i\theta t} \quad (r=1,2) \tag{4.37}$$

将它们一起代入方程(4.36),得(保留时间因子)

$$\left.\begin{aligned}(k_{11} - m_1\theta^2 + ic_{11}\theta)x_1 + (k_{12} + ic_{12}\theta)x_2 &= Pe^{i\theta t} \\ (k_{12} + ic_{12}\theta)x_1 + (k_{22} - m_2\theta^2 + ic_{22}\theta)x_2 &= 0\end{aligned}\right\} \tag{4.38}$$

可解出

$$\left.\begin{aligned} x_1 &= \frac{(k_{22} - m_2\theta^2 + ic_{22}\theta)Pe^{i\theta t}}{\Delta(\theta)} \\ x_2 &= \frac{-(k_{12} + ic_{12}\theta)Pe^{i\theta t}}{\Delta(\theta)} \end{aligned}\right\} \tag{4.39}$$

其中

$$\Delta(\theta) = L_1 + iL_2 \tag{4.40}$$

式中

$$\left.\begin{aligned} L_1 &= (k_{11} - m_1\theta^2)(k_{22} - m_2\theta^2) - k_{12}^2 - (c_{11}c_{22} - c_{12}^2)\theta^2 \\ L_2 &= [(k_{11} - m_1\theta^2)c_{22} + (k_{22} - m_2\theta^2)c_{11} - 2k_{12}c_{12}]\theta \end{aligned}\right\} \tag{4.41}$$

将式(4.39)有理化后取实部,得

$$x_{(c,r)} = A_r\cos(\theta t + \varphi_r) \quad (r=1,2) \tag{4.42}$$

其中

$$A_1 = P\left[\frac{(k_{22}-m_2\theta^2)^2+(c_{22}\theta)^2}{Z(\theta)}\right]^{\frac{1}{2}} \tag{4.43}$$

$$A_2 = P\left[\frac{k_{12}^2+(c_{12}\theta)^2}{Z(\theta)}\right]^{\frac{1}{2}}$$

式中

$$Z(\theta) = L_1^2 + L_2^2 \tag{4.44}$$

而

$$\left.\begin{array}{l}\varphi_1 = \arctan\left[\dfrac{L_1 c_{22}\theta - L_2(k_{22}-m_2\theta^2)}{L_1(k_{22}-m_2\theta^2)+L_2 c_{22}\theta}\right] \\[2mm] \varphi_2 = \arctan\left[\dfrac{L_1 c_{12}\theta - L_2 k_{12}}{L_1 k_{12}-L_2 c_{12}\theta}\right]\end{array}\right\} \tag{4.45}$$

当方程(4.35)中的扰力是 $P\sin\theta t$ 时，只要取式(4.39)的虚部，即可得相应的稳态强迫振动解

$$x_{s,r} = A_r \sin(\theta t + \varphi_r)\quad(r=1,2) \tag{4.46}$$

其中，A_r 和 φ_r $(r=1,2)$ 同前。

当系统为无阻尼系统时，有 $c_{11}=c_{22}=c_{12}=0$。此时式(4.43)成为

$$\left.\begin{array}{l}A_1 = \dfrac{P(k_{22}-m_2\theta^2)}{(k_{11}-m_1\theta^2)(k_{22}-m_2\theta^2)-k_{12}^2} \\[2mm] A_2 = \dfrac{Pk_{12}}{(k_{11}-m_1\theta^2)(k_{22}-m_2\theta^2)-k_{12}^2}\end{array}\right\} \tag{4.47}$$

注意式(4.47)的分母是

$$\Delta(\theta^2) = \left|\begin{bmatrix}k_{11} & k_{12}\\ k_{21} & k_{22}\end{bmatrix} - \theta^2\begin{bmatrix}m_1 & 0\\ 0 & m_2\end{bmatrix}\right| \tag{4.48}$$

当 $\theta\to\omega_1$ 或 $\theta\to\omega_2$ 时，即当简谐力圆频率 θ 趋近于系统固圆有频率 ω_1 或 ω_2 时，有 $\Delta(\theta)\to 0$。这将导致 $A_1\to\infty$ 和 $A_2\to\infty$，从而共振现象便发生了。

4.3.2 在任意扰力作用下的响应

考虑用解析法求解问题，但这里只介绍无阻尼系统的响应分析方法。与单自由度问题一样，先讨论冲量荷载作用情形。此时问题的数学模型是

$$\begin{bmatrix}m_1 & 0\\ 0 & m_2\end{bmatrix}\begin{Bmatrix}\ddot{x}_1\\ \ddot{x}_2\end{Bmatrix}+\begin{bmatrix}k_{11} & k_{12}\\ k_{21} & k_{22}\end{bmatrix}\begin{Bmatrix}x_1\\ x_2\end{Bmatrix}=\begin{Bmatrix}I\delta(t)\\ 0\end{Bmatrix} \tag{4.49}$$

加上

$$\begin{Bmatrix}x_1(0)\\ x_2(0)\end{Bmatrix}=\begin{Bmatrix}\dot{x}_1(0)\\ \dot{x}_2(0)\end{Bmatrix}=\begin{Bmatrix}0\\ 0\end{Bmatrix} \tag{4.50}$$

其中，I 是作用在质点1上的冲量荷载，初始条件是全零初始条件。应用冲量化初速度原理，原初值问题变为

$$\begin{bmatrix}m_1 & 0\\ 0 & m_2\end{bmatrix}\begin{Bmatrix}\ddot{x}_1\\ \ddot{x}_2\end{Bmatrix}+\begin{bmatrix}k_{11} & k_{12}\\ k_{21} & k_{22}\end{bmatrix}\begin{Bmatrix}x_1\\ x_2\end{Bmatrix}=\begin{Bmatrix}0\\ 0\end{Bmatrix} \tag{4.51}$$

加上

$$\begin{Bmatrix} x_1(0) \\ x_2(0) \end{Bmatrix} = \begin{Bmatrix} 0 \\ 0 \end{Bmatrix} \qquad (4.52)$$

和

$$\begin{Bmatrix} \dot{x}_1(0) \\ \dot{x}_2(0) \end{Bmatrix} = \begin{Bmatrix} I/m \\ 0 \end{Bmatrix} \qquad (4.53)$$

方程(4.51)的通解为

$$\begin{Bmatrix} x_1 \\ x_2 \end{Bmatrix} = b_1 \begin{Bmatrix} X_{11} \\ X_{21} \end{Bmatrix} \cos(\omega_1 t + \varphi_1) + b_2 \begin{Bmatrix} X_{12} \\ X_{22} \end{Bmatrix} \cos(\omega_2 t + \varphi_2) \qquad (4.54)$$

设振型向量归一化时取

$$X_{11} = X_{12} = 1 \qquad (4.55)$$

于是可从方程(4.14)得

$$X_{21} = \beta_1 = \frac{m_1 \omega_1^2 - k_{11}}{k_{12}} \qquad (4.56)$$

$$X_{22} = \beta_2 = \frac{m_1 \omega_2^2 - k_{11}}{k_{12}} \qquad (4.57)$$

将式(4.55)、(4.56)和(4.57)代入式(4.54)后,用初始条件(4.52)和(4.53)定出其中的待定常数 b_1 和 b_2 及 φ_1 和 φ_2,便得

$$x_1 = \frac{I\beta_2 \sin\omega_1 t}{m_1 \omega_1 (\beta_2 - \beta_1)} + \frac{I\beta_1 \sin\omega_2 t}{m_1 \omega_2 (\beta_1 - \beta_2)} \qquad (4.58)$$

$$x_2 = \frac{I\sin\omega_1 t}{m_2 \omega_1 (\beta_1 - \beta_2)} + \frac{I\sin\omega_2 t}{m_2 \omega_2 (\beta_2 - \beta_1)} \qquad (4.59)$$

在解(4.58)和(4.59)的基础上,可得到质点1上有任意扰力 $p(t)$ 作用,并有全零初值条件(4.50)的无阻尼双自由度系统的解为

$$x_1 = \frac{1}{m_1(\beta_2 - \beta_1)} \int_0^t p(\tau) \left[\frac{\beta_2}{\omega_2} \sin\omega_1(t-\tau) - \frac{\beta_1}{\omega_2} \sin\omega_2(t-\tau) \right] \mathrm{d}z \qquad (4.60)$$

$$x_2 = \frac{1}{m_2(\beta_1 - \beta_2)} \int_0^t p(\tau) \left[\frac{1}{\omega_2} \sin\omega_1(t-\tau) - \frac{1}{\omega_2} \sin\omega_2(t-\tau) \right] \mathrm{d}z \qquad (4.61)$$

此两式可称为无阻尼自由度系统在质点1上有扰力 $p(t)$ 作用时的 Duhamel 积分。

第5章 运动微分方程的基本解法

5.1 引 言

本章介绍复杂动力荷载(任意扰力)情形下,系统微分方程的几种工程上常用的数值解法。即线性方程适用的傅式变换法和振型叠加法,以及线性与非线性方程都适用的逐步积分法。傅式变换法是一种频域求解方法,它和振型叠加法都要对原运动方程进行变形处理,而逐步积分法是一种直接积分法。与频域方法不同,振型叠加法和所有的直接积分法都是时域求解方法。

5.2 傅式变换法

与时域方法求解过程中的每一步都不改变未知量作为时间的函数这一点不同,频率域方法是将整个运动微分方程(包括已知函数,未知函数及其导数)变换到频域中去求解,在频率域中未知量是频率的函数。这种求解方法的优点是物理含义比较明晰;而当方程中的某些参数域频率相关时,用这种方法求解更显得方便。

虽然拉普拉斯变换也是一种频域分析法。但本节只介绍应用比较广泛的傅立叶变换法。

5.2.1 **傅氏变换法基本原理**

先考虑单自由度情形。地震动输入下单自由度体系的运动方程是

$$m\ddot{u} + c\dot{u} + ku = -m\ddot{u}_g \tag{5.1}$$

式中 u——质点相对于地面的位移;
  u_g——地面运动位移;
  $\ddot{u}_g$——地震动加速度输入。

对方程(5.1)进行傅氏变换。已知关于时间函数 $x(t)$ 的傅立叶变换对是

$$X(\omega) = \int_{-\infty}^{+\infty} x(t) e^{-i\omega t} dt$$

和

$$X(t) = \frac{1}{2\pi} \int_{-\infty}^{+\infty} X(\omega) e^{i\omega t} d\omega$$

其中,ω 是与时域自变量 t(时间)对应的频域自变量(圆频率)。由此可以写下

$$u(t) = \frac{1}{2\pi} \int_{-\infty}^{+\infty} U(\omega) e^{i\omega t} d\omega$$

$$\dot{u}(t) = \frac{1}{2\pi} \int_{-\infty}^{+\infty} i\omega U(\omega) e^{i\omega t} d\omega$$

$$\ddot{u}(t) = \frac{1}{2\pi}\int_{-\infty}^{+\infty} -\omega^2 U(\omega)e^{i\omega t}d\omega$$

和

$$\ddot{u}_g(t) = \frac{1}{2\pi}\int_{-\infty}^{+\infty} -\omega^2 U_g(\omega)e^{i\omega t}d\omega$$

其中，$U(\omega)$ 和 $U_g(\omega)$ 分别是 $u(t)$ 和 $u_g(t)$ 的傅氏变换或傅氏谱（广义）。将它们代入方程(5.1)，可得

$$\int_{-\infty}^{+\infty}[(k - m\omega^2 + ic\omega)U(\omega) - m\omega^2 U_g(\omega)]e^{i\omega t}d\omega = 0 \tag{5.2}$$

由于对任意时刻 t，方程(5.2)成立，故其中由方括号括出的因子必须为零，即有

$$(k - m\omega^2 + ic\omega)U(\omega) = m\omega^2 U_g(\omega) \tag{5.3}$$

记

$$H_{dd}(\omega) = \frac{m\omega^2}{k - m\omega^2 + ic\omega} \tag{5.4}$$

得频域解

$$U(\omega) = H_{dd}(\omega)U_g(\omega) \tag{5.5}$$

其中，$H_{dd}(\omega)$ 称位移—位移传递函数。$U_g(\omega)$ 和 $H_{dd}(\omega)$ 都是可计算的。在由式(5.5)得 $U_g(\omega)$ 后，经傅氏反变换（指上述变换对中的后一变换）便可得时域解 $u(t)$，这就是频域傅氏变换法的基本原理。

由于一般不使用地面运动位移时程和相应的位移傅氏谱，而是常用地面运动加速度记录和相应的加速度傅氏谱，故上面的求解形式还需改变一下，记 $a_g(t) = \ddot{U}_g(t)$ 和

$$A_g(\omega) = \int_{-\infty}^{+\infty} a_g(t)e^{-i\omega t}dt \tag{5.6}$$

以同样的步骤可从方程(5.1)推得

$$U(\omega) = H_{da}(\omega)A_g(\omega) \tag{5.7}$$

其中，$H_{da}(\omega)$ 是加速度—位移传递函数，

$$H_{da}(\omega) = \frac{-m}{k - m\omega^2 + ic\omega} \tag{5.8}$$

在不发生误会的情况下也可简称其为位移函数，并略去下标里的 a，即 $H_d(\omega) = H_{da}(\omega)$，注意有关系式

$$A_g(\omega) = -\omega^2 U_g(\omega) \tag{5.9}$$

如果将地面运动的傅式谱 $V_g(\omega)$ 加入到上列关系式中去，那么就有

$$A_g(\omega) = i\omega V_g(\omega) = -\omega^2 U_g(\omega) \tag{5.10}$$

位移传递函数 $H_d(\omega)$ 的物理意义：在式(5.7)中令 $A_g(\omega) = 1$，即令 $|A_g(\omega)| = 1$ 和 $\arg[A_g(\omega)] = 0$，便可知 $H_d(\omega)$ 表示的就是在有单位振幅的简谐地震动（加速度）作用下，单自由度体系的稳态简谐位移反应（频域表示）。$|H_d(\omega)|$ 是反应的振幅，表示一种动力放大系数（加速度—位移），而 $\arg|H_d(\omega)|$ 则表示体系反应的相对于地震动加速度相位的超前量（相位差）。

实际问题中还需知道体系的绝对加速度反应 $A(\omega)$，易知有

$$A(\omega) = -\omega^2 U(\omega) + A_g(\omega)$$
$$= \left(\frac{m\omega^2}{k - m\omega^2 + ic\omega} + 1\right) A_g(\omega)$$
$$= \frac{k + ic\omega}{k - m\omega^2 + ic\omega} A_g(\omega)$$
$$= H_a(\omega) A_g(\omega) \tag{5.11}$$

其中，$H_a(\omega)$ 是加速度传递函数

$$H_a(\omega) = \frac{k + ic\omega}{k - m\omega^2 + ic\omega} \tag{5.12}$$

它的物理意义读者可以自行解出。

对于多自由度情形。多自由度体系的运动方程是

$$[M]\{\ddot{u}\} + [C]\{\dot{u}\} + [K]\{u\} = -[M]\{a_g\} \tag{5.13}$$

其中 $\{a_g\}$ 在这里被考虑为其分量均为 a_g 的一个地震动加速度输入分量（一维问题和单分量地震动输入情形）；$\{u\}$ 是体系相对于地面的相对位移向量，其分量均与 a_g 有相同的方向。对此方程进行傅式变换，个项就分别成为

$$\int_{-\infty}^{+\infty} [K]\{u\} e^{-i\omega t} dt = [K]\int_{-\infty}^{+\infty} \{u\} e^{-i\omega t} dt = [K]\{U\}$$

$$\int_{-\infty}^{+\infty} [C]\{\dot{u}\} e^{-i\omega t} dt = [C]\int_{-\infty}^{+\infty} \{\dot{u}\} e^{-i\omega t} dt = i\omega[C]\{U\}$$

$$\int_{-\infty}^{+\infty} [M]\{\ddot{u}\} e^{-i\omega t} dt = [M]\int_{-\infty}^{+\infty} \{\ddot{u}\} e^{-i\omega t} dt = -\omega^2[M]\{U\}$$

$$\int_{-\infty}^{+\infty} -[M]\{a_g\} e^{-i\omega t} dt = -[M]\int_{-\infty}^{+\infty} \{a_g\} e^{-i\omega t} dt = -[M]\{A_g\}$$

其中，$\{U\}$ 是相对位移反应的傅式谱（向量）；$\{A_g\}$ 是地震动加速度输入的傅式谱（向量）。将它们代入方程(5.13)，得

$$([K] - \omega^2[M] + i\omega[C])\{U(\omega)\} = -[M]\{A_g(\omega)\} \tag{5.14}$$

记

$$[H_d(\omega)] = -([K] - \omega^2[M] + i\omega[C])^{-1}[M] \tag{5.15}$$

称为位移传递函数矩阵，便有

$$\{U(\omega)\} = [H_d(\omega)]\{A_g(\omega)\} \tag{5.16}$$

下面再求绝对加速度反应 $\{A(\omega)\}$：

$$\{A(\omega)\} = \int_{-\infty}^{+\infty} (\{\ddot{u}\} + \{a_g\}) e^{-i\omega t} dt = -\omega^2 \{U(\omega)\} + \{A_g(\omega)\}$$
$$= ([I] - \omega^2[H_d(\omega)])\{A_g(\omega)\} = [H_d(\omega)]\{A_g(\omega)\} \tag{5.17}$$

其中

$$[H_d(\omega)] = [I] - \omega^2[H_d(\omega)] \tag{5.18}$$

是加速度传递函数矩阵，$[I]$ 则是单位矩阵。

5.2.2 实际计算方法

用一般的傅立叶变换法求解结构的地震反应（或动力响应问题），实施起来是有麻烦的，特别是当方程(5.1)和(5.13)的右端项比较复杂的时候。造成麻烦的原因是使用的变换是

连续傅立叶变换,尽管它也可以用一般的数值方法去处理。但是,如果直接应用离散的傅立叶变换(DFT)求问题的数值解,那么情况就会不同,特别是有了离散傅立叶变换的快速算法——快速傅立叶变换(FFT)以后,离散傅立叶变换的计算效率大大提高了。

下面我们只就单自由度情形来介绍傅立叶变换的实际算法,多自由度情形下的算法是类似的。

设计算用地面运动加速度 $a(t) = \ddot{u}_g(t)$ [为简单计,这里省去了前面用过的符号 $a_g(t)$ 的下标 g] 的时间长度是 T,并定义在区间 $[0,T]$ 上,将 $[0,T]$ 等分成 N 个长度为的小时段,等分点为时间样点 $t = t_n = n\Delta t (n = 0,1,K,N-1)$。加速度样点 $a(t) = a(t_n)(n = 0,1,K,N-1)$ 常常就是我们手头有的地震记录数据。由这 N 个数据可以作出 $a(t)$ 的三角差值函数

$$a(t) = \sum_{j=0}^{N-1} A(\omega_j) e^{i\omega_j t} \tag{5.19}$$

其中

$$A(\omega_j) = \frac{1}{N} \sum_{n=0}^{N-1} a(t_n) e^{i\omega_j t_n} \qquad (j = 0,1,K,N-1) \tag{5.20}$$

称作函数 $a(t)$ 的离散傅立叶变换,也称 $a(t_n)(n = 0,1,K,N-1)$ 这 N 个数据的离散傅立叶变换,它满足

$$a(t_n) = \sum_{j=0}^{N-1} A(\omega_j) e^{i\omega_j t_n} \tag{5.21}$$

式(5.21)称为离散傅立叶逆变换,与式(5.20)构成所谓的离散傅立叶变换对。显见,它们是可以互相计算的。

用离散傅立叶变换和物理解法(相对于纯数学解法而言)求解时,需对方程(5.1)的右端项进行复化,相应的整个方程也需复化,即此时位移反应为复反应 $u = u_1 + iu_2$。若复化后的地面运动输入用 $g(t)$ 表示,则有

$$g(t) = A(\omega_0) + \sum_{j=1}^{(N/2)-1} 2A(\omega_j) e^{i\omega_j t} + A(\omega_{N/2}) e^{i\omega_{N/2} t} \tag{5.22}$$

相应的位移解 $u(t)$ 必有形式

$$u(t) = \sum_{j=0}^{N/2} U(\omega_j) e^{i\omega_j t} \tag{5.23}$$

由式(5.23)可得

$$\dot{u}(t) = \sum_{j=0}^{N/2} [i\omega_j U(\omega_j)] e^{i\omega_j t} \tag{5.24}$$

$$\ddot{u}(t) = \sum_{j=0}^{N/2} [-\omega_j^2 U(\omega_j)] e^{i\omega_j t} \tag{5.25}$$

将式(5.22)、(5.23)、(5.24)和(5.25)代入复化后的方程(5.1),得

$$\left. \begin{array}{l} (k - m\omega_0^2 + ic\omega_0) U(\omega_0) = -mA(\omega_0) \\ (k - m\omega_j^2 + ic\omega_j) U(\omega_j) = -2mA(\omega_j) \qquad [j = 1, \Lambda, (N/2) - 1] \\ (k - m\omega_{N/2}^2 + ic\omega_{N/2}) U(\omega_{N/2}) = -mA(\omega_{N/2}) \end{array} \right\} \tag{5.26}$$

从方程组(5.26)解出 $U(\omega_j)(j = 0,1,K,N/2)$,并注意相应于式(5.22)有 $U(\omega_j) = U[j = (N/2) + 1,K,N-1]$,再按与式(5.21)一样的逆变换公式计算,便可得 $u(t)$ 的 N 个离散值 $U(t_n)(n = 0,1,K,N-1)$,取其实部便可得所需要的解。

离散傅立叶变换对式(5.20)和式(5.21)中的 $\omega_j(j = 0,1,K,N-1)$ 是等间距分布在频率

轴 ω 上的频率样点，有 $\omega_j = j\Delta\omega(j=0,1,K,N-1)$，其中的间距 $\Delta\omega$ 为

$$\Delta\omega = \frac{2\pi}{T} = \frac{2\pi}{N\Delta t} \tag{5.27}$$

离散傅立叶变换有周期性，时间周期就是 T，频率周期则是 $\Omega = N\Delta t = 2\pi/\Delta t$。所以，上述经反变换后所得之解的初位移和初速度可能均不为零。这是由于计算中所用的时间长度 T 不够长的缘故：因在 $t=T$ 时刻地震动还在作用或刚停止不久，结构继续在振动，即结构位移和(或)速度此刻有非零值，所以根据周期性，在 $t=0$ 时刻结构位移或速度也就有了一样的非零值。解决此问题的办法是将 T 取的足够长，即给实际输入地震动(持续时间为 T_1)增补一段较长的尾零段(长度为 T_2；$T=T_1+T_2$)，使在 $[T_1,T]$ 这一段时间区间类，结构由于阻尼作用而停止运动，停止的一刻即获得了位移和速度近似为零的条件。由所述可知，零尾段长度 T_2 只要大体够就可以，不宜太长(太长就费机时)。一般情况下，T_2 可考虑取 4~5 倍结构基本周期的长度。

离散傅立叶变换 $A(\omega_j)(j=0,1,K,N-1)$ 除 $A(\omega_j)=A(0)$ 是个实数外，关于频率点

$$\omega^* = \omega_{N/2} = (N/2)\Delta\omega = N\pi/T = \pi/\Delta t \tag{5.28}$$

时共轭对称分布的，即有 $A(\omega_j) = \overline{A(\omega_{N-j})}[j=1,\Lambda,(N/2)-1]$。至于 $A(\omega_{N/2})$，它亦为一实数。这个频率点 ω^* 称为折叠频率。实际上 ω_{N-j} 是 $\omega_j[j=1,\Lambda,(N/2)-1]$ 的镜像点，不是真实的频率，故最高频率是 ω_{N-2} 这个折叠频率。由于离散傅立叶变换的周期性我们也可以取用与 $\omega_s(S=-N/2+1,\Lambda,-1,0,1,\Lambda,N-1)$ 这一组频率相应的 N 个 $A(\omega_s)$ 值，它包含着与原来的一组 $A(\omega_j)(j=0,1,K,N-1)$ 完全相同的信息。从这一组 N 个 $A(\omega_s)$ 值中比较容易看到镜像性质：由于 $\omega_{-j} = -\omega_j[j=1,\Lambda,(N/2)-1]$ 均为负频率，故实际上它们是不存在的(它们是离散傅立叶变换使用复数工具而引入的)，这就是前面提到的需对方程(5.1)的右端项进行这种复化处理的根本原因所在[只有引入这种复化处理后才能导致对实际存在的激励频率 $\omega_j(j=0,1,\Lambda,N/2)$ 进行符合物理实际的有关计算，如计算传递函数；而若不进行这种复化处理，则需要修改有关公式，包括安排好负频率点上的有关计算]。

直接依照(5.20)的形式计算离散傅立叶变换是很费事费时的，于是有人便对如何有效地计算这一变换进行研究，最后在由 Cooley 和 Tukcy 两人合写的论文(1965 年发表)中正式确立了现在广为应用地快速傅立叶变换(FFT)算法，它大大地提高了离散傅立叶变换的计算效率。

5.3 振型叠加法

振型叠加法是处理多自由度系统或连续体结构地震反应(或动力响应)问题的方法。本节只就多自由度情形加以叙述，处理连续体结构问题时，基本方法和主要步骤是一样的，只是有关公式的形式略有不同而已。另外，扰力作用的形式仍取为地震动。

多自由度(n 自由度)系统的运动方程是

$$[M]\{\ddot{u}\} + [C]\{\dot{u}\} + [K]\{u\} = -[M]\{a\} \tag{5.29}$$

其中，$\{u\}$ 是系统相对于地面的 n 维广义位移向量；$\{a\}$ 是 n 维地震动加速度输入向量，其各分量与相对加速度向量 $\{\ddot{u}\}$ 中的各分量一一对应。$\{a\}$ 也可表示成

$$\{a\} = [E]\{\ddot{u}_g\} \tag{5.30}$$

其中，$\{\ddot{u}_g\}$是至多包含地面运动6个分量(3个平动分量，2个摇摆分量和一个扭转分量)的地震加速度向量；$[E]$是指示矩阵，如果$\{\ddot{u}_g\}$是6维的，那么$[E]$是$n \times 6$的长方矩阵，它被用来描述系统的地震动加速度输入向量$\{a\}$与地面的地震动加速度向量的$\{\ddot{u}_g\}$关系。阻尼矩阵$[E]$应先考虑瑞利形式

$$[C] = \alpha[M] + \beta[K] \tag{5.31}$$

振型叠加法的求解方法。多自由度系统的振型有两种，其中一种是无阻尼振型，它们构成了线性无关组，且关于质量矩阵$[M]$或刚度矩$[K]$阵是两两正交的。这给它们的应用带来了方便，我们以后都将使用这种振型。

与方程(5.29)相应的无阻尼自由振动方程是

$$[M]\{\ddot{u}\} + [K]\{u\} = 0 \tag{5.32}$$

其对应的广义特征值问题是

$$([K] - \omega^2[M])\{\varphi\} = 0 \tag{5.33}$$

其中，$\{\varphi\}$是振型向量。振型向量组$\{\varphi_i\}(i=1,2,\Lambda,n)$构成振型矩阵，记为

$$[\phi] = [\varphi_1, \varphi_2, \Lambda, \varphi_n] \tag{5.34}$$

由于$\{\varphi_i\}(i=1,2,\Lambda,n)$是线性无关组，故可将位移向量$\{u\}$表示成

$$\{u\} = x_1(t)\{\varphi_1\} + x_2(t)\{\varphi_2\} + \Lambda + x_n(t)\{\varphi_n\} \tag{5.35}$$

即作变换

$$\{u\} = [\phi]x(t) \tag{5.36}$$

上两式中，$x_i(i=1,2,\Lambda,n)$是广义坐标；$\{x\}$是广义坐标向量，

$$\{x\} = (x_1, x_2, \Lambda, x_n)^T \tag{5.37}$$

一般情况下$\{u\}$中各分量的量纲不同，此时我们只能视$x_i(i=1,2,\Lambda,n)$是无量纲量，而视$\{\varphi_i\}(i=1,2,\Lambda,n)$为其各分量与对应的$\{u\}$的各分量有相同量纲的向量。但是，如果$\{u\}$中各分量的量纲相同，则此时我们可视$\{x_i\}(i=1,2,\Lambda,n)$有与$\{u\}$的对应分量相同的量纲，而视$\{\varphi_i\}(i=1,2,\Lambda,n)$是纯数向量。

将式(5.31)和式(5.36)先后带入(5.29)，并一次左乘$\{\varphi_i\}^T(i=1,2,\Lambda,n)$，得

$$\{\varphi_i\}^T[M][\phi]\{\ddot{x}\} + \{\varphi_i\}^T(\alpha[M] + \beta[K])[\phi]\{\dot{x}\} + \{\varphi_i\}^T[K][\phi]\{x\}$$
$$= -\{\varphi_i\}^T[M]a \quad (i=1,2,\Lambda,n) \tag{5.38}$$

根据正交性，方程(5.38)呈解耦形式，即成为n个广义坐标互不关联的方程：

$$m_i^* \ddot{x}_i + (\alpha m_i^* + \beta k_i^*)\dot{x}_i + k_i^* x_i = p_i^*(t) \quad (i=1,2,\Lambda,n) \tag{5.39}$$

其中

$$m_i^* = \{\varphi_i\}^T[M]\{\varphi_i\} \tag{5.40}$$

$$k_i^* = \{\varphi_i\}^T[K]\{\varphi_i\} = m_i^* \omega_i^2 \tag{5.41}$$

$$p_i^*(t) = -\{\varphi_i\}^T[M]\{a\} \tag{5.42}$$

而式(5.41)中，ω_i则是系统的第i阶固有频率。m_i^*、k_i^*和p_i^*分别称为第i阶振型(广义)质量、第i阶振型(广义)刚度和第i阶振型(广义)荷载。再令

$$c_i^* = \alpha m_i^* + \beta k_i^* = (\alpha + \beta \omega_i^2)m_i^* \tag{5.43}$$

并称其为第i阶振型(广义)阻尼，则方程(5.39)成为

$$m_i^* \ddot{x}_i + c_i^* \dot{x}_i + k_i^* x_i = p_i^*(t) \quad (i=1,2,\Lambda,n) \tag{5.44}$$

这是一组(共 n 个)分立的方程,表明每一个结构振型像一个单自由度系统似的作强迫振动。

可以看到,不是任意的阻尼矩阵$[C]$都可以做到使方程(5.29)解耦的,由于瑞利阻尼阵和比例阻尼阵能做到这点,所以给了它们一个特别的名称:正交阻尼阵。

上述推演过程在数学上使方程解耦,在力学上则是振型分解。但是,在求得了方程(5.43)的初值问题解后,便可据式(5.35)求原问题的解,这一过程称为振型叠加。方程(5.43)的初值条件:

设原问题的初始条件为

$$\left. \begin{array}{l} \{u\}_{t=0} = \{u_0\} \\ \{\ddot{u}\}_{t=0} = \{\dot{u}_0\} \end{array} \right\} \tag{5.45}$$

把它们代入式(5.35),得

$$\left. \begin{array}{l} \{u_0\} = x_1(0)\{\varphi_1\} + x_2(0)\{\varphi_2\} + \Lambda + x_n(0)\{\varphi_n\} \\ \{\dot{u}_0\} = \dot{x}_1(0)\{\varphi_1\} + \dot{x}_2(0)\{\varphi_2\} + \Lambda + \dot{x}_n(0)\{\varphi_n\} \end{array} \right\} \tag{5.46}$$

对上两式都左乘$\{\varphi_i\}^T[M]$ $(i=1,2,\Lambda,n)$,可导得

$$\left. \begin{array}{l} x_i(0) = \dfrac{\{\varphi_i\}^T[M]\{u_0\}}{m_i^*} \\ \dot{x}_i(0) = \dfrac{\{\varphi_i\}^T[M]\{\dot{u}_0\}}{m_i^*} \end{array} \right\} \quad (i=1,2,\Lambda,n) \tag{5.47}$$

特别,当$\{u_0\}=\{0\}$,$\{\dot{u}_0\}=\{0\}$时,有

$$x_i(0) = \dot{x}_i(0) = 0 \quad (i=1,2,\Lambda,n) \tag{5.48}$$

对每个单自由度方程的数值求解方法可根据前面方法分析。

当阻尼矩阵取比例阻尼阵$[C]=2\beta[K]$时,依旧有式(5.40)、(5.41)和(5.42)等,只是振型(广义)阻尼的计算式为

$$c_i^* = 2\beta k_i^* = 2\beta \omega_i^2 m_i^* \tag{5.49}$$

当比例阻尼阵取频率相关粘性阻尼矩阵$[R]=\dfrac{2\lambda}{\theta}[K]$或复阻尼问题专用阻尼矩阵$[S]=iv[K]$时,照常可进行振型分解,仅需注意复阻尼情形下,方程右端项要经过对偶复化的形式。

5.4 逐步积分法

我们知道,在数学里求解二阶常微分方程(组)初值问题的计算方法时很多的。比如差分法、逐步积分法等。

逐步积分法是在一个时间步长内,对作为未知量的加速度分布作出某种近似假定,从而导出一种逐步积分格式的方法;也可以在一个时间步长上直接设定速度增量和位移增量与加速度增量的一个关系而导出逐步积分格式。

5.4.1 直接积分方法

比较常用的振动方程的直接积分法有 Newmark β 法和 Wilson θ 法。由于这些算法在计算过程中没有引入叠加原理,因此,直接积分法不但可以用来分析单自由度和多自由度结构的线性振动响应,而且对结构的非线性振动响应同样也适用。

Newmark β 法和 Wilson θ 法都是线性加速度法的推广,同样是假设加速度按线性变化,只是 Wilson θ 法的范围延伸到时间步长 Δt 之外,因此,我们只简要介绍一下线性加速度法和 Newmark β 法的计算原理。

在非线性体系的反应中,结构的刚度矩阵是反应量的函数,而不再是常数,只有在极小的时间间隔 Δt 内,结构的刚度矩阵才能被看成是常数,因此结构的运动方程需要写成增量的形式。即,需要用增量法来对非线性结构体系进行地震响应分析。

1. 线性加速度法

根据前面的讨论,多自由度体系地震运动方程的增量形式为:

$$[M]\{\Delta \ddot{u}\} + [C]\{\Delta \dot{u}\} + [K]\{\Delta u\} = -[M]\{\Delta \ddot{u}_g\} \tag{5.50}$$

假定 t_i 时刻的质点地震响应已知,而 $t_{i+1}(t_{i+1} = t_i + \Delta t)$ 时刻的地震响应为待求的量,由于时间间隔 Δt 比较小,不妨假定质点加速度在微小时间段内是按线性变化的,且结构的刚度、阻尼、地面运动加速度均无改变。因此,在 Δt 内的加速度可以写成:

$$\{\ddot{u}(t)\} = \{\ddot{u}\}_i + \frac{\{\ddot{u}\}_{i+1} - \{\ddot{u}\}_i}{\Delta t}(t - t_i) \tag{5.51}$$

对式(5.51)积分可以得到速度和位移响应:

$$\{\dot{u}(t)\} = \{\dot{u}\}_i + \{\ddot{u}\}_i(t - t_i) + \frac{1}{2}\frac{\{\ddot{u}\}_{i+1} - \{\ddot{u}\}_i}{\Delta t}(t - t_i)^2 \tag{5.52}$$

$$\{u(t)\} = \{u\}_i + \{\dot{u}\}_i(t - t_i) + \frac{1}{2}\{\ddot{u}\}_i(t - t_i)^2 + \frac{1}{6}\frac{\{\ddot{u}\}_{i+1} - \{\ddot{u}\}_i}{\Delta t}(t - t_i)^3 \tag{5.53}$$

根据式(5.52)、式(5.53)和式(5.50),地震响应的增量为:

$$\{\Delta u(t)\} = \{\dot{u}\}_i \Delta t + \frac{1}{2}\{\ddot{u}\}_i \Delta t^2 + \frac{1}{6}\{\Delta \ddot{u}\}\Delta t^3 \tag{5.54}$$

$$\{\Delta \dot{u}(t)\} = \{\ddot{u}\}_i \Delta t + \frac{1}{2}\{\Delta \ddot{u}\}\Delta t^2 \tag{5.55}$$

$$\{\Delta \ddot{u}(t)\} = -\frac{[C]}{[M]}\{\Delta \dot{u}\} - \frac{[K]}{[M]}\{\Delta u\} - \{\Delta \ddot{u}_g\} \tag{5.56}$$

从上述三个联立方程可以得到加速度、速度和位移增量的计算公式。为了计算方便,通常先根据式(5.54)和式(5.55)将速度和加速度增量用位移增量的形式表示,即:

$$\{\Delta \dot{u}(t)\} = \frac{3}{\Delta t}\{\Delta u\} - \{\dot{u}\}_i - \frac{\Delta t}{2}\{\ddot{u}\}_i \tag{5.57}$$

$$\{\Delta \ddot{u}(t)\} = \frac{6}{\Delta t^2}\{\Delta u\} - \frac{6}{\Delta t}\{\dot{u}\}_i - 3\{\ddot{u}\}_i \tag{5.58}$$

然后代入式(5.56),得到与静力计算相类似的线性方程:

$$[\overline{K}]\{\Delta u\} = [\overline{\Delta P}] \tag{5.59}$$

式中:

$$[\bar{K}] = [K] + \frac{3}{\Delta t}[C] + \frac{6}{\Delta t^2}[M] \tag{5.60}$$

$$[\Delta \bar{P}] = [M]\left(-\{\Delta \ddot{u}_g\} + \frac{6}{\Delta t}\{\dot{u}\}_i + 3\{\ddot{u}\}_i\right) + [C]\left(3\{\dot{u}\}_i + \frac{\Delta t}{2}\{\ddot{u}\}_i\right) \tag{5.61}$$

从式(5.59)解出$\{\Delta u\}$后，再将它代入式(5.57)、式(5.58)便可以得到t_{i+1}的地震响应计算公式。

2. Newmark β 法

Newmark β 法属广义线性加速度算法，故其基本假设与线性加速度法相同。

由式(5.52)和式(5.53)可得：

$$\{\dot{u}\}_{i+1} = \{\dot{u}\}_i + \frac{1}{2}(\{\ddot{u}\}_{i+1} + \{\ddot{u}\}_i)\Delta t \tag{5.62}$$

$$\{u\}_{i+1} = \{u\}_i + \{\dot{u}\}_i\Delta t + \frac{1}{2}\{\ddot{u}\}_i\Delta t^2 + \frac{1}{6}\{\ddot{u}\}_{i+1}\Delta t^2 - \frac{1}{6}\{\ddot{u}\}_i\Delta t^2 \tag{5.63}$$

用 β 代替式(5.63)中的$\frac{1}{6}$，则有：

$$\{u\}_{i+1} = \{u\}_i + \{\dot{u}\}_i\Delta t + \left\{\frac{1}{2} - \beta\right\}\{\ddot{u}\}_i\Delta t^2 + \beta\{\ddot{u}\}_{i+1}\Delta t^2 \tag{5.64}$$

β 取不同值，可得时间增量内不同的加速度变化形式。$\beta = 1/6$，为线性加速度；$\beta = 1/4$，为平均加速度；$\beta = 0$，为冲击加速度。

类似线性加速度法的推导，可得 Newmark β 法的拟静力方程：

$$[\bar{K}]\{\Delta u\} = [\Delta \bar{P}] \tag{5.65}$$

式中：

$$[\bar{K}] = [K] + \frac{1}{2\beta\Delta t}[C] + \frac{1}{\beta\Delta t^2}[M] \tag{5.66}$$

$$[\Delta \bar{P}] = -[M]\{\Delta \ddot{u}_g\} + [M]\left\{\frac{1}{\beta\Delta t}\{\dot{u}\}_i + \frac{1}{2\beta}\{\ddot{u}\}_i\right\} + [C]\left(\frac{1}{2\beta}\{\dot{u}\}_i + \left(\frac{1}{4\beta} - 1\right)\{\ddot{u}\}_i\Delta t\right) \tag{5.67}$$

由式(5.65)可以得到结构的位移增量Δu，再从式(5.66)和式(5.67)进一步算出结构的速度和加速度增量$\Delta \dot{u}$、$\Delta \ddot{u}$。

Newmark β 法的稳定性：

(1) 当 $\beta \geq 1/4$ 时，无条件稳定；

(2) 当 $0 \leq \beta \leq 1/4$ 时，若 $\Delta t/T \leq \frac{1}{\pi\sqrt{1-4\beta}}$，满足稳定。

5.5 桥梁结构有限元分析的基本单元

由于桥梁结构多种多样，因此，其地震反应计算中的有限单元形式各不相同。下面简单介绍几种常用的有限单元形式：二节点等参直杆、直梁单元、二节点等参曲梁单元、柔索单元和薄壁梁单元。

1. 二节点等参直杆单元

二节点等参直杆单元是有限元单元中讨论得十分清楚的单元形式，其局部坐标系下的单元质量矩阵可以表示为：

$$M^e = \frac{\rho Al}{6} \begin{bmatrix} 2 & 0 & 0 & 1 & 0 & 0 \\ 0 & 2 & 0 & 0 & 1 & 0 \\ 0 & 0 & 2 & 0 & 0 & 1 \\ 1 & 0 & 0 & 2 & 0 & 0 \\ 0 & 1 & 0 & 0 & 2 & 0 \\ 0 & 0 & 1 & 0 & 0 & 2 \end{bmatrix} \tag{5.68}$$

局部坐标系下单元刚度矩阵为：

$$K^e = \frac{EA}{l} \begin{bmatrix} 1 & -1 \\ -1 & 1 \end{bmatrix} \tag{5.69}$$

局部坐标与整体坐标的转换矩阵为：

$$T = \begin{bmatrix} l_{ij} & m_{ij} & n_{ij} & 0 & 0 & 0 \\ 0 & 0 & 0 & l_{ij} & m_{ij} & n_{ij} \end{bmatrix} \tag{5.70}$$

式中，l_{ij}、m_{ij}、n_{ij} 分别表示杆单元在总体坐标系下的三个方向余弦，按下式计算：

$$l_{ij} = \frac{x_j - x_i}{l} \qquad m_{ij} = \frac{y_j - y_i}{l} \qquad n_{ij} = \frac{z_j - z_i}{l} \tag{5.71}$$

总体坐标系下的单元刚度为：

$$K_e^s = T^T K^e T \tag{5.72}$$

2. 二节点等参直梁单元 一个空间二节点等参直梁单元有12个自由度，6个平移和6个转动。

局部坐标系下的单元质量矩阵为：

$$\begin{bmatrix}
\frac{1}{3} & & & & & & & & & & & \\
0 & \frac{13}{35} + \frac{6I_z}{5Al^2} & & & & & & & & & & \\
0 & 0 & \frac{13}{35} + \frac{6I_y}{5Al^2} & & & & & & & & & \\
0 & 0 & 0 & \frac{J}{3A} & & & 对 & & & & & \\
0 & 0 & -\frac{11l}{210} + \frac{I_y}{10Al} & 0 & \frac{l^2}{105} + \frac{2I_y}{15A} & & & & & & & \\
0 & \frac{11l}{210} + \frac{I_z}{10Al} & 0 & 0 & 0 & \frac{l^2}{105} + \frac{2I_z}{15A} & 称 & & & & & \\
\frac{1}{6} & 0 & 0 & 0 & 0 & 0 & \frac{1}{3} & & & & & \\
0 & \frac{9}{70} - \frac{6I_z}{5Al^2} & 0 & 0 & 0 & \frac{13l}{420} - \frac{I_z}{10Al} & 0 & \frac{13}{35} + \frac{6I_z}{5Al^2} & & & & \\
0 & 0 & \frac{9}{70} - \frac{6I_y}{5Al^2} & 0 & -\frac{13l}{420} + \frac{I_y}{10Al} & 0 & 0 & 0 & \frac{13}{35} + \frac{6I_y}{5Al^2} & & & \\
0 & 0 & 0 & \frac{J}{6A} & 0 & 0 & 0 & 0 & 0 & \frac{J}{3A} & & \\
0 & 0 & \frac{13l}{420} - \frac{I_y}{10Al} & 0 & -\frac{l^2}{140} - \frac{I_y}{30A} & 0 & 0 & 0 & \frac{11l}{210} + \frac{I_y}{10Al} & 0 & \frac{l^2}{105} + \frac{2I_y}{15A} & \\
0 & -\frac{13l}{420} + \frac{I_z}{10Al} & 0 & 0 & 0 & -\frac{l^2}{140} - \frac{I_z}{30A} & 0 & -\frac{11l}{210} - \frac{I_z}{10Al} & 0 & 0 & 0 & \frac{l^2}{105} + \frac{2I_z}{15A}
\end{bmatrix}$$

$$\tag{5.73}$$

局部坐标系下的单元刚度为：

$$\begin{bmatrix} \dfrac{EA}{l} & & & & & & & & & & & \\ 0 & \dfrac{12EI_z}{l^3(1+\phi_y)} & & & & & & & & & & \\ 0 & 0 & \dfrac{12EI_y}{l^3(1+\phi_z)} & & & & & & & & & \\ 0 & 0 & 0 & \dfrac{GJ}{l} & & & & & & & & \\ 0 & 0 & \dfrac{-6EI_y}{l^2(1+\phi_z)} & 0 & \dfrac{(4+\phi_z)EI_y}{l(1+\phi_z)} & & \text{对} & & & & & \\ 0 & \dfrac{6EI_z}{l^2(1+\phi_y)} & 0 & 0 & 0 & \dfrac{(4+\phi_y)EI_z}{l(1+\phi_y)} & & & & & & \\ -\dfrac{EA}{l} & 0 & 0 & 0 & 0 & 0 & \dfrac{EA}{l} & & \text{称} & & & \\ 0 & \dfrac{-12EI_z}{l^3(1+\phi_y)} & 0 & 0 & 0 & \dfrac{-6EI_z}{l^2(1+\phi_y)} & 0 & \dfrac{12EI_z}{l^3(1+\phi_y)} & & & & \\ 0 & 0 & \dfrac{-12EI_y}{l^3(1+\phi_z)} & 0 & \dfrac{6EI_y}{l^2(1+\phi_z)} & 0 & 0 & 0 & \dfrac{12EI_y}{l^3(1+\phi_z)} & & & \\ 0 & 0 & 0 & -\dfrac{GJ}{l} & 0 & 0 & 0 & 0 & 0 & \dfrac{GJ}{l} & & \\ 0 & 0 & \dfrac{-6EI_y}{l^2(1+\phi_z)} & 0 & \dfrac{(2-\phi_z)EI_y}{l(1+\phi_z)} & 0 & 0 & 0 & \dfrac{6EI_y}{l^2(1+\phi_z)} & 0 & \dfrac{(4+\phi_z)EI_y}{l(1+\phi_z)} & \\ 0 & \dfrac{6EI_z}{l^2(1+\phi_y)} & 0 & 0 & 0 & \dfrac{(2-\phi_y)EI_z}{l(1+\phi_y)} & 0 & \dfrac{-6EI_z}{l^2(1+\phi_y)} & 0 & 0 & 0 & \dfrac{(4+\phi_y)EI_z}{l(1+\phi_y)} \end{bmatrix}$$

(5.74)

总体坐标系下的单元质量和单元刚度为：

$$M_e^s = T^T M^e T \tag{5.75}$$

$$K_e^s = T^T K^e T \tag{5.76}$$

式中，转换矩阵 T 为

$$T = \begin{bmatrix} t & 0 & 0 & 0 \\ 0 & t & 0 & 0 \\ 0 & 0 & t & 0 \\ 0 & 0 & 0 & t \end{bmatrix} \quad t = \begin{bmatrix} l_x & m_x & n_x \\ l_y & m_y & n_y \\ l_z & m_z & n_z \end{bmatrix} \quad 0 = \begin{bmatrix} 0 & 0 & 0 \\ 0 & 0 & 0 \\ 0 & 0 & 0 \end{bmatrix}$$

l_x、m_x、n_x 表示局部 x 轴的方向余弦；l_y、m_y、n_y 表示局部 y 轴的方向余弦；l_z、m_z、n_z 表示局部 z 轴的方向余弦。

3. 薄壁直梁单元　桥梁工程中广泛使用薄壁结构。在某些条件下，比如构件截面特征尺寸与长度之比较小，可以处理为薄壁梁。薄壁梁在荷载作用下的变形比较复杂，除了具有通常梁的变形分量外,还可能发生不可忽略的翘曲和畸变。这些因素的影响导致曲梁的精确分析十分复杂,有关理论尚在发展之中,还没有形成像通常直梁单元那样成熟的有限单元。现仅介绍考虑翘曲变形的梁单元。

记考虑翘曲变形的曲梁单元节点位移和力矢量为:

$$\delta^e = \{u_{1i}, u_{2i}, u_{3i}, \theta_{1i}, \theta_{2i}, \theta_{3i}, \omega_i; u_{1j}, u_{2j}, u_{3j}, \theta_{1j}, \theta_{2j}, \theta_{3j}, \omega_j\} \tag{5.77}$$

$$R^e = \{F_{1i}, F_{2i}, F_{3i}, M_{1i}, M_{2i}, M_{3i}, M_{\omega i}; F_{1j}, F_{2j}, F_{3j}, M_{1j}, M_{2j}, M_{3j}, M_{\omega j}\} \tag{5.78}$$

式中 ω_i、ω_j——梁端翘曲变形;

$M_{\omega i}$、$M_{\omega j}$——与 ω_i、ω_j 相对应的力矩。

则 δ^e 与 R^e 间的关系可写为: $R^e = K^e \delta^e$

K^e 为局部坐标系下的单元刚度矩阵。K^e 可分为两部分,第一部分为扭转情况下的刚度矩阵,第二部分为其他情况下的刚度矩阵。

扭转情况下的刚度矩阵 K_1:

$$\begin{Bmatrix} M_{1i} \\ M_{\omega i} \\ M_{1j} \\ M_{\omega j} \end{Bmatrix} = K_1 \begin{Bmatrix} \theta_{1i} \\ \theta_{\omega i} \\ \theta_{1j} \\ \theta_{\omega j} \end{Bmatrix} = \begin{bmatrix} -K_{21}^{-1} K_{22} & K_{21}^{-1} \\ -K_{11} K_{21}^{-1} K_{22} + K_{12} & K_{11} K_{21}^{-1} \end{bmatrix} \begin{Bmatrix} \theta_{1i} \\ \theta_{\omega i} \\ \theta_{1j} \\ \theta_{\omega j} \end{Bmatrix}$$

式中各子矩阵如下:

$$K_{11} = \begin{bmatrix} -1 & 0 \\ -\dfrac{C_s \mathrm{sh}\lambda l}{\lambda} & -\mathrm{ch}\lambda l \end{bmatrix}; \quad K_{12} = \begin{bmatrix} 0 & 0 \\ 0 & \dfrac{C_s GJ \mathrm{sh}\lambda l}{\lambda} \end{bmatrix}$$

$$K_{21} = \begin{bmatrix} \dfrac{C_s \mathrm{sh}\lambda l}{\lambda} - l & \mathrm{ch}\lambda l - 1 \\ 1 - \mathrm{ch}\lambda l & -\lambda \mathrm{sh}\lambda l \end{bmatrix}; \quad K_{22} = \begin{bmatrix} 1 & \dfrac{C_s \mathrm{sh}\lambda l}{\lambda} \\ 0 & \mathrm{ch}\lambda l \end{bmatrix}$$

式中,$\lambda^2 = C_s GJ / EI\omega$。

其他情况下的刚度矩阵 K_2:

$\{F_{1i}, F_{2i}, F_{3i}, M_{2i}, M_{3i}; F_{1j}, F_{2j}, F_{3j}, M_{2j}, M_{3j}\}^T = K_2 \{u_{1i}, u_{2i}, u_{3i}, \theta_{2i}, \theta_{3i}; u_{1j}, u_{2j}, u_{3j}, \theta_{2j}, \theta_{3j}\}^T$

式中,K_2 与二节点直梁单元刚度矩阵对应的元素相同。将两部分刚度按式(5.77)和式(5.78)的对应关系组合起来即可得到单元的刚度矩阵。单元质量矩阵可以用堆聚质量法求得。

4. 索单元 悬索与斜拉桥的主要构件之一是柔性索,计算分析时要考虑自重引起的几何非线性的影响。一般通过修正弹性模量来计入缆索重度的影响。修正弹性模法最早由 Ernst 提出,其修正公式为:

$$E_{eq} = \dfrac{E}{1 + \dfrac{(\gamma L_H)^2 E}{12\sigma_0^3}} \tag{5.79}$$

式中 E_{eq}——索的等效弹性模量;

E——索的材料弹性模量;

γ——索的容量;

L_H——索的水平投影长度；

σ_0——索的初应力。

Ernst 公式得到的等效弹性模量为一常数，简化了计算。在对索的弹模进行修正之后，索即可按通常的二力杆或梁处理。

采用 Ernst 修正模量法，为保证计算精度，单元长度不能很大，同时也不能满足工程控制计算等方面的需要，为此建立了小应变弹性悬链线有限单元。假定索单元平面为竖平面，记为 $Y-Z$ 平面，Z 为竖向坐标轴，则可以得到单元节点力增量 δF^e 和单元节点位移增量 δd^e 之间的关系为：

$$\delta F^e = K^e \delta d^e$$

式中

$$K^e = \begin{bmatrix} -F_1/H & 0 & 0 & F_1/H & 0 & 0 \\ & -a_1 & -a_2 & 0 & a_1 & a_2 \\ & & -a_4 & 0 & a_2 & a_4 \\ & \text{对} & & -F_1/H & 0 & 0 \\ & & \text{称} & & -a_1 & a_2 \\ & & & & & -a_4 \end{bmatrix} \quad (5.80)$$

式(5.80)中的元素得不到显式表达，需迭代计算。需要的已知参数为：单元无应力长度索的重量 W，索材料的弹性模量 E，索无应力横截面积 A，索单元无应力长度 L_u，索单元 I 节点坐标 (X_I, Y_I, Z_I)，索单元 J 节点坐标 (X_J, Y_J, Z_J)。迭代过程如下：

(1) 计算单元平面上的截距

$$\sin\beta(X_J - X_I)/[(X_J - X_I)^2 + (Y_J - Y_I)^2]^{1/2}$$
$$\cos\beta = (1 - \sin^2\beta)^{1/2}$$
$$H = X_J \sin\beta + Y_J \cos\beta - (X_I \sin\beta + Y_I \cos\beta)$$
$$V = Z_J - Z_I$$

(2) 计算迭代初始值

$$\lambda^0 = \begin{cases} 0.2, H=0 \text{ 或 } L_u < (H^2+V^2)^{1/2} \\ [3(L_u^2 - V^2)/H^2 - 1]^{1/2} \end{cases}$$

$$F_1^0 = -WH/2\lambda^0$$

$$F_2^0 = \frac{W}{2}\left[-V\frac{\cosh\lambda^0}{\sinh\lambda^0} + L_u\right]$$

(3) 计算如下变量

$$F_4 = -F_2 + WL_u$$
$$F_3 = -F_1$$
$$T_1 = (F_1^2 + F_2^2)^{1/2}$$
$$T_d = (F_3^2 + F_4^2)^{1/2}$$

(4) 计算如下参数

$$\xi_1^i = \frac{H^i}{F_1^i} + \frac{1}{W}\left[\frac{F_4^i}{T_J^i} + \frac{F_2^i}{T_I^i}\right]$$

$$\xi_2^i = \xi_3^i = \frac{F_1^i}{W}\left[\frac{F_4^i}{T_J^i} - \frac{F_2^i}{T_I^i}\right]$$

$$\xi_4^i = -\frac{L_u}{EA} - \frac{1}{W}\left[\frac{F_4^i}{T_J^i} + \frac{F_2^i}{T_I^i}\right]$$

$$a_1^i = \xi_4^i/d_i,\ a_2^i = a_3^i = -\xi_3^i/d_i,\ a_4^i = \xi_1^i/d_i,\ d_i = a_1^i a_4^i - a_2^i a_3^i$$

(5) 计算误差

$$HAX = -F_1\left[\frac{L_n}{EA} + \frac{1}{W}\log\frac{F_4 + T_J}{T_I - F_2}\right]$$

$$VAX = \frac{1}{2EAW}(T_J^2 - T_I^2) + \frac{T_J - T_I}{W}$$

$$\delta H = H - HAX$$

$$\delta V = v - VAX$$

(6) 若 δH 和 δV 满足精度要求,则由式(5.80)计算索单元刚度矩阵,否则返回步骤(3)。

在以上迭代式中,H 为索在 Y 方向的投影长度,V 为索在 Z 方向的投影长度;F_1 为单元 I 端索张力在 Y 方向的分量,F_2 为单元 I 端索张力在 Z 方向的分量;F_3 为单元 J 端索张力在 Y 方向的分量,F_4 为单元 J 端索张力在 Z 方向的分量;T_I 为单元 I 端索张力,T_J 为单元 J 端索张力;β 为索单元平面与结构坐标中 Y-Z 平面的夹角。

获得了局部坐标系下的单元刚度矩阵后,通过坐标转换即可以得到总体坐标系下的索单元刚度矩阵:

$$K_e^s = \begin{bmatrix} C & -C \\ -C & C \end{bmatrix} \tag{5.81}$$

其中

$$C = \begin{bmatrix} -\frac{F_1}{H}m^2 - a_1 l^2 & \frac{F_4}{H}lm - a_1 m & -a_2 l \\ & -\frac{F_1}{H}l^2 - a_1 m & -a_2 m \\ 对称 & & -a_4 \end{bmatrix};\ l = \sin\beta,\ m = \cos\beta$$

索单元的质量矩阵可以用堆聚质量法求得。

5.6 桥梁结构的振动频率与振型

1. 频率与振型 根据离散有限元结构体系的振动方程,当结构无外力作用且阻尼为零时,在非零的初始条件下可得到振动方程:

$$M\ddot{u} + K_u = 0 \tag{5.82}$$

的非零解。此时自由振动解反映的是结构本身固有特性,即自由振动频率和振型。设结构

作简谐振动,则其位移运动可表示为:

$$u(t) = \phi \sin(\omega t + \theta) \tag{5.83}$$

式中　ω——振动频率;

ϕ——与时间无关的向量;

θ——初始相角;

t——时间。将 $u(t)$ 及其两阶导数代入式(5.82)可得到如下方程:

$$K\phi = \lambda M\phi \tag{5.84}$$

式(5.84)称为结构体系的频率方程。式中 ϕ 称为振型向量(特征向量), $\lambda = \omega^2$ 称为特征值, ω 称为结构的自由振动频率。

数学上已经证明,如果 M 和 K 都是实对称矩阵,且二者中至少有一个是正定矩阵,则式(5.84)的全部特征值都是非负实数。进一步,如果 M 为对称正定的,而 K 是对称正定或对称半正定,则全部特征值都是非负实数。用有限单元法作结构动力分析时,K 和 M 能满足上述条件。当 M 为半正定矩阵时,可用静力凝聚方法化为正定矩阵。在这种情况下,由于所有的特征值都是正实数,故总可以按它们的大小排成序列 $0 \leq \lambda_1 \leq \lambda_2 \leq L \leq \lambda_n$,对应的矩阵表示为:

$$\phi = [\phi_1, \phi_2, L, \phi_n] \tag{5.85}$$

$$\Lambda = \text{diag}(\lambda_i) \tag{5.86}$$

则可将 $m < n$ 个特征对用一个方程写出:

$$K\phi = M\phi\Lambda \tag{5.87}$$

由方程(5.88)可知,若 $\phi = \psi_i$ 能满足此方程,则 $\alpha\psi_i$(α 为任意非零常数)也满足此方程。当 M 正定时,记:

$$\psi_i^T M \psi_i = m_{ii} > 0$$

则可以找到一个对应的 ϕ_i

$$\phi_i = \psi_i / \sqrt{m_{ii}}$$

使得

$$\phi_i^T M \phi_i = 1 \tag{5.88}$$

满足上式的 ϕ_i 称为关于质量矩阵 M 的归一化特征矢量。由于引用了式(5.88)的条件,归一化特征矢量是唯一的。此时

$$\phi_i^T K \phi_i = \lambda_i \tag{5.89}$$

还可以证明,特征向量质量矩阵和刚度矩阵是加权正交的,即:

$$\phi^T M \phi = E \tag{5.90}$$

$$\phi^T K \phi = \Lambda \tag{5.91}$$

2. 频率与振型的求解方法　从数学上来说,求解矩阵特征值的方法很多,并已经用多种计算机语言程序化了。从工程应用方面来看,若结构的自由度较少,求解全部频率与振型不需要很长时间,通常采用 Jacobi 方法。然而实际工程结构经有限元离散后有几千甚至几万个动力自由度,求解全部频率与振型将耗费大量时间。从土木工程结构的动力反应的特点来看,动力作用(如地震、风等)主要激发结构的少数低振型的反应,高于一定频率值的振型对结构动力反应的贡献很小,可以略去。这样,实际需要求解的只是结构的少数低阶振

型。从数学上已经给出了满足这一要求的特征值求解方法,应用最多的是子空间迭代法。

3. 算例分析

某一刚构三跨桥梁结构,见图 5.1 所示。主桥长 170m,主跨 74m,两边跨 48m,预应力变截面双箱双室 V 型墩刚构桥,桥型与截面形式如图。V 型墩角度为 90 度,与 V 型墩固接处的梁高为 3m,跨中梁高 1.8m,布置纵向预应力钢筋,位置见图 5.2,箱形截面的顶板与底板厚 0.25m,腹板厚 0.6m,V 型板厚 1m。

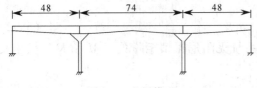

图 5.1　主桥模型

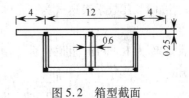

图 5.2　箱型截面

利用 ANSYS 建模技术,其有 1519 个节点和 2160 个计算单元,动力模态分析可获得刚构桥各阶频率及振型见表 5.1 和图 5.3～图 5.6。

模型前十阶频率　　　　表 5.1

振型	1	2	3	4	5
频率(Hz)	1.993	3.381	3.566	3.859	4.159
振型	6	7	8	9	10
频率(Hz)	4.271	4.355	4.433	4.526	5.003

图 5.3　桥梁第一阶振型　　　　图 5.4　桥梁第二阶振型

图 5.5　桥梁第三阶振型　　　　图 5.6　桥梁第四阶振型

5.7　桥梁结构的振动阻尼

任何原来振动的物理系统在无外部能源的情况下都会随着时间的增长趋于静止。这是因为系统的能量会因为某些原因而耗散。产生振动系统能量耗散的原因称为阻尼。任何现实的建筑结构系统都具有振动阻尼。阻尼产生的原因主要有结构材料的粘性,构件接触面(或点)的摩擦,为控制结构振动所加于结构的人工耗能装置等。对于地震问题还有由于结构基础反射作用产生的输入地震动的能量的损失,称其为辐射阻尼。

目前,已经提出了许多材料阻尼的数学模型,但无论哪一种阻尼模型,都有其适应范围和局限性。由于结构的阻尼机制十分复杂,从实用的角度出发,常采用简单的正交阻尼模型(比例阻尼,经典阻尼)。其中广泛应用的是正交阻尼模型的一个特例——Rayleigh 阻尼模型,现介绍如下,其数学表达式为:

$$C = a_0 M + a_1 K \tag{5.92}$$

式中,a_0、a_1 称为 Rayleigh 阻尼常数。由于振动系统无阻尼振型矩阵关于 M 和 K 的权正交关系可知:

$$\phi^T C \phi = a_0 E + a_1 \Lambda = \text{diag}[2\xi_i \omega_i] \tag{5.93}$$

即 $\phi^T C \phi$ 为对角矩阵,其第 i 个对角元素为 $2\xi_i \omega_i$。由式(5.93)可得到:

$$\xi_i = \frac{1}{2}\left(\frac{a_0}{\omega_i} + a_1 \omega_i\right) \tag{5.94}$$

式 ξ_i 称为第 i 振型阻尼比。由式(5.94)可知,若已知任意两阶振型的阻尼比 ξ_i 和 ξ_j,则可定出阻尼常数:

$$\begin{cases} a_0 = \dfrac{2(\xi_j \omega_i - \xi_i \omega_j)\omega_i \omega_j}{\omega_i^2 - \omega_j^2} \\ a_1 = \dfrac{2(\xi_i \omega_i - \xi_j \omega_j)}{\omega_i^2 - \omega_j^2} \end{cases} \tag{5.95}$$

确定了 a_0, a_1 之后,即可由式(5.94)确定出各阶振型的阻尼比。

有时也采用只与质量或刚度成正比的阻尼模型,即在式(5.92)中让 $a_0 = 0$ 或 $a_1 = 0$。此时有:

$$\xi_i = \frac{a_0}{2\omega_i} \text{ 或 } \xi_i = \frac{a_1 \omega_i}{2} \tag{5.96}$$

Rayleigh 阻尼模型只是正交阻尼模型的一个特例,从数学上可以找到一个更一般的表达式:

$$C = \sum_b a_b [M^{-1} K]^b \sum_b C_b \tag{5.97}$$

使结构的无阻尼振型矩阵关于 C 加权正交。式中 a_b 为常数。当 $b = 0, 1$ 时即为 Rayleigh 阻尼模型。实际上,此时可以证明振型的阻尼比可以表示为:

$$\xi_i = \frac{1}{2\omega_j} \sum_b a_b \omega_j^{2b} \tag{5.98}$$

利用式(5.98),可以由给定的某几阶振型的阻尼比确定 a_b,再由式(5.97)确定 C。

第6章 地震反应谱理论

6.1 地震反应谱

地震反应谱概念和反应谱方法,主要是由美国的一些学者于20世纪40年代提出来的。在我国,反应谱概念和反应谱方法则是由刘恢先最先介绍和应用的。现在,地震反应谱不仅是抗震结构工程学中最重要的概念之一,而且也是整个地震工程学中最重要的概念之一。至于反应谱方法,已成了现今结构抗震设计计算的基本方法,尽管20世纪70年代以来时程分析法得到了普遍的应用。

6.1.1 地震反应谱概念

各类工程设施中的结构物大多是组成复杂的结构体系,但在一定条件下,它们可以用一个称为单自由度系统的模型来分析在地震作用下的反应。一般可以用叠加多个单自由度系统反应的方法,来完成复杂结构的地震反应分析工作。现介绍地震反应谱方法。

在地震动作用下,单自由度结构地震反应问题的数学模型可以表示为

$$\left.\begin{array}{l}\ddot{u}+2\lambda\omega\dot{u}+\omega^2 u = -a(t)\\ u(0)=\dot{u}(0)=0\end{array}\right\} \tag{6.1}$$

其中,ω 和 λ 分别是单自由度结构系统的固有频率和阻尼比;u 是系统模型中的质点相对于地面的位移;$a(t)$ 是地面运动加速度,在这里它是一个在时间区间 $[0,T]$ 上有定义的地震动过程,或是一个在该时间区间上给出的地震记录。问题(6.1)的解法很多,但不管用什么解法,我们总是可以得到问题(6.1)的一个确定的解 $u(t)$,并且还可以得到相对速度解 $\dot{u}(t)$ 和绝对加速度解 $\ddot{x}(t)=\ddot{u}(t)+a(t)$($x$ 是系统模型中质点的绝对位移)。有了这三个解后,就可以在时间长度 T 范围内求下述三个量:

$$S_a(\omega;\lambda) = |\ddot{x}(t)|_{\max} \tag{6.2}$$

$$S_v(\omega;\lambda) = |\dot{u}(t)|_{\max} \tag{6.3}$$

$$S_d(\omega;\lambda) = |u(t)|_{\max} \tag{6.4}$$

即绝对加速度反应的绝对值的最大值、相对速度反应的绝对值的最大值和相对位移反应的绝对值的最大值。显见,它们依赖于单自由度结构的固有频率 ω 和 λ 阻尼比。这三个量的记法表明,我们视 ω 为自变量,而视 λ 为参量。它们就是地震反应谱,并依次分别称为绝对加速度反应谱、相对速度反应谱和相对位移反应谱(常简称为加速度反应谱、速度反应谱和位移反应谱)。当用单自由度结构的固有振动周期 $T=2\pi/\omega$ 作为自变量时,上述三个谱分别用 $S_a(T;\lambda)$,$S_v(T;\lambda)$ 和 $S_d(T;\lambda)$ 来表示。为了直观地显示谱形及其特征,同时为了方便它们的使用,一般常以 λ 为参数,以 T 为横坐标,在直角坐标系中画出它们的曲线,这就是所谓的谱曲线。图6.1示出了两条加速度反应谱曲线(迁安记录(a)和EL Centro记录(b),阻尼比均为0.05,加速度单位是 cm/s,周期的单位是 s),它们反映了加速度谱的基本

特征,即随着周期的增加,谱值有起伏地上升,在达到一、二个峰点后,开始平滑(稍有起伏)地下降。

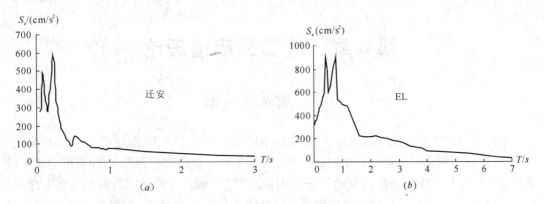

图 6.1 加速度反应谱曲线

考虑到实际工程结构(包括设备和部件)的阻尼比取值范围,一般计算和绘出谱曲线时,λ 常取值 0.02,0.05,0.07,0.1 和 0.2。至于周期的取值范围,过去由于结构物不很高也不很长,T 常从 0.05s 算起,直到 3s 为止;但近 30 年来,由于高层建筑和长大桥梁等越来越多,所以有的反应谱的 T 需要算到 7s 以至 10s 以上。当阻尼比 λ 很小时,加速度谱和位移谱之间有近似关系

$$S_d(T;\lambda) = \left(\frac{T}{2\pi}\right)^2 S_a(T;\lambda) \qquad (6.5)$$

这一点从问题(6.1)中的方程式里看出。

在反应谱问题中,之所以求的是各反应量的绝对值的最大值,显然是结构抗震分析与设计的需要。另外,选择绝对加速度反应这个物理量也显然是因为它与计算结构受到的地震惯性力有关联,选择相对位移反应则是因为它与地震时结构产生的变形有联系。

从引入反应谱概念的过程可以看到:①如果取定一个 λ 值,那么有一个地震记录就有相应的一个加速度反应谱(一个速度反应谱和一个位移反应谱);②反应谱和某一特指的结构是没有关系的。虽然我们说到了结构,但这个结构是泛指的,它由两个参数描写,即 T 和 λ。

根据地震记录取得的位置和方向,反应谱可以有基岩反应谱、地面反应谱和楼板反应谱,还可以有水平向反应谱和竖向反应谱。当单自由度结构进入塑性状态工作时,还可以考虑弹塑性反应谱问题。

有了加速度反应谱 $S_a(T;\lambda)$ 后,可以考虑一个量,即比值

$$\beta(T;\lambda) = \frac{S_a(T;\lambda)}{|a(t)|_{\max}} \qquad (6.6)$$

其中,$|a(t)|_{\max}$ 是地震动加速度记录的绝对值的最大值。这个量称为动力放大系数或动力系数,它表示的是不同单自由度结构(在阻尼比一定的情况下是不同周期的单自由度结构)的反应对于地震动输入的动力放大效应。

6.1.2 地震反应谱分析方法

单质点自由度体系的力学模型如图 6.2 所示,$x_0(t)$ 表示为地面位移,$x(t)$ 表示为质点

相对地面的位移(相对位移),$[x_0(t)+x(t)]$ 表示为质点的绝对位移;其惯性力为 $I = -m[\ddot{x}_0(t)+\ddot{x}(t)]$;弹性恢复力为 $S = -Kx(t)$;阻尼力为 $D = -c\dot{x}(t)$。

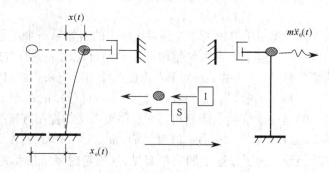

图 6.2

根据 D'Alembert 原理,即对具有加速度的运动物体,只要考虑它含惯性力在内的力平衡,就可能将动力问题当成静力平衡问题来处理,这一原理称为达良贝尔原理。就是物体运动的任一瞬间,作用在物体上的外力和惯性力相互平衡。

$$F = ma$$
$$-ma + F = 0$$
$$I + S + D = 0$$

式(6.1)为一常系数的二阶非齐次微分方程,由 Duhamel 积分可以得到其解,由此可以得到单质点弹性体系对地震动的相对位移反应 $[x(t)]$,相对速度反应 $[\dot{x}(t)]$ 和绝对加速度反应 $[a(t)\ddot{x}(t)+\ddot{x}_0(t)]$。

$$x(t) = -\frac{1}{\omega_d}\int_0^t \ddot{x}_0(\tau)e^{-h\omega(t-\tau)}\sin\omega_d(t-\tau)d\tau$$

$$\dot{x}(t) = -\int_0^t \ddot{x}_0(\tau)e^{-h\omega(t-\tau)}\left[\cos\omega d(t-\tau)-\frac{h}{\sqrt{1-h^2}}\sin\omega_d(t-\tau)\right]d\tau$$

$$\ddot{x}_0(\tau) = e^{-h\omega(t-\tau)}\left[\left(1-\frac{h^2}{1-h^2}\right)\sin\omega_d(t-\tau)+\frac{2h}{\sqrt{1-h^2}}\cos\omega_d(t-\tau)\right]d\tau$$

式中:$\omega_d = \omega\sqrt{1-h^2}$ 称为阻尼固有圆频率。在实际结构中,h 的数值很小($h<<1$),因此,有阻尼频率 ω_d 与无阻尼频率 ω 相差不大,实际计算中可近似地取 $\omega_d = \omega = 2\pi/T$,$T$ 为自振周期。由此,以上公式可写成如下形式:

$$x(t) = -\frac{T}{2\pi}\int_0^t \ddot{x}_0(\tau)e^{-h\frac{2\pi}{T}(t-\tau)}\sin\frac{2\pi}{T}(t-\tau)d\tau \tag{6.7}$$

$$\dot{x}(t) = -\int_0^t \ddot{x}_0(\tau)e^{-h\frac{2\pi}{T}(t-\tau)}\cos\frac{2\pi}{T}(t-\tau)d\tau \tag{6.8}$$

$$a(t) = -\frac{2\pi}{T}\int_0^t \ddot{x}_0(\tau)e^{-h\frac{2\pi}{T}(t-\tau)}\sin\frac{2\pi}{T}(t-\tau)d\tau \tag{6.9}$$

6.2 振型参与系数

前面介绍的反应谱概念与单自由度结构是直接联系的。如果一个工程结构经模型化成一个多自由度的结构系统。这个多自由度结构能否利用反应谱来进行抗震分析和设计呢？多自由度系统经振型分解，可以利用一系列单自由度系统的反应来叠加出它的反应：

$$\{u\} = x_1(t)\{\varphi_1\} + x_2(t)\{\varphi_2\} + \Lambda + x_n(t)\{\varphi_n\} \tag{6.10}$$

振型分解式(6.10)是一个变换。经变换后 n 自由度系统的控制方程组是

$$\ddot{x}_i + 2\lambda_i\omega_i\dot{x}_i + \omega_i^2 x_i = -\{\varphi_i\}^T[M]\{a\}/m_i^* \quad (i=1,2,\Lambda,n) \tag{6.11}$$

下面来考虑空间问题。为了表述上的简单起见，这里考虑系统质量矩阵 $[M]$ 取对角阵形式，即为工程上常用的集中质量矩阵，且每个质点具有三个平均质量。这样，若设质点数为 s，则将质量矩阵对角线上的元素按排列次序列出来便是 $m_1, m_1, m_1, m_2, m_2, m_2, \cdots, m_s, m_s, m_s$。又设结构系统的节点除固定节点外，与这 s 个质点所在位置处的节点均为自由节点，每个自由节点只有 3 个平均自由度，因此有 $n=3$。于是系统位移向量形式是

$$\{u\} = \{u_{x1}, u_{y1}, u_{z1}, u_{x2}, u_{y2}, u_{z2}, \Lambda, u_{xs}, u_{ys}, u_{zs}\}^T \tag{6.12}$$

相应地，振型向量的形式是

$$\{\varphi_i\} = \{\varphi_{ix1}, \varphi_{iy1}, \varphi_{iz1}, \varphi_{ix2}, \varphi_{iy2}, \varphi_{iz2}, \Lambda, \varphi_{ixs}, \varphi_{iys}, \varphi_{izs}\}^T \tag{6.13}$$

另外，结构基底处的输入地震动只取三个平动分量，故

$$\{a\} = \{\ddot{u}_{gx}, \ddot{u}_{gy}, \ddot{u}_{gz}, \ddot{u}_{gx}, \ddot{u}_{gy}, \ddot{u}_{gz}, \Lambda, \ddot{u}_{gx}, \ddot{u}_{gy}, \ddot{u}_{gz}\}^T \tag{6.14}$$

现在来处理方程(6.10)的右端项。处理后方程(6.10)成为

$$\ddot{x}_i + 2\lambda_i\omega\dot{x}_i + \omega_i^2 x_i = -(\eta_{ix}\ddot{u}_{gx} + \eta_{iy}\ddot{u}_{gx} + \eta_{iz}\ddot{u}_{gx}) \quad (i=1,2,\Lambda,n) \tag{6.15}$$

其中，

$$\left.\begin{array}{l}\eta_{ix} = \dfrac{\sum\limits_{k=1}^{s} m_k \varphi_{ixk}}{\sum\limits_{k=1}^{s} m_k(\varphi_{ixk}^2 + \varphi_{iyk}^2 + \varphi_{izk}^2)} \\[2ex] \eta_{iy} = \dfrac{\sum\limits_{k=1}^{s} m_k \varphi_{iyk}}{\sum\limits_{k=1}^{s} m_k(\varphi_{ixk}^2 + \varphi_{iyk}^2 + \varphi_{izk}^2)} \\[2ex] \eta_{iz} = \dfrac{\sum\limits_{k=1}^{s} m_k \varphi_{izk}}{\sum\limits_{k=1}^{s} m_k(\varphi_{ixk}^2 + \varphi_{iyk}^2 + \varphi_{izk}^2)}\end{array}\right\} \tag{6.16}$$

它们被称为振型参与系数。η_{ix}、η_{iy} 和 η_{iz} 反映的是在地震动的 x、y 和 z 方向分量为一定的情况下，第 i 振型的 x、y 和 z 方向分量对结构第 i 振型反应的贡献大小；而就不同的振型来说，其值的大小则表示不同振型对结构地震反应总量的贡献多少。注意，振型参与系数可正可负，也可以为零。此外，对受地震作用的简单结构而言，低振型的参与系数一般较大，当然这要除去对称结构反对称振型的参与系数为零的特殊情况。

在实际分析中取前多少个振型数 $r(1 \leq r \leq n)$ 或哪几个序号的振型来计算为好，要看具体情况。一般，刚性结构取几个就可以了，而柔性结构则需要多取一些才能达到一定的计算

精度。

除位移反应外,其他反应的计算也可以得到。例如,计算某 q 个内力(和/或应力)反应 $\{R\}$,可以按一定的公式对位移振型向量 $\{\varphi_i\}$ $(i=1,2,\Lambda,n)$ 进行运算,先求内力振型向量 $\{\psi_i\}$ $(i=1,2,\Lambda,n)$,然后再得

$$\{R\} = \sum_{i=1}^{n} x_i(t) \{\psi_i\} \tag{6.17}$$

6.3 振型组合

现在来考虑单分量地震动作用下的振型反应,亦即在方程(6.15)的右端只取一项,不妨取 $-\eta_{ix}\ddot{u}_{gx}$ 来分析,将方程(6.15)改写为

$$\ddot{\delta}_i + 2\lambda_i\omega_i\dot{\delta}_i + \omega_i^2\delta_i = -\ddot{u}_{gx} \tag{6.18}$$

这是一个标准形式的单自由度系统的运动方程。其中,$\delta = x_i/\eta_i$ 是广义位移,具有位移的量纲。对于方程(6.18)中的 $\ddot{u}_{gx}$,可以计算出它的相对位移反应谱 $S_d(T)$ 和绝对加速度反应谱 $S_a(T)$。

现在再改写式(6.17)为

$$\{R\} = \sum_{i=1}^{n} \{R_i\} = \sum_{i=1}^{n} \eta_i \{\psi_i\} \delta_i(t) \tag{6.19}$$

对每个 $\{R_i\}$,有

$$\{|R_i|_{\max}\} = |\eta_i| |\{\psi_i\}| S_d(T_i) \tag{6.20}$$

这是一种求 $\{|R_i|_{\max}\}$ 的途径。

另一种途径是从式(6.10)出发,先将它改为

$$\{\ddot{u} + a\} = \sum_{i=1}^{n} \eta_i \{\varphi_i\} \ddot{\delta}_i(t) + \{a(t)\} \tag{6.21}$$

其中,

$$\{a\} = \{\ddot{u}_{gx}, 0, 0, \ddot{u}_{gx}, 0, 0, \Lambda, \ddot{u}_{gx}, 0, 0\}^T \tag{6.22}$$

又知

$$\sum_{i=1}^{n} \eta_i \{\varphi_i\} = \{1\} \tag{6.23}$$

其中,$\{1\}$ 是分量全为 1 的向量,故式(6.21)成为

$$\{\ddot{u} + a\} = \sum_{i=1}^{n} \eta_i \{\varphi_i\} [\ddot{\delta}_i(t) + \{a(t)\}] \tag{6.24}$$

地震作用力为

$$\{F\} = -[M]\{\ddot{u}+a\} \tag{6.25}$$

结构地震反应为

$$\{R\} = [E]_{q \times n} \{F\} \tag{6.26}$$

其中,$[E]_{q \times n}$ 是影响矩阵。因此有

$$\{R\} = \sum_{i=1}^{n} \{R_i\} = -\sum_{i=1}^{n} [E][M]\eta_i\{\varphi_i\}[\ddot{\delta}_i(t) + a(t)] \tag{6.27}$$

还有

$$\{|R_i|_{\max}\} = |\eta_i| |\{r_i\}| S_a(T_i) \tag{6.28}$$

其中，$\{|r_i|\}$是$\{r\}=[E][M]\{\varphi_i\}$的每个分量取绝对值后形成的向量。

注意，据式(6.17)和式(6.28)计算出来的结果是有一点差别的。式(6.17)计算的是弹性内力，而式(6.28)计算的是合内力，即弹性内力与阻尼内力之和。

一般来说，工程上最关心的是最大反应。由式(6.17)和式(6.14)可知，若$x_i(i=1,2,\Lambda,n)$的某一时刻同时达到最大，则$\{u\}$和$\{R\}$在总体上亦在此刻达到最大值。但是，实际情况不会是这样的，故工程上的处理一般是就某一地震动分量，利用反应谱及振型组合法给出最大反应。

现在讨论如何由$\{|R_i|_{\max}\}(i=1,2,\Lambda,n)$给出$\{|R|_{\max}\}$的方案，即所谓的振型组合问题。常见的组合方案有如下几个：

(1) 最大振型反应方案

$$\{|R|_{\max}\}=\{\max|R_i|_{\max}\} \tag{6.29}$$

(2) 振型反应求和方案

$$\{|R|_{\max}\}=\{\sum_{i=1}^{n}|R_i|_{\max}\} \tag{6.30}$$

(3) 平方和开平方方案

$$\{|R|_{\max}\}=\{[\sum_{i=1}^{n}|R_i|_{\max}^{2}]^{1/2}\} \tag{6.31}$$

上述三个方案中，方案(1)给出的结果偏小，一般不安全；方案(2)偏大，较保守；方案(3)最好(胡聿贤、周锡元，1965)，是许多国家的抗震设计规范中采用的组合方法。

除了上述单分量地震动作用情形下是振型组合问题外，在许多分量地震动作用情形下还有所谓的分量组合问题。一般常用的也是平均和开平方的方法，即

$$\{|R|_{\max}\}=\{(R_x^2+R_y^2+R_z^2)^{1/2}\} \tag{6.32}$$

其中，右边向量的各分量里的R_x，R_y和R_z分别是相应于x、y和z方向地震动作用下，由上述振型组合法得出的$\{|R|_{\max}\}$的相应分量。

6.4 反应谱求法

由于地震加速度是不规则的函数，一般可采用数值积分法求出反应的时间变化规律，即反应时程曲线。对不同单质点体系在选定的地震加速度输入下，可获得一系列的相对位移，相对速度，绝对加速度(绝对加速度乘单质点质量m，即地震惯性力)的反应时程曲线，并可从中找到它的最大值。

若设地震时，单质点系所产生的最大相对位移、最大相对速度及最大绝对加速度分别为S_d、S_v和S_a，则

$$S_d=|x(t)|_{\max}=\frac{T}{2\pi}\left|\int_0^t \ddot{x}_0(\tau)e^{-h\frac{2\pi}{T}(t-\tau)}\sin\frac{2\pi}{T}(t-\tau)d\tau\right|_{\max} \tag{6.33}$$

$$S_v=|\dot{x}(t)|_{\max}=\left|\int_0^t \ddot{x}_0(\tau)e^{-h\frac{2\pi}{T}(t-\tau)}\cos\frac{2\pi}{T}(t-\tau)d\tau\right|_{\max} \tag{6.34}$$

$$S_a=|a(t)|_{\max}=\frac{2\pi}{T}\left|\int_0^t \ddot{x}_0(\tau)e^{-h\frac{2\pi}{T}(t-\tau)}\sin\frac{2\pi}{T}(t-\tau)d\tau\right|_{\max} \tag{6.35}$$

以阻尼比 h 为参数,利用式(6.33)、式(6.34)和式(6.35),把函数 $S_d(h,T)$, $S_v(h,T)$ 和 $S_a(h,T)$ 针对一定阻尼固有周期 T 画成图形,即相对位移反应谱、相对速度反应谱和绝对加速度反应谱。可见,反应谱是具有不同周期和一定阻尼的单质点结构在地震地面运动影响下最大反应与结构自振周期的关系曲线。

不同阻尼的单质点结构在地震地面运动影响下的反应过程曲线和由此得到的反应谱见图6.3,给定阻尼(h_0),确定反应谱的方法见图6.4。

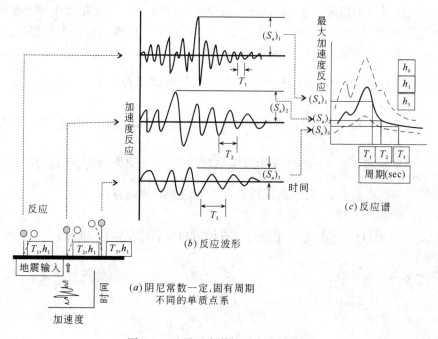

图 6.3 地震反应谱的形成过程说明

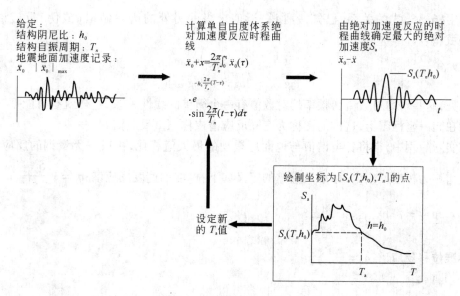

图 6.4 反应谱曲线计算流程

6.5　设计反应谱

设计反应谱是抗震设计中采用的反应谱。它是对建筑结构在其使用期限内可能经受的地震作用的预测结果，通常是根据对大量实际地震记录的反应谱进行统计分析并结合经验判断加以规定的。设计反应谱在本质上是对设计地震力的一种规定。这是因为，设计反应谱并不反映一次具体的地震动过程的特性，而是从工程设计的角度在总体上把握地震动特性。这种把握，可以是统计平均意义上的把握。也可以是严格概率意义上的把握。工程上，常采用相对于重力加速度的单质点绝对最大加速度，即 S_a/g 与体系自振周期 T 之间的关系作为设计用的反应谱，并将 S_a/g 用 α 表示，称为地震影响系数。实际上，$\alpha = \dfrac{S_a}{g} = \dfrac{|\ddot{x}_0|_{max}}{g} \cdot \dfrac{S_a}{|\ddot{x}_0|_{max}} = K \cdot \beta$，其中：$K = \dfrac{|\ddot{x}_0|_{max}}{g}$ 称为地震系数，它和地面运动的强度有关，是一个反映地震动强度特性的参数，$\beta = \dfrac{S_a}{|\ddot{x}_0|_{max}}$ 称为动力放大系数，表示由于动力效应，质点的最大绝对加速度比地面最大加速度放大了多少倍，它可以反映地震动的频谱特性。

6.6　拟反应谱、三联反应谱和标准反应谱

由公式(6.33)～式(6.35)可见，S_d、S_v、S_a 之间存在如下简单的近似的关系：

$$\left.\begin{aligned} S_d &\approx \dfrac{T}{2\pi} S_v = \dfrac{1}{\omega} S_v \\ S_a &\approx \dfrac{2\pi}{T} S_v = \omega S_v \end{aligned}\right\} \tag{6.36}$$

利用(6.36)式的关系，已知一种谱，近似求得的另外的谱叫做拟(或伪)反应谱。由(6.36)式得：

$$\left.\begin{aligned} \log S_d &= \log S_v - \log \omega \\ \log S_a &= \log S_v + \log \omega \end{aligned}\right\} \tag{6.37}$$

可见，这些谱的对数值和频率的对数值有一个简单的线性关系，这样就有可能把三个谱值绘制在同一坐标图上，这样的图称为三联反应谱或称三重反应谱。

在实际应用中，常将各类谱值与地面地震动的最大值相比，构成一无量纲的反应谱，这类反应谱称为标准反应谱，标准反应谱的定义如下：标准加速度反应谱：$q_a = \dfrac{S_a}{|\ddot{x}_0|_{max}}$

标准速度反应谱：$q_v = \dfrac{S_v}{|\dot{x}_0|_{max}}$

标准位移反应谱：$q_d = \dfrac{S_d}{|x_0|_{max}}$

6.7 基于反应谱理论的地震力计算

对结构抗震计算来说,最关心的是地震力的最大值。

1. 对于单质点体系,最大地震力的计算式为:

$$P = mS_a = k_H \beta W$$

式中　g——重力加速度;
　　　W——体系总重量;
　　　k_H——水平地震系数;
　　　β——动力放大系数。

2. 多质点体系的地震力计算公式

多质点体系可以应用单质点体系的设计标准 β 反应谱计算地震力。当 n 个质点体系地震振动时,其振动方程用矩阵式可表示为:

$$M\ddot{\delta} + C\dot{\delta} + K\delta = -MI\ddot{\delta}_g \tag{6.38}$$

式中,M、C 和 K 分别为 n 个质点体系的质量矩阵、阻尼矩阵和刚度矩阵,δ 为质点对地面的相对位移矢量,为时间 t 的函数。上述联立微分方程组通常可用振型分解法求解,即利用振型的正交特性,将联立微分方程组一个个地分解为相互独立的振动方程,将多质点的复杂振动,分解为按各个振型 ϕ_i 的独立振动的叠加,在求解过程中,引入第 i 振型的振型参与系数:

$$\gamma_i = \frac{\phi_i^T MI}{\phi_i^T M \phi_i} \tag{6.39}$$

由此可推得,第 j 质点水平方向上,由第 i 振型所引起的、按地震反应谱理论计算的最大地震力为:

$$P_i = k_H \beta \gamma_i \phi_{ji} W_i \tag{6.40}$$

同理,在引及结构综合影响系数 C_z 后,在桥梁抗震相关的规范中所表达的计算式为:

$$P_i = C_z k_H \beta \gamma_i \phi_{ji} W_i \tag{6.41}$$

需要注意的是,以各个振型为独立振动方程所求得各项反应最大值的时刻并不都是相同的,因此各个振型上所求得的最大反应值是不能直接求代数和的,而需要振型组合,常用的组合方法有 SUM 法、SRSS 法、CQC 法、DSC 法和 IGOC 法。一般采用统计理论上的平方和开方的形式近似求得多质点体系的各项反应值,如以 R_{max} 表示广义的最大反应值,则:

$$R_{max} = \sqrt{\sum_{i=1}^{n} R_{i,max}^2} \tag{6.42}$$

6.8 基于我国规范桥梁抗震设计方法

我国《铁路工程抗震设计规范》GB 50111—2006 和《公路工程抗震设计规范》JTJ 004—89,在计算桥墩、台的地震作用时,一般是将它们单独考虑,桥墩采用反应谱理论计算,桥台采用静力法分析,并用综合影响系数来考虑一些不确定性因素的影响。规范中桥墩台的地震作用计算中,没有考虑河岸及河床土体-梁桥体系的相互作用的影响,没有考虑土的物理力学性态在地震时可能发生的变化,因而也不能考虑河岸坍滑对桥墩台和桩基的影响。因此仅根据上述规范对梁桥进行抗震计算不能充分反映桥梁的震害机理。

6.8.1 铁路桥梁抗震设计方法

我国《铁路工程抗震设计规范》GB 50111—2006 的主要内容有:路线、场地和地基、路基和挡土墙、桥梁结构和隧道的抗震设计。其中桥梁的抗震设计主要针对桥墩、桥台和支座,对支座以上结构不做验算,只采取抗震措施。

1. 桥墩抗震分析方法

简支梁桥墩的水平地震作用,应符合下列规定:

(1)桥墩各段的地震作用,应位于其质心。梁体的地震作用顺桥向应位于支座中心,横桥向应位于梁高的 1/2 处。

(2)桥墩的地震作用应计入地基变形的影响。

(3)水平地震作用(图 6.5)应按下列公式计算:

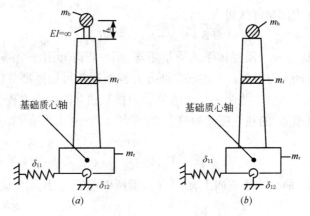

图 6.5 桥墩水平地震作用计算图式
(a)横桥向;(b)顺桥向

$$F_{ijE} = \alpha \cdot \beta_j \cdot \gamma_j \cdot x_{ij} \cdot m_i \tag{6.43}$$

$$M_{ijE} = \alpha \cdot \beta_j \cdot \gamma_j \cdot k_{fj} \cdot J_f \tag{6.44}$$

$$\gamma_j = \frac{\sum_i m_i \cdot x_{ij} + m_f \cdot x_{fj}}{\sum_i m_i \cdot x_{ij}^2 + m_f \cdot x_{fj}^2 + J_f \cdot k_{fj}^2} \tag{6.45}$$

式中 F_{ijE}——j 振型 i 点的水平地震力(kN);

α——水平地震基本加速度,按《铁路工程抗震设计规范》第 7.2.4 条采用;

β_j——j 振型动力放大系数,按自振周期 T_j,并按《铁路工程抗震设计规范》第 7.2.3 条采用;

γ_j——j 振型参与系数;

x_{fj}——j 振型基础质心处的振型坐标;

m_f——基础的质量(t);

m_i——桥墩第 i 段的质量(t);

x_{ij}——j 振型在第 i 段桥墩质心处的振型坐标;

M_{ijE}——非岩石地基的基础或承台质心处 j 振型地震力矩(kN·m);

k_{fj}——j 振型基础质心角变位的振型函数(1/m);

J_f——基础对其质心轴的转动惯量(t·m²)。

地震作用效应弯矩、剪力、位移,一般情况下,可取前三阶振型耦合,并应按下式计算:

$$S_{iE} = \sqrt{\sum_{j=1}^{3} S_{ijE}^2} \tag{6.46}$$

式中 S_{iE}——地震作用下,i 点的作用效应弯矩、剪力或位移;

S_{ijE}——在 j 振型地震作用下,i 点的作用效应弯矩、剪力或位移。

2. 桥墩地震动水压力计算

梁桥结构的实体桥墩,在常水位以下部分,当水深超过5m时,应计入地震动水压力对桥墩的作用。采用圆形或圆端形桥墩时,其动水压力(图6.6)应按下列公式计算:

(1)水中墩高度 h_i 处单位墩高的动水压力,应按下列公式计算:

$$F_{iwE} = \alpha \cdot \frac{h_i}{H} \cdot m_w \cdot \gamma_1 \cdot \beta_1 \tag{6.47}$$

当 $0 < h_i < 0.8h_w$ 时,$m_w = \gamma_w \cdot \dfrac{A}{g}$ (6.48)

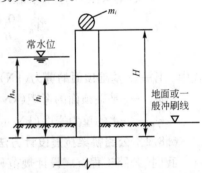

图6.6 圆形、圆端形桥墩地震动水压力计算图式

当 $0.8h_w < h_i < h_w$ 时,$m_w = \dfrac{5(h_w - h_i) \cdot \gamma_w \cdot A}{h_w \cdot g}$ (6.49)

$$A = \pi \cdot D^2 / 4 \tag{6.50}$$

$$r_1 = \frac{0.375\gamma \cdot A_1 \cdot H + m_b \cdot g}{0.236\gamma \cdot A_1 \cdot H + m_b \cdot g} \tag{6.51}$$

$$T_1 = 2\pi \cdot \sqrt{\frac{H^3(0.236\gamma) \cdot A_1 \cdot H + m_b \cdot g}{3E \cdot I'_p \cdot g}} \tag{6.52}$$

式中 F_{iwE}——水中墩高度 h_i 处单位墩高的动水压力(kN);

α——水平地震基本加速度,按《铁路工程抗震设计规范》第7.2.4条采用;

m_w——桥墩单位高度水的附加质量(t/m);

γ_w——水的重力密度(kN/m³);

D——桥墩 $h_w/2$ 处垂直于计算方向的截面宽度(m);

γ_1——桥墩计算方向的振型参与系数;

γ——墩身的重力密度(kN/m³);

A_1——桥墩高度 H 的1/2处的截面面积(m²);

β_1——桥墩计算方向的动力放大系数,应按《铁路工程抗震设计规范》第7.2.3条确定。其基本周期应按《铁路工程抗震设计规范》式7.2.7-6计算;

T_1——桥墩的基本周期;

E——墩身的弹性模量(kPa);

I'_p——桥墩高度 H 的 1/2 处截面计算方向的惯性矩(m^4);

h_i——水中墩高度(m);

H——桥墩高度(m);

g——重力加速度(m/s^2);

h_w——桥墩处常水位至基础顶面的高度(m);

A——桥墩截面面积(m^2);

m_b——桥墩顶处换算质点的质量(t),顺桥向:$m_b = m_d$;横桥向:$m_b = m_1 + m_d$。

(2)桥墩动水压力基础顶面的剪力、弯矩应按下列公式计算:

$$V_0 = \frac{0.407}{H \cdot g} \cdot \alpha \cdot \gamma \cdot \beta_1 \cdot A \cdot \gamma_w \cdot h_w^2 \tag{6.53}$$

$$M_0 = 0.604 V_0 \cdot h_w \tag{6.54}$$

式中 V_0——基础顶面的剪力(kN);

M_0——基础顶面的弯矩(kN·m);

γ_w——水的重力密度(kN/m^3)。

6.8.2 公路桥梁抗震设计方法

我国《公路工程抗震设计规范》JTJ 004—89 内容涉及:路线、桥位、隧址和地基、路基和挡土墙、桥梁、隧道的抗震设计。

1. 桥墩地震作用计算

水平地震作用按下式计算(图 6.7):

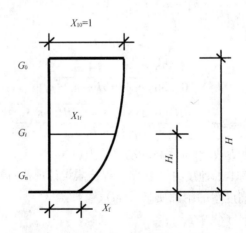

图 6.7 结构计算简图

$$E_{ihp} = C_i C_z K_h \beta_1 \gamma_1 X_{1i} G_i \tag{6.55}$$

式中 E_{ihp}——作用于桥墩质点 i 的水平地震作用(kN);

C_i——重要性修正系数;

C_z——综合影响系数;

K_h——水平地震系数;

β_1——桥墩顺桥向或横桥向相应于基本自振周期的动力系数;

γ_1——桥墩顺桥向或横桥向的基本振型参与系数：

$$\gamma_1 = \frac{\sum_{i=0}^{n} X_{1i} G_i}{\sum_{i=0}^{n} X_{1i}^2 G_i} \tag{6.56}$$

式中 X_{1i}——桥墩基本振型在第 i 分段重心处的相对水平位移,对于实体桥墩,当 $H/B > 5$ 时,$X_{1i} = X_f + \frac{1-X_f}{H} H_i$（一般适应于顺桥向）；当 $H/B < 5$ 时,$X_{1i} = X_f + (\frac{H_i}{H})^{1/3}(1-X_f)$（一般适应于横桥向）；$X_f$ 为考虑地基变形时,顺桥向作用于支座顶面（或横桥向作用于上部结构质量重心上）的单位水平力在一般冲刷线（或基础顶面）引起的水平位移与支座顶面（或上部结构质量重心处）的水平位移之比值；H_i 为一般冲刷线或基础顶面至墩身各分段重心处的垂直距离(m)；B——顺桥向或横桥向的墩身最大宽度(m)；

$G_{i=0}$——梁桥上部结构重力(kN),对于简支梁桥,计算顺桥向地震作用时为相应于墩顶固定支座的一孔梁的重力,实践横桥向地震作用时为相邻两孔梁重力的一半；

$G_{i=1,2,3}$——桥墩墩身各分段的重力(kN)。

结构在地震作用下,进入塑性阶段,结构的延性将起耗能作用,会减弱地震反应。因而在地震力计算中引入结构综合影响系数 C,以反映理论计算与震害现象的差异,但主要是考虑结构的延性耗能作用。各国规范对 C_z 的取值大约在 $1/\mu$ 与 $1/\sqrt{2\mu-1}$ 之间,μ 为延性系数。

2. 桥墩上的地震动水压力计算

地震时作用于桥墩上的地震动水压力应分别按下式计算：

当 $b/h \leq 2.0$ 时

$$E_w = 0.15\left(1-\frac{b}{4h}\right) C_i K_h \xi_h \rho_w b^2 h \tag{6.57}$$

当 $2.0 < b/h \leq 3.1$ 时

$$E_w = 0.075 C_i K_h \xi_h \rho_w b^2 h \tag{6.58}$$

当 $b/h > 3.1$ 时

$$E_w = 0.24 C_i K_h \rho_w b^2 h \tag{6.59}$$

式中 E_w——地震时在 $h/2$ 处作用于桥墩的总动水压力(kN)；

ξ_h——断面开头系数。对于矩形墩和方形墩,取 $\xi_h = 1$；对于圆形墩,取 $\xi_h = 0.8$,对于圆端形墩,顺桥向取 $\xi_h = 0.9 \sim 1.0$,横桥向取 $\xi_h = 0.8$。

ρ_w——水的容重(kN/m³)；

b——与地震作用方向相垂直的桥墩宽度,可取 $h/2$ 处的截面宽度(m),对于矩形墩,横桥向时,取 $b = a$（长边边长）,对于圆形墩,两个方向均取 $b = D$（墩的直径）；

h——为一般冲刷线算起的水深(m)。

第7章 梁桥结构地震可靠性分析

7.1 引　言

　　随着现代化大城市迅速发展,城市防灾减灾问题更为突出,其中最重要的一环是交通网络系统上的枢纽工程——桥梁。近些年来,如1971年的美国圣费尔南多(San Fernando)地震(里氏6.6级),1989年的美国的洛马·普里埃塔(Loma Prieta)地震(里氏7.0级),1994年的美国诺斯雷奇(Northridge)地震(里氏7.6级),日本神户地震(里氏7.2级)均使现代化大城市遭到不同程度的破坏,大量城市高速道路和高速铁路桥梁,桥梁工程断墩倒梁,倾斜坍毁,致使交通几乎全部中断,经济运转受阻,加重了经济损失。

　　与一般结构相比,抗震结构面临的随机因素更多,不确定性的问题更为突出。近年来,为了处理抗震结构面临的各类不确定性,发展了随机理论、模糊理论以及人为误差处理技术,也发展了各种各样的结构可靠性分析方法。

　　对结构有控制作用的不确定性因素主要来源于以下三种:(1)固有随机性。它来源于结构的自身(包括材料特性、几何尺寸等的随机性)和其所处的环境(荷载的发生及其大小的随机性等),是系统本身固有的、不可能消除或减小的不确定性;(2)统计不确定性。它是由于统计数据的不完善及对描述不确定性的概率模型的参数不能准确的估计而引起的,可以通过增加信息量而得到减小;(3)模型不完善。它来源于我们对客观系统的无知或选取的用于描述复杂物理现象的数学模型不准确,可以通过对客观事物的深入了解或采用更好的简化模型而得到减小。

　　从理论上讲,如果已知所考虑的全部随机变量的概率分布,就可以通过在失效区域内对系统的功能函数进行积分获得系统的失效概率。但是,由于结构工程中随机变量的数目通常十分巨大,准确地掌握各种随机变量的概率分布非常困难,加之求解积分的运算也不是一件容易的事情,使得直接利用解析或数值方法进行积分运算从而获得结构的失效概率这一思路变得几乎不可能实现。因此在过去的二十年中多致力于发展各种高效的、实用化的近似分析算法。这些算法基本上属于间接方法,在实际中得到较好应用的有一次二阶矩方法(the first and second-order reliability methods)、响应表面方法(the response surface method)、嵌套方法(the nested reliability method)以及各种模拟方法(simulation methods)等。近年来,概率方法与有限元技术相结合的随机有限元方法发展迅速,它在结构可靠性领域的应用产生了结构的有限元可靠性分析方法(finite element reliability methods)也日益受到重视。

　　目前,在地震作用下结构随机反应的计算中,线性体系输入白噪声和过滤白噪声的功率谱密度函数的稳态反应和瞬态反应以及非平稳输入下的随机反应等都进行了一系列研究,可以说线性体系随机激励下的反应计算方法是相当成熟和完善的。而在工程抗震设计中习惯采用地面峰值加速度的反应谱,以地震反应的均值反应谱作为输入的线性随机振动的分析方法也得到了发展,同时,对地震反应谱与功率谱之间的关系也进行了研究,使线性结构反应的均值反应谱方法运用更加广泛。

在强烈地震作用下结构已进入非线性状态,为此目前对非线性随机振动反应分析也进行了有成效的研究。Caughey 首先提出了解决受白噪声激励下弱非线性系列的 Fokker—planck 方程方法和统计等效线性化方法。尽管结构随机地震反应分析和结构抗震可靠度的研究工作取得了很大的进步,特别是非线性滞回结构随机地震反应分析方法的研究非常深入,但是仍有许多值得研究和改进的方面,比如等效线性化方法恢复力模型和等效参数的选择等。而在结构抗力方面,需要研究的主要是结构的极限变形能力和耗能能力的概率统计特征等。

7.2 结构可靠性分析方法

结构设计的基本目的是以最经济的手段,使结构具有在规定的使用期限内,在规定的条件下,完成各种规定功能的能力。

自 20 世纪 70 年代以来,结构设计理论处于从定值设计法向概率设计法过渡的重要阶段,以概率为基础的可靠性分析方法和极限状态设计方法的研究和运用不断深入,许多国家的结构设计,特别是建筑结构的设计,已采用以概率为基础的承载能力极限状态设计方法。我国 1984 年的《建筑结构设计统一标准》(GBJ 68—84)就是在此背景下制定的。

结构可靠性是指结构在规定的时间内,在规定的条件下完成预定功能的可能性。《建筑结构设计统一标准》(GBJ 68—84)规定,建筑结构必须满足下列各项功能要求:(1)能承受在正常施工和正常使用时可能出现的各种作用;(2)在正常使用时,具有良好的工作性能;(3)在正常维护下具有足够的耐久性能;(4)在偶然事件发生时及发生后仍然能保持必需的整体稳定性。也就是说,只有结构的安全性、适用性和耐久性都得到保证,结构才能称为可靠的。

结构可靠性的测度是可靠度,它又分为静力可靠度和动力可靠度。结构的静力可靠度是指结构在静力荷载作用下在规定的时间内,在规定的条件下完成预定功能的概率。一般来说,可将结构抗力 R 和荷载效应 S 作为综合基本变量,则结构功能函数可表示成为:$Z = g(R,S) = R - S$,当 $Z > 0$ 时,结构处于可靠状态;当 $Z < 0$ 时,结构处于失效状态;当 $Z = 0$ 时,结构处于极限状态。结构动力可靠性理论是一门新发展起来的边缘、交叉学科。它用结构理论、振动理论和不确定性数学相结合的方法,研究结构动力可靠性分析方法及基于可靠度的结构动态设计方法。结构的动力可靠度则是指结构在动力荷载作用下在规定的时间内,在规定的条件下完成预定功能的概率,是衡量结构在动力荷载作用下完成预定功能的能力测度,是经典的结构动力学与随机过程力量相结合的产物。1945 年美国学者 Rice 最早研究了结构动力响应超越某一固定界限的问题,给出了规定时间内交叉次数及其期望值表达式,这一成果奠定了首次超越动力可靠度理论的基础。Siegert 等人在 Rice 研究的基础上,建立了假定结构反应为连续马尔可夫过程时的反应首次穿越概率的计算方法。早期的研究工作主要集中在动力可靠度的理论探讨方面。20 世纪 70 年代开始尝试动力可靠度在实际工程中的应用,在地震工程中取得了较为明显的进展。近年来,随着各种结构减振控制技术的发

展,动力可靠度理论已应用于结构的减振控制中。结构可靠性分析的另一个重要方面是在结构破坏准则的研究中。针对抗震结构提出的破坏准则也有多种,"小震"作用下,常采用强度破坏准则,即以结构进入塑性为状态界限;"大震"作用下,有采用延性作为破坏准则的,即认为结构变形大于容许变形指标时,结构发生破坏;还有采用累积塑性变形耗能为衡量指标的能量破坏准则,以及以最大变形和累积耗能为衡量指标的双参数破坏准则。对于强震作用下的滞变结构,后两种破坏准则由于较合理地反映地震持时对结构的累积破坏作用而在实际工程中应用较多。

目前,结构动力可靠性分析方法一般可分为以下三类:(1)基于随机反应的实测方法;(2)基于随机反应的分析方法;(3)直接从随机振动方程分析结构动力可靠性。

7.2.1 地震烈度的概率分布

在过去的设计与计算中,地震烈度是作为一个确定量来处理的。这引起了许多不合理的现象,不同地震区采用相同的设计烈度,由于实际上它们发生的概率并不相同,因而这样设计出来的结构具有相同的安全度,但结构的安全度实质上是不相同的。

实际上,地震发生本身就是一个随机过程,在一定的年限内,地震发生的次数是随机的,而每次地震作用时,其对应的地震烈度也是一个不确定量,因此说,地震发生在时间、空间和强烈程度上都是随机的,在进行结构的抗震可靠性分析、重要结构的抗震设计、评价面临地震危险的建筑场地和制定地震危险性区划图时,必须考虑地震发生的概率特征。

在对某场地所在地区的潜在震源,各潜在震源的地震活动性和衰减规律分析的基础上,可计算得到以年超越概率表示的地震危险性分析结果。有了大于给定烈度的年超越概率,采用下式可得到 T 年内大于给定烈度 i 的超越概率:

$$P(I>i/T) = 1 - [1 - P(I>i)]^T \tag{7.1}$$

式中 $P(I>i/T)$——T 年内大于给定烈度 i 的超越概率;

$P(I>i)$——给定大于烈度 i 的年超越概率。

由于我国的建筑规范中规定建筑的设计基准期为 50 年,因此,某场地或地区的地震危险性分析应给出该地在 50 年内的各不同烈度的超越概率。如果某地的地震危险性分析结果未能给出全部烈度超越概率的情况,可采用利用已知数值进行拟合的方法得出全部需要的信息。

7.2.2 结构在使用期间内的破坏概率

一般来说,结构的抗震动力可靠性分析包括三个基本步骤:

(1)确定结构的强度,刚度等的概率分布;

(2)确定建筑场地在预定的使用期间内可能遭遇的地震动参数(如烈度,峰值加速度,反应谱等)及其发生的概率或概率密度;

(3)计算在具有确定发生概率的地震作用下结构的条件破坏概率。

以上三项概率分布的卷积,就是结构在使用期间内的破坏概率。因此,

在地震作用下,结构在使用期间内的破坏概率可以写作:

$$P_f = \int_0^\infty P(R<S/I)f(I)dI \tag{7.2}$$

式中 $P(R<S/I)$——在烈度 I 的地震作用下结构失效的条件概率;

R——抗力；

S——荷载效应；

$f(I)$——结构所在地区在结构使用期间内烈度的概率密度函数。

可以假设荷载效应 S 和抗力 R 服从极值 I 型或对数正态分布，即可以计算出条件破坏概率。对抗震可靠性问题，一般抗力 R 大多采用对数正态分布；地震荷载效应 S 的概率分布，早期多假定为极值 I 型分布，近年又假定为对数正态分布。实际计算表明，当条件破坏概率较大时，条件破坏概率对荷载效应的分布类型并不敏感。R 和 S 都服从对数正态分布时可靠指标 β 的计算公式为：

$$\beta = \frac{\ln\left(\dfrac{\mu_R \sqrt{1+V_S^2}}{\mu_S \sqrt{1+V_R^2}}\right)}{\sqrt{\ln(1+V_R^2)(1+V_S^2)}} \tag{7.3}$$

式中　μ_R——抗力 R 的平均值；

　　　V_R——抗力 R 的变异系数；

　　　μ_S——荷载效应 S 的平均值；

　　　V_S——荷载效应 S 的变异系数。

结构的条件破坏概率为：

$$P(R<S/I) = 1 - \phi(\beta) \tag{7.4}$$

将条件破坏概率代入到式(7.2)中，即可计算出结构在使用基准期内的破坏概率。

7.2.3　结构可靠度与失效概率

结构或结构构件完成预定功能($Z \geq 0$)的概率称为可靠概率，即可靠度(P_s)，不能完成预定功能($Z<0$)的概率，称为失效概率(P_f)。设功能函数仅与作用效应 S(由结构上的作用引起的各种内力、变形等)和结构抗力 R(结构抵抗破坏或者变形等能力，如极限内力、极限强度和刚度以及抗滑力、抗倾覆力矩等)两个基本变量有关，则结构功能函数为

$$Z = g(R,S) = R - S \tag{7.5}$$

相应的极限状态方程为

$$Z = R - S = 0 \tag{7.6}$$

如图 7.1，极限状态方程 $R-S=0$ 是平面(R, S)上的一条与(R,S)轴成 45 度的直线，由于形式简单，使得积分域很容易确定。以 R 和 S 作为基本变量的函数，其本身的分布或联合分布在理论上可以按随机变量的函数来确定，但在实际中往往是很困难的。由于随机变量的和或乘积的分布可以根据中心极限定理用正态分布或对数正态分布作为其渐近分布，而 R 和 S 一般是以基本变量的和或积的形式组合而成的函数，因此在工程问题上，有时也可根据实际情况选用其中一种近似分布型式；如对近似程度不满意，还可以进一步根据基本变量的

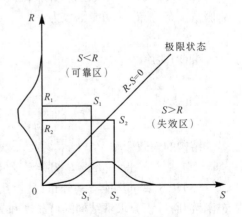

图 7.1　结构所处的状态

已知分布,通过函数的蒙特卡罗模拟方法,另行拟合一个更为合理的分布。

现在根据 R、S 的概率分布情况分别阐述结构可靠度(或失效概率)的计算方法。

(1) R、S 均服从正态分布,且相互独立,其均值和标准差分别为 μ_R、μ_S 和 σ_R、σ_S,功能函数 Z 是 R、S 两个随机变量联合组成的新函数。由概率论可知 Z 也服从正态分布,其平均值和标准差分别为 $\mu_Z = \mu_R - \mu_S$ 和 $\sigma_Z = \sqrt{\sigma_R^2 + \sigma_S^2}$,概率密度函数为:

$$f_Z(Z) = \frac{1}{\sqrt{2\pi}\sigma} \exp\left[-\frac{1}{2}\left(\frac{Z-\mu_Z}{\sigma_Z}\right)^2\right] \quad -\infty < Z < +\infty \tag{7.7}$$

其分布如图7.2。

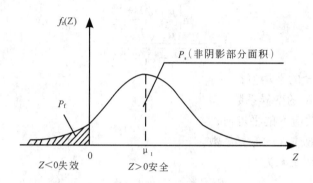

图7.2 结构可靠概率与失效概率的关系

根据定义,结构的失效概率 P_f 为图中阴影面积 $P_f = P(Z<0)$,而非阴影面积 $P_s = (Z \geqslant 0)$,即为结构的可靠度 P_s。依据概率论原理可知,可靠概率与失效概率之和为 1,即 $P(Z \geqslant 0) + P(Z<0) = P_s + P_f = 1$,结构的失效概率为

$$P_f = 1 - P_s = \int_{-\infty}^{0} \frac{1}{\sqrt{2\pi}\sigma_s} \exp\left[-\frac{1}{2}\left(\frac{Z-\mu_Z}{\sigma_Z}\right)^2\right] dz \tag{7.8}$$

由上式可知,可靠度概率 P_s 愈大,失效概率 P_f 愈小,因此,也可用结构的失效概率 P_f 来描述结构的可靠度。

(2) R、S 均服从对数正态分布,且相互独立。所谓对数正态分布,是指基本变量取对数后服从正态分布,其功能函数为:

$$Z = \ln R - \ln S \tag{7.9}$$

Z 的平均值

$$\mu_z = \mu_{\ln R} - \mu_{\ln S} \tag{7.10}$$

Z 的标准差

$$\sigma_Z = \sqrt{\sigma_{\ln R}^2 + \sigma_{\ln S}^2} \tag{7.11}$$

结构的失效概率

$$P_f = P(Z<0) = P(\ln R - \ln S < 0) \tag{7.12}$$

(3) R、S 属于其他概率分布,且相互独立。当 R,S 为其他分布时,可根据 R,S 的概率分布函数,通过积分求解结构的可靠度和失效概率,用 $f_R(r)$ 和 $f_S(S)$ 分别表示抗力 R 和荷载效应 S 的概率密度函数。用 $f_{R,S}(r,s)$ 表示 R、S 联合分布的概率密度函数。则结构的失效概率

可按下式确定

$$P_f = \iint_{r-s<0} f_{R,S}(r,s)drds \tag{7.13}$$

$$f_{R,S}(r,s) = f_R(r)f_s(s) \tag{7.14}$$

已知结构的抗力和荷载效应后,可用上述公式计算结构可靠度。当已知一个变量的概率密度函数和另一变量的累计概率分布函数时,可用下面公式求解结构的失效概率:

$$P_f = \int_0^{+\infty} f_s(s) \left[\int_0^s f_R(r)dr\right]ds = \int_0^{+\infty} F_R(s)f_s(s)ds \tag{7.15}$$

$$P_f = \int_0^{+\infty} f_R(r) \left[\int_r^{+\infty} f_s(s)ds\right]dr = \int_0^{+\infty} [1 - F_S(r)]f_R(r)dr \tag{7.16}$$

(4)对于多个基本变量 X 的功能函数为

$$z = g(X_1, X_2, \cdots, X_n) \tag{7.17}$$

式中:$X_1, X_2, \cdots, X_n$ 相互独立,其各自的概率分布、平均值和标准差已知时,可用多重积分计算 Z 的概率分布函数 $F(Z)$,即

$$F_Z(Z) = \iint_{[g(X_1,X_2,\cdots,X_n)\leq Z]} \cdots f_{X_1}(x_1)f_{X_2}(x_2)\cdots f_{X_n}(x_n)dx_1dx_2\cdots dx_n \tag{7.18}$$

式中:$f_{X_1}(x_1)f_{X_2}(x_2)\cdots f_{X_n}(x_n)$ 为 $x_1, x_2, \cdots, x_n$ 概率密度函数。

用上式计算出概率分布函数 $F_Z(z)$ 后,对 $F_Z(z)$ 求导,即可得出 Z 的概率密度函数 $f_Z(z)$。则失效概率 P_f 为

$$P_f = \int_0^{Z_0} f_Z(z)dz = F_Z(Z_0) \tag{7.19}$$

式中,Z_0 为结构的极限功能,如强度、挠度、裂缝宽度等极限状态。因为 $Z < Z_0$ 为失效条件,所以失效概率为

$$P_f = P(Z < Z_0) = F_Z(Z_0) \tag{7.20}$$

上述为计算结构失效概率的精确公式,无论结构的功能函数是线性还是非线性都适用。

但是,当功能函数中有多个基本随机变量或函数为非线性时,上述计算方法就变得相当复杂,甚至难以求解。故通常应用近似方法或间接方法求解。

7.2.4 失效概率和可靠指标

当 R、S 均为正态随机变量且相互独立时,$Z = R - S$ 的失效概率为

$$P_f = \int_{-\infty}^0 \frac{1}{\sqrt{2\pi}\sigma_Z} \exp\left[-\frac{1}{2}\left(\frac{Z-\mu_Z}{\sigma_Z}\right)^2\right]dz \tag{7.21}$$

现将 Z 的分布标准正态化,令 $t = (Z - \mu_Z)/\sigma_Z$,则有 $dz = \sigma_Z dt$,代入始末值则可将上式转化为:

$$P_f = \frac{1}{\sqrt{2\pi}} \int_{-\infty}^{\mu_Z/\sigma_Z} \exp\left(-\frac{t^2}{2}\right)dt = \phi(-\mu_Z/\sigma_Z) \tag{7.22}$$

现令

$$\beta = \mu_Z/\sigma_Z \tag{7.23}$$

$$P_f = \phi(-\beta) \tag{7.24}$$

式中:β 为一个无量纲的系数,称为可靠指标。上式表示了失效概率与可靠指标的关

系。可靠指标 β 与可靠度 P_s 的关系为

$$P_s = 1 - P_f = 1 - \phi(-\beta) = \phi(\beta) \qquad (7.25)$$

所以：

$$\beta = \phi^{-1}(1 - P_f) \qquad (7.26)$$

式中 $\phi(*)$——标准正态分布函数；

$\phi^{-1}(*)$——其反函数。

表 7.1 给出了 β 与 P_f 的对应关系。

可靠度指标与失效概率对应关系　　　　　　　　表 7.1

β	P_f	β	P_f
0	0.5	3.0	1.3499×10^{-3}
1.0	1.5866×10^{-1}	4.0	3.1671×10^{-5}
2.0	2.2750×10^{-2}	5.0	2.8665×10^{-7}

β 被称为可靠指标的原因是：(1)结构的可靠度指标 β 越大，失效概率 P_f 越小，可靠度 P_s 越大。(2)由 $\beta = \mu_Z / \sigma_Z$ 可知，当 σ_Z 常量时，β 仅仅随着 μ_Z 变化。如图 7.3 所示，当 β 增加时，会使概率密度曲线由于 μ_Z 的增加而向右移动（图中虚线表示的曲线），使图中阴影部分面积减小，即 P_f 减少，变为 P_f'，从而使可靠度 P_s 增大。

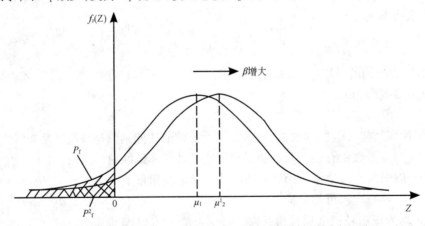

图 7.3　结构可靠指标与失效概率的关系

通过以上的分析，可以看出，结构可靠度 P_s 既可用失效概率 P_f 来表示，也可以用可靠指标 β 来表示。目前工程上多用失效概率来表示结构的可靠度。

当 R、S 为对数正态随机变量且相互独立时，由功能函数 $Z = \ln R - \ln S$ 可推导出可靠指标 β 的近似计算公式：

$$\beta = \frac{\ln \mu_R - \ln \mu_S}{\sqrt{\delta_R^2 + \delta_S^2}} \qquad (7.27)$$

式中 δ_R、δ_S——变量 R、S 的变异系数。

7.2.5　结构可靠度的计算方法

结构的地震可靠度可以用结构的极限状态概率表示，结构的极限状态概率被定义为结

构的地震响应超过其抗力值的概率。结构在地震作用下的反应受多种不确定性因素的影响。例如,由于震源、传播介质和场地条件中许多偶然因素的影响,地震动的强度,频率含量和持时都具有明显的随机性,从而使得结构的地震反应也具有随机性。此外建筑结构材料的动力特性和强度也是随时间变化的随机变量,结构反应分析通常还包含选用的计算模型与工程实际的符合程度以及结构进一步破坏的机制等方面不确定因素。结构的不确定性包括质量,刚度,阻尼等等方面,在实际工程中许多建筑结构由于存在各种不同的不确定因素。

结构可靠度的计算方法分精确法和近似法两种,所谓精确法是指按照前面的公式求解结构的失效概率 P_f 的方法,称全概率法,所谓近似法是指一次二阶矩计算方法等,虽然是近似的,但是仍然属于概率法,称近似概率法。

精确法为多重积分问题,因一些基本变量由于各种原因,很难确定其实际的概率分布,所以,一般很难求得解析解,工程实践中难以采用。近似概率法将一个复杂的多重积分问题转化为一个简单的数值计算问题,计算效率高,尽管得出的结构失效概率带有一定的近似性,但其精度足以满足工程需要。因而在工程界被广泛地应用。一次二阶矩法根据结构的功能函数的线性点的不同而又分为中心点法和验算点法。

现介绍几种计算可靠度的实用分析方法:一次二阶矩中心点法,JC 方法,快速积分方法。然后,利用快速积分方法考虑参数不确定性对桥梁桥墩结构进行可靠性分析。

7.2.6 一次二阶矩方法(中心点法)

一次二阶矩中心点法不考虑基本变量的实际分布,因此,基本变量经过统计与分析,当它的概率分布难以确定时,可用各基本变量统计的平均值和标准差分析可靠度,并将功能函数在均值点 X 处(即中心点上)用 Taylor 级数展开并保留至一次项,使之线性化,然后再求解可靠度,这就是一次二阶矩中心点法的基本原理。设有 n 个随机变量影响结构的可靠度(即在功能函数中有 n 个基本变量),功能函数表示为

$$Z = g(X_1, X_2, \cdots, X_n) \tag{7.28}$$

式中:$X_1, X_2, \cdots, X_n$ 表示基本变量 $X_i(i=1,2,\cdots,n)$,中心点方法就是在中心点处将 Z 展开为

$$Z \approx Z' = g(\mu_{X_1}, \mu_{X_2}, \cdots, \mu_{X_n}) + \sum_{i=1}^{n} \frac{\partial g(\mu_X)}{\partial X_i}\bigg|_{\mu_X} (X_i - \mu_{X_i}) \tag{7.29}$$

则极限状态方程为

$$Z' = g(\mu_{X_1}, \mu_{X_2}, \cdots, \mu_{X_n}) + \sum_{i=1}^{n} \frac{\partial g}{\partial X_i}\bigg|_{\mu_X} (X_i - \mu_{X_i}) = 0 \tag{7.30}$$

因此,Z' 的平均值和标准差为

$$\mu_{Z'} = g(\mu_{X_1}, \mu_{X_2}, \cdots, \mu_{X_n}) \tag{7.31}$$

$$\sigma_{Z'} = \sqrt{\sum_{i=1}^{n} \left(\frac{\partial g}{\partial X_i}\bigg|_{\mu_X} \sigma_{X_i}\right)^2} \tag{7.32}$$

若近似地取 $\mu_Z \approx \mu_Z'$,$\sigma_Z = \sigma_Z'$,则在非线性问题中,可近似按下列公式确定可靠指标

$$\beta = \mu_Z / \sigma_Z \approx \frac{g(\mu_{X_1}, \mu_{X_2}, \cdots, \mu_{X_n})}{\sqrt{\sum_{i=1}^{n} \left(\frac{\partial g}{\partial X_i}\bigg|_{\mu_X} \sigma_{X_i}\right)^2}} \tag{7.33}$$

此处,功能函数 $Z = g(X_1, X_2, \cdots, X_n)$ 是表示在 $n+1$ 维空间 $(Z, X_1, X_2, \cdots, X_n)$ 中的一个超曲面 Z,$Z=0$ 表示在 n 维空间 $(X_1, X_2, \cdots, X_n)$ 中的一个极限状态超曲面。经过展开后的功能函数近似式则是超曲面 Z 上的中心点处的超切平面 Z',相应的 $Z'=0$ 是超切平面 Z' 在 n 维的 X 空间中相交的极限状态超平面,所谓的一次近似,就是用这个 $Z'=0$ 的极限状态超平面来近似极限状态超曲面 $Z=0$。

类似地将 X 空间变换为 $\hat{X}$ 空间,得近似的极限状态超平面为

$$Z' = g(\mu_{X_1}, \mu_{X_2}, \cdots, \mu_{X_n}) \sum_{i=1}^{n} \frac{\partial g}{\partial X_i}\bigg|_{\mu_x} (\hat{X}_i - \mu_{\hat{X}_i}) = 0 \tag{7.34}$$

则从 $\hat{X}$ 空间的原点,即中心点 M 到该超平面的最短距离为

$$\beta = \mu_z / \sigma_z \approx \frac{g(\mu_{X_1}, \mu_{X_2}, \cdots, \mu_{X_n})}{\sqrt{\sum_{i=1}^{n} \left(\frac{\partial g}{\partial X_i}\bigg|_{\mu_x} \sigma_{X_i}\right)^2}} \tag{7.35}$$

因此,经过近似处理后所得到的可靠指标 β 值是指在经过标准化变换后的 $\hat{X}$ 空间中,从中心点到近似的极限状态超平面 $Z'=0$ 的最短距离。β 的合理程度,取决于 $Z'=0$ 与极限状态超曲面 $Z=0$ 的近似程度。

7.2.7 改进的一次二阶矩方法(验算点法或 JC 法)

基于一次二阶矩中心点法,人们提出了验算点法,作为对中心点法的改进,提高了结构可靠度近似计算的精度。

即不以通过中心点法的超切平面作为线性近似,而是将线性化点选在失效边 $Z=0$ 上,而且选在与结构最大可能的失效概率相对应的点 $P^*(X_1^*, X_2^*, \cdots, X_n^*)$ 上,在 P^* 点处用 Taylor 级数展开,使之线性化,求解结构的可靠指标 β 值,避免了中心点法存在的误差。我们将 $P^*(X_1^*, X_2^*, \cdots, X_n^*)$ 点称为验算点或设计点,将此法称为验算点法。因为该方法是在一次二阶矩中心点法基础上的改进,故称为改进的一次二阶矩法。这个方法被国际安全度委员会(JCSS)所推荐,也可称为"JC"法。

根据上述基本原理,验算点法的数学模式可表达为:

设 $X_1, X_2, \cdots, X_n (i=1,2,\cdots,n)$ 为基本变量,且相互独立,则功能函数为 $Z = g(X_1, X_2, \cdots, X_n)$,当设计验算点为 $P^*(X_1^*, X_2^*, \cdots, X_n^*)$ 时,可将功能函数用 Taylor 级数在 P^* 点处展开,近似地取一阶项,得到极限状态方程为

$$Z = g(X_1^*, X_2^*, \cdots, X_n^*) + \sum_{i=1}^{n} \frac{\partial g}{\partial X_i}\bigg|_{P^*} (X_i - X_i^*) = 0 \tag{7.36}$$

则 Z 的平均值:

$$\mu_z = g(X_1^*, X_2^*, \cdots, X_n^*) + \sum_{i=1}^{n} \frac{\partial g}{\partial X_i}\bigg|_{P^*} (\mu_{X_i} - X_i^*) = 0 \tag{7.37}$$

由于设计验算点在失效边界上,则

$$g(X_1^*, X_2^*, \cdots, X_n^*) = 0 \tag{7.38}$$

因此,式(7.37)可写为

$$\mu_z = \sum_{i=1}^{n} \frac{\partial g}{\partial X_i}\bigg|_{P^*} (\mu_{X_i} - X_i^*) \tag{7.39}$$

由于各基本随机变量相互独立,可得 Z 的标准差为

$$\sigma_Z = \sqrt{\sum_{i=1}^{n}\left(\frac{\partial g}{\partial X_i}\bigg|_{P} * \sigma_{x_i}\right)^2} \tag{7.40}$$

则可靠指标 β 为

$$\beta = \mu_z/\sigma_Z = \frac{\sum_{i=1}^{n}\frac{\partial g}{\partial X_i}\bigg|_{P} * (\mu_{X_i} - X_i^*)}{\sqrt{\sum_{i=1}^{n}\left(\frac{\partial g}{\partial X_i}\bigg|_{P} * \sigma_{x_i}\right)^2}} \tag{7.41}$$

上式为验算点法求解可靠指标 β 值的一般式,但是该式中设计验算点 X_i^* 也是未知的,所以,需要采用迭代法计算 β 值。

采用验算点法计算时,X_i^* 和 β 可用逐次迭式的方法求出,步骤如下:

(1)令极限状态方程 $g(X_1,X_2,\cdots,X_n) = 0$,并给出所有基本变量 X_i 的分布类型和统计参数 μ_{x_i} 及 σ_{x_i};

(2)假定 X_i^* 和 β 的初始值,一般取 X_i^* 的初始值等于 X_i 的均值 μ_{x_i},相当于 β 的初始值为零;

(3)对非正态变量 X_i 进行当量正态化处理;

(4)求极限状态方程对各基本变量 X_i 的偏导数,代入 X_i^* 值,得方向余弦;

$$\cos\theta_{\hat{X}_i} = \frac{\frac{\partial g}{\partial X_i}\bigg|_{P} * \sigma_{x_i}}{\sqrt{\sum_{i=1}^{n}\left(\frac{\partial g}{\partial X_i}\bigg|_{P} * \sigma_{x_i}\right)^2}} \tag{7.42}$$

(5)根据公式 $g(\mu_{X_i} + \beta\sigma_{X_i}\cos\theta_{X_i}) = 0$ 解 β;

(6)计算新的 X_i^* 值

$$X_i^* = \mu_{X_i} + \beta\sigma_{X_i}\cos\theta_{X_i} \tag{7.43}$$

(7)重复第(3)步到第(6)步,直到前后两次计算所得的 β 值之差不超过容许限值(例如 0.0001)为止。

7.2.8 快速积分方法

快速积分方法又称推广的一次二阶矩方法,将一次二阶矩法推广应用于考虑参数不确定性时结构的动力可靠性分析,Igusa 和 Der Kiureghian 提出的,并用多种具有不确定性参数的结构系统进行验证。本节利用快速积分方法考虑参数不确定性对桥梁桥墩结构进行可靠性分析。

与结构静力可靠问题相似,结构动力可靠度问题可用一功能函数 $g(X,R)$ 来描述,其中,X 是系统参数,包括结构参数和荷载参数;R 是随机反应变量的函数。由于结构反应取决于系统参数,故而 R 取决于 X。结构达到极限状态时的破坏概率可表示为:

$$P_f = \int_{g(X,R)<0} f(X,R)\,dXdR \tag{7.44}$$

式中,$f(X,R)$ 是 X 和 R 的联合概率密度函数。其可以用一次二阶矩的"验算点"法求解。在此方法中,首先将 X 和 R 变换为标准正态变量 U,然后用优化算法确定与原空间的相

应的 $g(X,R)=0$ 极限面 $g(U)=0$ 上的"验算点"。在寻找"验算点"时,需计算功能函数对于 U 的梯度:

$$\Delta g_U(U) = J^T \Delta g(X,R)$$

式中,J 是变量转换的雅克比矩阵,J_{ij}^{-1} 的元素为

$$J_{ij}^{-1} = \frac{\partial u_i}{\partial x_i} = \begin{cases} 0 & (i<j) \\ \dfrac{f_{x_i}(x_i|x_1,x_2,\cdots,x_{i-1})}{\phi(u_i)} & (i=j) \\ \dfrac{\dfrac{\partial F_{x_i}(x_i|x_1,x_2,\cdots,x_{i-1})}{\partial x_j}}{\phi(u_i)} & (i>j) \end{cases} \quad (7.45)$$

$i=1,2,\cdots n_1$,

$$J_{ij}^{-1} = \frac{\partial u_i}{\partial x_j} = \{ f_{R_i/x}(r_i/x)/\phi(u_i) \quad (i=j)$$

$$J_{ij}^{-1} = \frac{\partial u_i}{\partial x_j} = \{ \frac{\partial F_{R_i/x}(r_i/x)}{\partial x_j}/\phi(u_i) \quad (i>j) \quad (7.46)$$

$i = n_1+1, n_1+2, \cdots, n_1+n_2$

式中 ϕ——标准正态分布密度函数;

f、F——分别为系统参数与反应量的概率密度函数和分布函数;

n_1——考虑的系统参数数目;

n_2——功能函数中使用的反应变量数目。

式(7.45)中雅克比矩阵的计算方法与静力可靠度一次二阶矩法中的相同。但式(7.46)中 J_{ij}^{-1} 的计算涉及反应量的条件概率密度和分布函数的计算。但是,有时反应量的分布是难以确定的,特别是上面的计算需要给出功能函数 g 的显式和识别 R,这对于某些极限状态,如结构系统的损坏和倒塌,几乎是不可能做到的。

Wen 与 Chen 提出了一种简单的快速算法。即若 X 至 U 的变换由 $U = T(X)$ 给出,其中 U 是标准正态变量,给出在转换空间独立于 U 的辅助标准正态变量 U_{n+1},于是可将功能函数写为:

$$g_u(U, U_{n+1}) = U_{n+1} - \phi^{-1}(P_f(T^{-1}(U))) \quad (7.47)$$

其中,$U = T(x)$,U 为标准正态变量;T 为 Rosenblatte 转换;U_{n+1} 为转换空间与 U 独立的辅助标准正态变量;ϕ 为标准正态分布的概率分布函数;P_f 为给定系统参数 X 时的条件失效概率,在转换空间可表示为 $T^{-1}(U)$;当 $g<0$ 时,则表示结构失效。

7.2.9 结构失效模式

在结构按极限状态设计法理论中,结构构件有各种不同的极限状态或者失效模式,如拉、压、弯、剪和扭等。但是在结构体系的可靠度分析中,需要将构件的这些失效模式进一步理想化成下述三种形式。(1)延性失效:这种构件在达到极限状态前,表现为弹性,达到极限状态后则表现为塑性,但是能够维持其承载能力不变。钢筋混凝土结构中的受弯构件(适筋梁)、大偏心受压构件及受拉破坏的塑性铰,均可以归纳为此类;(2)脆性失效:这种构件在达到极限状态前表现为弹性或者弹塑性,达到极限状态后则表现为脆性破坏,丧失其承载能

力。钢筋混凝土结构中的受弯构件(超筋梁)、小偏心受压构件及受压破坏的塑性铰等均可以归纳为此类;(3)弹性失效:这种构件在达到极限状态(过大变形)时表现为弹性。显然,上述三种破坏形式并不能包括所有的失效模式,在结构系统中,对其失效模式还可归纳为下述几种类型:

(1)形成机构

①完全机构:即在结构中形成的塑性铰数等于其超静定次数。

②局部机构:即在结构中形成的塑性铰数小于其超静定次数。

③超完全机构:即在结构中形成的塑性铰数大于其超静定次数。

(2)未形成机构

①个别截面脆性破坏。结构在出现若干个塑性铰之后(未形成机构),其中一铰(或数铰)即因为其塑性转角达到极限值而脆性破坏。

②结构未出现塑性铰,即结构整体或局部失稳破坏。

③结构变形达到极限允许值或材料应力达到最大许可应力值。

对于任何一种复杂的结构系统,当已知其中每个构件的失效模式和可靠度,而确定该系统的失效模式总的可靠度时,可根据失效模式间的关系将其简化成基本系统,以此表述系统可靠度与各个构件之间的关系。基本系统大致可归纳为以下三种。(1)串联系统:考虑到由 n 个构件组成的静定结构,并假定每个构件只有一种失效模式,则该系统具有 n 个失效模式,显然,这种结构中的任一一个构件破坏,将导致整个结构的破坏。这种由若干个单一构件组失效模式组成的结构系统,如果其中任一个构件破坏,就导致整个系统的破坏,则可将其模型化为一个串联系统。(2)并联系统:对于超静定结构系统,如果其中一个构件破坏,其他尚未破坏的构件仍能够继续承受荷载重新分配后的最大荷载,所以它并不会导致整个结构系统的破坏。只有能够使结构形成"机构"的一组构件的破坏,才能导致整个结构系统的破坏,这一组构件的破坏就称为结构系统的一个失效模式。这种失效模式可以模型化为一个并联系统。(3)混联系统:实际的超静定结构系统,通常有许多种失效模式,每一种失效模式都可以用一个并联系统来表示。每一个并联系统的失效都将导致整个结构的破坏,所以,这些并联系统又可以组成一个串联系统,这就是结构的混联系统。一般结构体系中的各个构件,均由同一材料组成,而在各失效模式中均有相同的构件,故在混联系统中,不仅各构件之间有相关性,且各失效模式之间也存在相关性。

7.2.10 结构系统可靠度的一般表示方法及基本公式

若一个结构系统 S 由 n 个构件 $E_1,E_2,\cdots,E_n$ 组成,假定每个构件只有两种状态:有效和失效,则可以引入布尔变量来表示结构系统的状态。每一个构件 $E_i(i=1,2,\cdots,n)$ 的状态,可以表示为:

$$E_i = \begin{cases} 1, & 构件有效 \\ 0, & 构件无效 \end{cases} \tag{7.48}$$

于是,所有构件都是具有 0 和 1 两种状态的布尔变量。结构系统 S 的状态也由各构件的状态所决定,即根据所有构件的状态向量 $\bar{e}=(e_1,e_2,\cdots,e_n)$,就可以确定结构系统 S 的状态。所以结构系统 S 的状态也可以用一个布尔变量来定义:

$$S = \begin{cases} 1, & \text{构件有效} \\ 0, & \text{构件无效} \end{cases} \quad (7.49)$$

结构系统的结构函数可表示为

$$S = \varphi(\bar{e}) \quad (7.50)$$

当所有的 $e_i = 1 (i = 1, 2, \cdots, n)$ 时，$S = 1$，则该系统为串联系统，其

$$S_s = \varphi(\bar{e}) = \prod_{i=1}^{n} e_i \quad (7.51)$$

上式也可以写为：

$$S_s = \min(e_1, e_2, \cdots, e_n) \quad (7.52)$$

反之，如果只要有一个构件不失效，结构系统就不会失效，即 $S = 1$，则该系统为并联系统，其结构函数为

$$S_p = \varphi(\bar{e}) = 1 - \prod_{i=1}^{n}(1 - e_i) \quad (7.53)$$

或者写为

$$S_p = \max(e_1, e_2, \cdots, e_n) \quad (7.54)$$

通过结构函数 S_s 和 S_p 的组合，可以描述更为复杂的结构系统。

有时利用系统的结构函数求解系统的可靠度是很方便的，假定 R_i 是构件 E_i 的可靠度，则有

$$R_i = P(e_i = 1) = 1 \cdot P(e_i = 1) + 0 \cdot P(e_i = 0) = E[e_i] \quad (7.55)$$

式中，$E[e_i]$ 是 e_i 的数学期望。同样，系统的可靠度为：

$$R_s = P(s = 1) = E(s) + E[\varphi(\bar{e})] \quad (7.56)$$

式中，φ 是系统的结构函数。由上式可知，如果构件的失效是相互独立，那么利用上式计算系统的可靠度是很方便的。

设结构系统 E 是由 n 个构件组成，第 i 个构件 $E_i(i = 1, 2, \cdots, n)$ 的荷载效应 S_i 和构件抗力 R_i 分别服从 $F_{S_i}(x)$ 和 $F_{R_i}(y)$ 分布，并假定 $S_i, R_i(i = 1, 2, \cdots, n)$ 相互独立。已知单个构件 E_i 的可靠度 R_{E_i} 可表示为

$$R_{E_i} = P(R_i > S_i) = \iint_{y>x} dF_{R_i}(y) dF_{S_i}(x) = \int_{-\infty}^{+\infty} \left[\int_{-\infty}^{+\infty} dF_{R_i}(y) \right] dF_{S_i}(x) \quad (7.57)$$

等式右端方括号内的积分是单个结构构件 E_i 在指定效应水平下的可靠概率，即

$$P(R > x) = \int_{x}^{+\infty} dF_{R_i}(y) = P_{E_i}(x) \quad i = 1, 2, \cdots, n \quad (7.58)$$

为了阐述简便起见，假定 $S_i, R_i(i = 1, 2, \cdots, n)$ 的密度函数 $F_{S_i}(x)$、$F_{R_i}(y)$ 均存在时，则有

$$P_{E_i}(x) = \int_{x}^{+\infty} dF_{R_i}(y) = \int_{x}^{+\infty} f_{R_i}(y) dy \quad i = 1, 2, \cdots, n \quad (7.59)$$

$$\begin{aligned} P_{E_i} = P(R_i > S_i) &= \int_{-\infty}^{+\infty} \left[\int_{-\infty}^{+\infty} f_{R_i}(y) dy \right] f_{S_i}(x) dy \\ &= \int_{-\infty}^{+\infty} \left[\int_{-\infty}^{+\infty} P_{E_i}(x) f_{S_i}(x) dy \right] \end{aligned} \quad i = 1, 2, \cdots, n \quad (7.60)$$

结构系统 E 是结构构件 $E_i(i = 1, 2, \cdots, n)$ 按一定的逻辑关系组成的，E 与 E_i 之间可靠

度一般呈函数关系。对每一构件 $E_i(i=1,2,\cdots,n)$ 指定一个荷载效应水平 $x_i(i=1,2,\cdots,n)$，则在指定荷载效应 $\bar{x}=(x_1,x_2,\cdots,x_n)$ 水平下系统 E 的可靠度记为：

$$P_E(\bar{x}) = P_E(x_1,x_2,\cdots,x_n) \tag{7.61}$$

于是结构系统 E 的可靠度可表达为：

$$P_E = \int_{-\infty}^{+\infty}\int_{-\infty}^{+\infty}\cdots\int_{-\infty}^{+\infty} P_E(x_1,x_2,\cdots,x_n)f_s(x_1,x_2,\cdots,x_n)dx_1dx_2\cdots dx_n \tag{7.62}$$

式中 $f_s(x_1,x_2,\cdots,x_n)$ 为 $\bar{x}=(x_1,x_2,\cdots,x_n)$ 的联合密度函数。已假定 $x_1,x_2,\cdots,x_n$ 之间相互独立，结构系统的可靠度可改成

$$P_E = \int_{-\infty}^{+\infty}\int_{-\infty}^{+\infty}\cdots\int_{-\infty}^{+\infty} P_E(x_1,x_2,\cdots,x_n)f_s(x_1),f_s(x_2),\cdots,f_s(x_n)dx_1dx_2\cdots dx_n \tag{7.63}$$

可见，结构系统的可靠度是结构构件抗力变量以及荷载效应变量的联合密度函数的多重积分。由于联合密度函数十分难找，且多重积分的运算繁杂，很难按这些基本公式准确地计算。为此，通常根据具体的结构情况，做一些假定，以便进行近似计算。

7.3 桥墩构件可靠性分析

考虑参数不确定性的可靠性分析，通常采用快速积分方法。设不确定性参数为 x（包括结构系统参数及随机荷载参数），由全概率定理，可知结构某反应统计量（失效概率）D 为：

$$D = \int_x D(x)f(x)dx \tag{7.64}$$

式中 D——结构反应（位移，速度，加速度等）的均值和方差等统计量；

$D(x)$——假定参数取定值 x 时结构反应的统计量；

$f(x)$——x 的联合概率密度函数。

由式(7.64)可见，直接积分计算是十分困难的。利用式(6.37)构造一个失效面，如果失效面 $g_u(U,U_{n+1})$ 所对应的失效概率为 P_f，则统计量：

$$D = P_f \tag{7.65}$$

证明过程如下：

$$\begin{aligned}
P_f &= \int_{g(U,U_{n+1})} f(U)f(U_{n+1})dUdU_{n+1} \\
&= \int_U f(U)\left\{\int_{-\infty}^{\Phi^{-1}(D)} f(U_{n+1})dU_{n+1}\right\}dU \\
&= \int_U f(U)D(T^{-1}(U))dU \\
&= \int_x D(x)f(x)dx \\
&= D
\end{aligned}$$

式(7.65)的失效概率便可以通过改进的一次二阶矩方法求出，其计算步骤如下：

(1)假定一组参数值 $X = x_0$（通常取均值）；

(2)求在确定值 $X = x_0$ 条件下结构反应的统计量 $D(x_0)$ 及其对各参数的偏导数 $\left\{\dfrac{\partial D(X)}{\partial X}\right\}\bigg|_{X=x_0}$,偏导数的求法可以通过求导或差分方法实现;

(3)将 x_0 通过 Rosenblatte 变换转换为相互独立的标准正态变量 u_0,并确定 Jacobi 矩阵 J_n^{-1} 在 u_0 处的值 $J_n^{-1}\big|_{u_0}^{\bar{\omega}}$;

(4)由下式计算功能函数 g_u 对 U 的梯度向量在 U_0 处的值

$$\left\{\frac{\partial g_u}{\partial u_i}\right\}_{i \le n}\bigg|_{g_n=0} = \frac{J_n^{-1}[-\nabla D(x)]}{\phi(u_{n+1})} \tag{7.66}$$

$$\frac{\partial g_u}{\partial u_{n+1}} = 1 \tag{7.67}$$

其中,J_{ij}^{-1} 按式(7.45)计算。

$$U_{n+1} = \phi^{-1}[D(x)] \tag{7.68}$$

式中 ϕ——标准正态分布密度函数。

(5)确定新的验算点

$$U^* = \frac{\left\{\dfrac{\partial g_u}{\partial u}\right\}^T \{u_0\} \left\{\dfrac{\partial g_u}{\partial u}\right\}}{\left\{\dfrac{\partial g_u}{\partial u}\right\}^T \left\{\dfrac{\partial g_u}{\partial u}\right\}} \tag{7.69}$$

$$x^* = x_0 + J_n^{-1}(u^* - u_0) \tag{7.70}$$

(6)计算可靠度指标

$$\beta = [u^{*T} \cdot u^*]^{\frac{1}{2}} \tag{7.71}$$

(7)以新的验算点 x^* 代替 u_0,重复(2)-(6)步,直到收敛。

(8)待求统计量为

$$D = P_f = 1 - \phi(\beta) \tag{7.72}$$

7.4 算例分析

为简单起见,把桥墩简化为单自由度体系,设激励为高斯白噪声过程,其强度和持续时间是不确定的,作为随机变量处理,结构简化为线性小阻尼系统,结构参数的阻尼比和自振频率也是不确定的,处理成随机变量。假设谱强度 S_0 服从极值Ⅱ型分布,其均值为 0.2,变异系数为 0.6;持时 $\tau(s)$ 服从对数正态分布,其均值为 10,变异系数为 0.3;阻尼比 ξ 服从对数正态分布,其均值为 0.05,变异系数为 0.4;自振频率 $f(Hz)$ 服从正态分布分布,其均值为 4.0,变异系数为 0.1。

设系统的功能函数为 $g(x) = d - R$,采用泊松过程法计算结构的可靠度,则在各参数给定情况下的条件失效概率为:

$$P_f(x) = 1 - \exp\left\{-f\tau\exp\left[-\frac{1}{2}\left(\frac{d}{\sigma_R}\right)^2\right]\right\}$$

式中 d——界限水平;

R——随机位移反应。

采用快速积分法计算桥墩单元的可靠度,分为以下两种情况进行计算。即:

$$\sigma_R = \left[\frac{\pi S_0}{4(2\pi f)^3 \xi}\right]^{\frac{1}{2}}$$

(1) 将 S_0 以平均值代替,作为确定量考虑,其他作为不确定量考虑。
(2) 考虑所有变量的不确定性。

取 $d=0.35$,则第一种情况的失效概率为 1.423%,第二种情况的失效概率为 5.002%。

7.5 桥梁上部结构可靠性分析

7.5.1 引言

在桥梁实用抗震计算中,早期采用简化的静力法,20世纪50年代发展了动力法的反应谱理论,近些年来,对重要的桥梁结构采用动态时程分析法。

震害经验和试验研究表明,支座非线性效应对桥梁结构的地震反应具有重要的影响。因此,考虑桥梁支座单元摩擦等因素,研究桥梁单元的可靠性分析是十分必要的。

支座是连接上部结构和下部结构的重要构件,支座处的非线性因素包括库仑摩擦力,支座的滞回特性和挡块等构造措施的非线性以及它们的组合作用。支座的非线性问题是桥梁结构所特有的,近些年来,由于桥梁隔震、减震设计的发展,在桥梁结构中大量采用柔性橡胶支座,这将会导致桥梁上部结构在强烈地震作用下发生较大的位移反应。

由于活动支座处总是存在一定的摩擦力,它会给桥梁的地震反应带来一定的影响,主要表现在三个方面:

(1) 上部结构所产生的地震荷载,将通过固定支座和活动支座处的摩擦力传递给相邻的桥墩(桥台),从而使桥墩(桥台)的地震反应趋于相互作用的整体模式。

(2) 由于活动支座处摩擦力的存在,它将消耗部分地震能量,从而降低下部结构的地震反应;另一方面,摩擦力只能对主梁的运动提供阻碍作用,而不提供恢复作用,这将使主梁,墩在活动支座处产生较大的累加位移,甚至会产生落梁破坏。

(3) 一般来说,桥梁的上部结构(主梁)是有较大质量的整体,上部结构在地震反应中接近平动,由此活动支座处的摩擦力将会通过主梁的传递对固定支座所承受的地震荷载产生影响。

从历史上桥梁的震害情况来看,落梁是桥梁的严重震害之一。从落梁的形式来看,有纵向(顺桥向),横桥向和扭转滑移落梁。桥梁震害统计数字表明,纵桥向落梁约占97%,而横桥向落梁和扭转滑移落梁则很少见。

造成纵桥向落梁的原因一般有两点:一是下部结构破坏造成落梁,二是上部结构与墩顶的相对位移过大引起落梁。因此,我们选取桥梁的上部结构与墩顶的相对位移作为描述桥梁上部结构的破坏指标。

极限状态是结构失效的临界状态,它的定义与结构需要完成的功能状态密切相关。为了确保结构具有正常的功能状态,在服役期内结构的响应不能超过极限状态所规定的范围。在本节中,极限状态被定义为桥梁上部结构的位移响应达到其变形能力的极限时的状态,当桥梁上部结构位移(相对于桥墩墩顶的位移)响应的最大值超过允许值时,认为其失效。本节考虑地震荷载的随机性,利用结构动力可靠性分析方法对桥梁上部结构进行可靠性分析。

结构动力可靠度是指结构在遭受一定概率的动力荷载(如地震动)作用下,以随机振动理论为分析手段,求得结构的响应统计特征,依据一定的破坏准则,求出结构的可靠性(或失效)定量指标。结构的破坏形式可分为首超破坏(首次超越)和疲劳破坏。一般地讲,首超破坏是指结构的最大变形首次超过一个规定的限值而产生破坏;疲劳破坏则是指结构的损伤累积到一个规定的总限值而发生的破坏。

7.5.2 基于首次超越破坏的动力可靠性分析

首超破坏又称为首次通过,是指结构反应的某个量(如位移、延伸率等,是一个随机过程)首次超越临界值或安全界限。对于单自由度体系,基本的安全界限有三类:单侧界限(B界限),双侧界限(D界限),包络界限(E界限)。对于单侧界限来说,随机过程$Y(t)$的动力可靠度P_s定义为:

$$P_s(b) = P\{Y(t) \leq b, 0 \pi t \leq T\}$$

即随机过程在时间$(0,T)$内的动力可靠性定义为在此时段内不超越界限$y=b$的概率。Davenport 在前人的工作基础上,基于随机过程与界限的任意两次交差事件是相互独立的,即随机过程在时间$(0,t]$内与界限的交差次数服从泊松分布的假定,证明了最大值的概率分布函数,即对称栓侧D界限($b=b_1=b_2$)的动力可靠度为:

$$P_s(T,b) = \exp[-vT\exp(-r^2/2)]$$

式中,$r = b/\sigma_y$,σ_y 为随机过程$Y(t)$的标准差,b 为对称双侧界限值,v 为随机过程的期望穿零率(包括正向和负向)。其中:

$$v = \frac{1}{\pi}\left(\frac{a_2}{a_0}\right)^{1/2} = \frac{\sigma_{\dot{y}}}{\pi\sigma_y}$$

式中,$\sigma_{\dot{y}}$ 为 $y(t)$ 的一阶导数过程(速度过程)的标准差,a_0 和 a_2 为随机过程功率谱的谱矩,可由下式求得:

$$a_k = \int_{-\infty}^{\infty} \omega^k S_{YY}(\omega) d\omega$$

该方法称为泊松过程法。上式的推导是基于泊松通过的假定,b 值的大小是有误差的,对于宽带过程b值较小时,误差偏于不安全;对于窄带过程(如小阻尼线性体系的随机反应),误差偏于保守。为了克服泊松过程法的缺点,Vanmarcke 基于交差次数为 Markov 过程的假设,对上式进行了修正。

7.5.3 桥梁上部结构可靠性分析

本节将地震地面运动模拟为白噪声过程,建立地震地面运动谱强度与最大加速度均值之间的关系式,进而求出对应不同烈度、不同场地条件的地震地面运动谱强度值,作为桥梁结构地震作用随机反应的地震地面运动输入量。在进行结构随机反应分析时,首先建立了在白噪声作用下,等效线性体系的运动微分方程的表达式,然后通过引入状态向量,将等效线性体系的运动方程转化为一阶等效线性微分方程组,导出了协方差矩阵方程,进而求得了非线性结构随机反应的统计量。研究了桥梁上部结构的可靠性问题。在计算结构地震可靠度时采用了变形破坏准则。

1. 地震地面运动模型

(1) 地震地面运动的时间包线函数

地震地面运动加速度可以表示为:

$$a(t) = f(t)a_s(t) \tag{7.73}$$

式中 $a_s(t)$——均值是零的平稳加速度过程;

$f(t)$——时间包线函数,它是一个确定性的,随时间变化的函数,反映地震动强度的非平稳特性。

关于时间包线函数已经有许多研究,其形状大致可以分为两类:一类为单峰状,另一类是直接分三段表示。后一类模型更能较好反映地震动过程的三个阶段。本节取三分段模型,如下所示:

$$f(t) = \begin{cases} t/t_1 & 0 \leq t < t_1 \\ 1 & t_1 \leq t < t_2 \\ e^{-c(t-t_2)} & t \geq t_2 \end{cases} \tag{7.74}$$

式中 t_1、t_2——分别为地震动强震段的首末时间;

c——控制地震动衰减快慢的参数。

函数 $f(t)$ 的形状如图 7.4 所示。

从图 7.4 可见,时间包线函数 $f(t)$ 的值在时间段 $(0,t_1)$ 内由零增大到 1,代表地震动的起始段;在 t_1 和 t_2 之间 $f(t)$ 取最大值 1,该段代表了平稳持续段;在时间 (t_2,∞),$f(t)$ 由 1 逐渐衰减到 0,该段代表了衰减段。图 7.4 较好反映了地震动过程的三个阶段。针对三种类型的场地土表 7.2 给出了强震段持续时间的均值和变异系数。

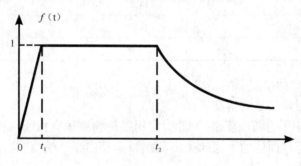

图 7.4 时间包线函数

(2) 地震地面运动平稳化

式(7.73)表示的非平稳加速度可以用一等效平稳加速度表示。该等效平稳加速度所对应的持续时间取为强度超过最大值 50% 的震动时间,可用式(7.74)求得,表示为:

$$t_d = t_2 + \frac{\ln 2}{c} - \frac{t_1}{2} \tag{7.75}$$

强震段持时的均值和变异系数 表 7.2

场 地 条 件	均值(s)	变异系数
软　　土	10.0	0.9
中 等 土	7.0	0.9
硬　　土	5.5	1.0

等效平稳加速度可以通过将非平稳加速度 $a(t)$ 在 t_d 取平均获得,该等效平稳加速度的功率谱密度函数可表示为:

$$S_{\bar{a}}(\omega) = \bar{f} S_{as}(\omega) \tag{7.76}$$

式中　S_{as}——平稳过程加速度的功率谱密度函数。

根据有关文献中给出的时间包络函数的参数值,强震段的首末时间 t_1、t_2 和 c 的值见表 7.3。从而得到等效平稳持时 t_d 和 $\bar{f}$ 的值列表 7.4 中。

时间包线函数的参数值　表 7.3

场地土类别	$t_1(s)$	$t_2(s)$	$c(s^{-1})$
软　　土	1.5	11.5	0.2
中 等 土	1.0	8.0	0.3
硬　　土	0.5	6.0	0.4

等效平稳持时 t_d 和 $\bar{f}$ 值　表 7.4

场地土类别	$t_d(s)$	$\bar{f}$
软　　土	14.22	0.9186
中 等 土	9.81	0.9217
硬　　土	7.48	0.9275

2. 地震地面运动功率谱模型

(1) 地震地面运动功率谱模型述评

对于式(7.73)中平稳随机模型的表征,常用的传统方法有白噪声模型和过滤白噪声模型。最早提出的地震地面运动平稳加速度随机模型是白噪声模型,这种模型的地面加速度的功率谱密度函数为:

$$S_{as}(\omega) = S_0 \tag{7.77}$$

它在 $(-\infty, +\infty)$ 的频域内是常数,与频率无关。虽然这种模型简单,用它来分析结构的随机地震反应非常方便,但是,白噪声的频率无限宽,有其求得的加速度的方差无限大,这与实际地震加速度的频带和方差不符。随后,提出了能较好反映地震动频率特性的平稳过滤白噪声模型。这种模型的地面加速度的功率谱密度函数可以表示成如下的形式:

$$S_{as}(\omega) = \frac{1 + 4\zeta_g^2 (\frac{\omega}{\omega_g})^2}{[1 - (\frac{\omega}{\omega_g})^2]^2 + 4\zeta_g^2 (\frac{\omega}{\omega_g})^2} S_0 \tag{7.78}$$

式中 S_0——基岩白噪声谱强度;

ω_g 和 ζ_g——谱参数,分别代表地表土层的特征频率和阻尼比。

表 7.5 给出了过滤白噪声谱参数 ω_g 和 ζ_g 的统计值(均值和变异系数)。

过滤白噪声谱参数的统计值　　　　表 7.5

场地条件	ω_g 的均值	ω_g 的变异系数	ζ_g 的均值	ζ_g 的变异系数
软 土	10.9	0.43	0.96	0.43
中 等 土	16.5	0.43	0.80	0.43
硬 土	16.9	0.40	0.94	0.39

上式描述的过滤白噪声模型考虑了地表土层的特征对地震动频谱特性的影响,具有明确的物理意义,是目前地震工程中使用较广泛的地震动随机模型。此模型的不足之处在于,当频率 ω 趋于零时,过滤白噪声的谱密度趋于谱强度 S_0,因此,它过分夸大了地震地面运动的低频含量,仅适用于中高频结构的随机地震反应分析。为了克服上述过滤白噪声模型中的不足,有关文献提出了一种改进的地震地面加速度平稳过滤白噪声功率谱密度函数,其具体表达式为:

$$S_{as}(\omega) = \frac{1 + 4\zeta_g^2(\frac{\omega}{\omega_g})^2}{[1-(\frac{\omega}{\omega_g})^2]^2 + 4\zeta_g^2(\frac{\omega}{\omega_g})^2} \frac{\omega^2}{\omega^2 + \omega_c^2} S_0 \tag{7.79}$$

式中 S_0——谱强度:

ω_g 和 ζ_g——谱参数,分别代表地表土层的特征频率和阻尼比。

ω_c——控制地震地面运动低频含量的谱参数,ω_c 越大,地面运动的低频含量越少。

为了确定式(7.79)中的谱参数,表 7.6 利用实际地震加速度记录的功率谱,采用最小二乘法进行计算。

改进的过滤白噪声功率谱参数　　　　表 7.6

场地条件	ω_c (rad/s)	ω_g (rad/s)	ζ_g
软 土	1.503	9.104	1.093
中 等 土	2.301	15.54	0.8523

(2) 地震地面运动功率谱模型的选取

过滤白噪声模型功率谱密度的表达式(7.78)在中高频范围内与实际地震加速度记录的功率谱符合得较好。又由于过滤白噪声模型较简单且应用较方便,本节取地震动加速度的平稳随机模型为过滤白噪声模型,其谱参数可取表 7.5 中的值。

3. 地震地面运动功率谱强度的确定

(1) 地震地面加速度及其导数的方差与谱强度的关系

采用谱密度函数来表示地震动输入时,地震动的强度是用功率谱密度函数的强度来度量的,因而需要建立谱强度与最大地面加速度的关系。等效平稳随机过程的加速度及其导数的方差可表示为

$$\sigma_{\bar{a}}^2 = 2\int_0^{\omega_u} S_{\bar{a}}(\omega)d\omega \tag{7.80}$$

$$\sigma_{\dot{\bar{a}}}^2 = 2\int_0^{\omega_u} \omega^2 S_{\bar{a}}(\omega)d\omega \tag{7.81}$$

式中 ω_u——积分上限。

从理论上讲，ω_u 应取无穷大。但是，若 ω_u 取无穷大，$\sigma_{\dot{\bar{a}}}^2$ 将无界。为了解决这一矛盾，我们将 ω_u 取为 25π。

这样，将式(7.73)和(7.75)分别代入式(7.80)和(7.81)中，并结合表7.4和表7.5，采用数值积分法可算得对应于不同场地条件的 $\bar{a}$ 和 $\dot{\bar{a}}$ 的方差与 S_0 的关系，这些关系列于表7.7中。

地震地面加速度及其导数的方差与谱强度的关系　　　　表7.7

场 地 土 类 别	$\sigma_{\bar{a}}^2$ (cm²/s⁴)	$\sigma_{\dot{\bar{a}}}^2$ (cm²/s⁶)
软　　土	70.49 S_0	43707.16 S_0
中 等 土	97.93 S_0	71323.33 S_0
硬　　土	110.10 S_0	89008.05 S_0

(2) 期望交零率和峰值因子的计算

等效平稳过程的最大加速度的均值可以表示为：

$$E[\bar{a}_{\max}] = p\sigma_{\bar{a}} \tag{7.82}$$

式中 p——峰值因子，可表示为：

$$p = \sqrt{2\ln(f_0 t_d)} + 0.5772/\sqrt{2\ln(f_0 t_d)} \tag{7.83}$$

式中，t_d 为等效平稳持时，见表7.4，f_0 为期望交零率，可表示为：

$$f_0 = \frac{\sigma_{\dot{\bar{a}}}}{\pi\sigma_{\bar{a}}}$$

由式(7.73)和表7.7可以计算出对应不同场地条件的期望交零率 f_0。然后，由式(7.83)和表7.4可以计算出相应的峰值因子 p。结果见表7.8。

期望交零率和峰值因子　　　　表7.8

场 地 土 类 别	$f_0(s^{-1})$	P
软　　土	7.93	3.26
中 等 土	8.59	3.17
硬　　土	9.05	3.10

(3) 谱强度的计算

由式(7.82)及表7.7和表7.8可建立谱强度与地震地面最大加速度均值之间的关系，这些关系列表7.9中。

谱强度 S_0 与最大加速度均值 $E[\bar{a}_{max}]$ 之间的关系　　表7.9

场地土类别	软土	中等土	硬土
S_0	$E^2[\bar{a}_{max}]/749.14$	$E^2[\bar{a}_{max}]/984.09$	$E^2[\bar{a}_{max}]/1058.06$

地震地面运动加速度均值与地震烈度之间的关系,可以取刘恢先等建议的公式,该公式可表示为:

$$a_{max} = 10^{(I \lg 2 - 0.01)} \quad (cm/s^2) \tag{7.84}$$

式中,a_{max} 和 I 分别为地震地面最大加速度和地震烈度。这样,就可以利用式(7.84)和表7.9计算出对于不同烈度、不同场地条件下的地震动谱强度 S_0,其值见表7.10所示。

地震动谱强度 S_0 (cm^2/s^3)　　表7.10

场地	烈度				
	6	7	8	9	10
软土	5.22	20.87	83.45	333.76	1334.86
中等土	3.97	15.89	63.53	254.07	1016.17
硬土	3.69	14.77	59.08	236.31	945.13

7.5.4　桥梁上部结构的随机反应

假设桥梁上部结构为一端铰接,一端摩擦接触,且假设桥墩及上部结构均为刚体运动。则其上部结构在地震作用下,库伦滑动摩擦时的动平衡方程可表为

$$m(\ddot{x}_a + \ddot{x}_s) + \mu mg \, \text{sgn}(\dot{x}_s) + kx_s = 0 \tag{7.85}$$

式中,k 为铰接端的线刚度,m 为一跨桥梁上部结构的质量,x_s、$\dot{x}_s$、$\ddot{x}_s$ 分别为桥梁上部刚体结构相对于桥墩结构的滑动水平位移,速度和加速度,在此假定其分别等于桥墩相对于地面的水平位移,速度和加速度。x_a 为水平 x 方向强度为 $2\pi S_0$ 的地面零均值高斯白噪声激励,g 为重力加速度,μ 为滑动界面上材料的动摩擦系数,$\text{sgn}(\ )$ 为滑动速度的符号函数。

显然式(7.85)是一个二阶的非线性微分方程。令 $y = \dot{x}_s$,则上式变成一个一阶的非线性微分方程。

$$\dot{y} + g(x_s, y) = -\ddot{x}_g \tag{7.86}$$

其中,式(7.86)的等效线性方程为

$$\dot{y} + k_1 x_s + k_2 y = -\ddot{x}_g \tag{7.87}$$

$$g(x_s, y) = \mu g \, \text{sgn}(y) + p^2 x_s$$

$$p^2 = k/m$$

式(7.86)与式(7.87)之差的平方可表为

$$e^2 = [g(x_s, y) - k_1 x_s - k_2 y]^2 \tag{7.88}$$

对其取期望,再对 k_1、k_2 分别求导数,并令其为0,同时假设 x_s、y 的联合概率密度函数为高斯分布,从而可求得使式(7.87)的期望为最小值时的等效线性系数。

$$k_1 = p^2 \qquad k_2 = \sqrt{\frac{2}{\pi}} \mu g / \sigma_y$$

当结构在过滤白噪声作用下,等效线性体系的运动微分方程为
$$\ddot{x}_s + k_2 y + k_1 x_s - 2\xi_a \omega_a \dot{x}_a - \omega_a x_a = 0$$
$$\ddot{x}_a + 2\xi_a \omega_a \dot{x}_a + \omega_a x_a = -a(t)$$

式中 ω_a、ξ_a——土层的特征频率和阻尼比;

x_a——土层相对于基岩的位移;

$a(t)$——基岩的加速度,其为白噪声过程。

引入状态向量 $\{y\} = [y_1, y_2, y_3, y_4]^T = [x_s, \dot{x}_s, x_a, \dot{x}_a]^T$,则上式可表达成如下形式的一阶等效线性方程

$$\{\dot{y}\} + [G]\{y\} = \{f(t)\}$$

式中

$$[G] = \begin{bmatrix} 0 & -1 & 0 & 0 \\ k_1 & k_2 & -\omega_a & -2\xi_a \omega_a \\ 0 & 0 & 0 & -1 \\ 0 & 0 & \omega_a^2 & 2\xi_a \omega_a \end{bmatrix}$$

$f(t) = [0, 0, 0, -a]^T$。假设状态向量 $\{y\}$ 的初始条件为: $\{y\}_{t=0} = \{0\}$。根据一阶常系数线性微分方程理论和随机理论,可以得出如下的微分方程

$$[G][S] + [S][G]^T = [D]$$

式中

$$[D] = \begin{bmatrix} 0 & 0 & 0 & 0 \\ 0 & 0 & 0 & 0 \\ 0 & 0 & 0 & 0 \\ 0 & 0 & 0 & 2\pi S_0 \end{bmatrix}$$

$[S]$——反应向量 $\{y\}$ 的协方差矩阵;

S_0——白噪声 $a(t)$ 的功率谱密度函数。

矩阵 $[G]$ 含有与反应有关的等效线性系数,协方差反应方程需使用迭代法求解。先给出一组等效线性参数的初值,并解出协方差反应,然后再计算等效线性参数,进而再计算出新的协方差反应,重复这一过程,直到等效线性参数或协方差反应收敛为止。

7.5.5 桥梁上部结构的可靠性分析

在随机扰动作用下,桥梁上部结构滑动摩擦的位移反应是一个随机过程,在一个固定的时间间隔内,最大位移反应是一个随机变量,它可表为:

$$x_m = \max[|x(t)|] \qquad 0 \leq t \leq t_d$$

式中 $x(t)$——位移反应过程;

t_d——扰动的持续时间。

假定跨越水平 α 是充分的高,可以认为跨越是独立的,因而在时间间隔 $(0, t)$ 内跨越的次数是一个泊松随机分布过程。因此桥梁上部结构的最大位移 x_s 的概率分布函数可表为

$$F_{x_{s\,max}}(\alpha) = p[|x_{s\,max}| \leq \alpha] = \exp[-vt_d \exp(-\frac{\alpha^2}{2\sigma_x^2})]$$

式中 v——跨越零的期望率;

σ_x——均方根位移反应；

$y = \sigma_{\dot{x}}/(\pi\sigma_x)$，$\sigma_{\dot{x}}$——均方根速度反应。

桥梁上部结构的最大位移反应的均值和方差为

$$m_{x_m} = (D + \frac{r}{D})\sigma_x \qquad \sigma^2_{x_m} = (\frac{\pi}{\sqrt{6}D}\sigma_x)^2$$

式中 r——欧拉常数。

桥梁上部结构的滑离破坏概率为：

$$p_f(x_{s\,max} > B) = 1 - p_s(x_{s\,max} \leq B) = 1\int_{-\infty}^{B} p_{x_{s\,max}}(x_s)dx = 1 - F_{x_{s\,max}}(B)$$

其中，B——桥墩支撑上部结构的允许宽度。若预先给定滑离破坏概率p_f，则桥墩支撑上部结构的滑离宽度为：

$$B = [-2\sigma^2_x \ln \frac{\ln(1-p_f)}{-vt_d}]^{1/2}$$

7.6 梁桥结构系统可靠性分析

在结构工程中，结构的安全性和经济性始终是相互联系和相互制约的一对矛盾，如何协调和处理结构安全性和经济性这对矛盾，在可接受的安全水准下获得最经济的结构方案，或者在有限的资金投入下得到安全性最高的方案是我们的目标。

工程系统各个单体之间具有不可忽视的失效相关性。对于实际上结构系统各单元失效的原因往往具有共同性，例如受到同一地震源的威胁或受到同一飓风的袭击等，这时各单元的失效具有同一随机源，它们应该是强烈相关的随机事件相关问题。建议采用王光远建议的用条件概率来考虑单体之间的失效相关性问题。

对于不同的工程项目组成不同的工程系统，如串联系统、并联系统、候选表决系统、多级递阶系统、网络系统等。桥梁结构可以看成为串联系统，因为其中任何一个单元失效都将导致系统失效的工程项目都可简化为串联系统。这说明，只有在所有的单元都正常工作时，桥梁结构系统才能正常工作。

若记Ω_j为j结构单元有效的事件，则根据概率的乘法公式，可以求出串联工程系统的可靠度为：

$$\varphi = P(\prod_{j=1}^{J}\Omega_j) = P(\Omega_1)P(\Omega_2/\Omega_1)\cdots P(\Omega_j/\Omega_{j-1}\Omega_{j-2}\cdot\Omega_1) \tag{7.89}$$

式中 $P(\Omega_j/\Omega_{j-1}\Omega_{j-2}\cdots\Omega_1)$——单体1到$j-1$均有效时，单体$j$有效的条件概率。

为了求解上式中的条件概率，我们利用条件关联系数μ_j，它与各单元的工作环境，所受荷载的性质，设计荷载的等级，单元的失效准则，条件概率所包含的消息量，相邻单元可靠度的差距等因素有关，这样，如何估算条件概率的问题就转化为如何估算条件关联系数的问题。式(7.89)可以变为：

$$\phi = \prod_{j=1}^{J}[(1-\mu_j)\phi_j + \mu_j]$$

式中 ϕ——考虑单体失效相关性的串联工程系统的总可靠度。

7.7 算例分析

选择一简支梁桥结构分析模型和第二节的有关结果进行计算分析研究,其进行如下假设:基础与桥墩之间为固接,不考虑土——结构相互作用的影响。假设桥梁上部结构一端铰接,一端摩擦接触。本算例选为5跨墩不等高桥梁结构模型,桥全长200m,各跨长分别为40m,墩高分别为15m,18m,20m,20m,16m,12m。墩截面采用同样的截面尺寸,采用目前常用的板式橡胶支座。地震烈度为9度,中等土场地。固定铰支座位于主梁左侧,其刚度取为$k=22000$N/m,滑动支座位于主梁左侧,其摩擦系数$\mu=0.08$;地震持续时间$t_d=10.0$s,假设最大地震地面加速度的均值为500cm/s^2。根据前面给出的有关公式和等效线性参数表达式,可求的桥梁上部结构均方根滑动位移和均方根滑动速度分别为1.17cm和1.21cm/s。若桥墩支撑上部结构的允许宽度为$B=0.35$m、0.4m时,则桥梁上部结构滑离破坏概率分别为9%和1%。桥梁结构系统在$B=0.35$m时的可靠度为92%。

7.8 已建桥梁结构系统加固优化方法研究

7.8.1 已建桥梁结构系统的参数选择

我们选择造价C和损失期望L为桥梁结构系统解耦参数,并以可靠度ϕ为协调参数。运用结构优化方法来解决结构安全性和经济性之间的矛盾。对于工程结构或系统来说,"安全"可以用可靠度描述,因为它的意义是结构或系统在一定时期内和一定条件下正常工作的概率;"经济"可以用造价C和损失期望L综合描述,因为它们既考虑了系统的当前投入,又考虑了它们的长远效益。

已建桥梁结构抗震加固优化问题属于比较复杂的多变量,多约束非线性优化问题。造价和损失期望分别是可靠度的递增和递减函数,因此,必存在一个可靠度能最优化地平衡造价和损失期望,即最优地平衡当前与长远效益。这样,在工程结构系统优化和结构变量设计中的优化目标即转化为使造价和损失期望最小,从而使问题大大的简化。按可靠度(φ_j)设计的结构在其使用期间内的总费用可表为:

$$W(\varphi_j) = C(\varphi_j) + L(\varphi_j)$$

式中　$C(\varphi_j)$——结构的初始造价;

　　　$L(\varphi_j)$——结构在其使用期间内的期望地震损失。

7.8.2 已建桥梁结构系统目标函数分析

工程系统可靠度的计算是其优化过程中非常关键的一环。然而,工程系统各个单体之间具有不可忽视的失效相关性。对于实际上结构系统各单元失效的原因往往具有共同性,例如受到同一地震源的威胁或受到同一飓风的袭击等,这时各单元的失效具有同一随机源,它们应该是强烈相关的随机事件相关问题。我们采用王光远建议的用条件概率来考虑单体之间的失效相关性问题。

我们把桥梁结构系统简化为串联系统,其中任何一个墩,梁单元失效都将导致结构系统失效,这说明,只有在所有的单元都正常工作时,桥梁结构系统才能正常工作。若记Ω_j为j

结构单元有效的事件,则根据概率的乘法公式,可以求出串联工程系统的可靠度为:

$$\varphi = P(\prod_{j=1}^{J}\Omega_j) = P(\Omega_1)P(\Omega_2/\Omega_1)\cdots P(\Omega_j/\Omega_{j-1}\Omega_{j-2}\cdot\Omega_1) \quad (7.90)$$

式中 $P(\Omega_j/\Omega j-1\Omega_{j-2}\cdots\Omega_1)$——单体1到$j-1$均有效时,单体$j$有效的条件概率。

为了求解上式中的条件概率,我们利用条件关联系数μ_j,它与各单元的工作环境,所受荷载的性质,设计荷载的等级,单元的失效准则,条件概率所包含的消息量,相邻单元可靠度的差距等因素有关,这样,如何估算条件概率的问题就转化为如何估算条件关联系数的问题。式(7.90)可以变为:

$$\phi = \prod_{j=1}^{J}[(1-\mu_j)\phi_j + \mu_j]$$

式中 ϕ——考虑单体失效相关性的串联工程系统的总可靠度;

μ_j——条件关联系数,其评估方法见相关文献。

7.8.3 工程系统的加固总投入和损失期望

根据相关文献讨论的单个结构的造价与其可靠度的关系以及半经验半理论的公式,将其应用于工程系统的单元(结构)j中,当考虑新建单元造价和拆除重建费用的增加,则重建造价为:

$$\Delta C_j = C_j\gamma_j = \left[1 - \frac{1}{\alpha_j}\ln(1-\varphi'_j)\right]\beta_j\gamma_j$$

式中 C_j——新建单元的造价;

β_j——ϕ_j趋于0时的造价;

α_j——地震作用强度有关;

γ_j——拆除重建和新建费用的比值。

它们须根据结构服役期中可能遇到的最大外界作用,结构的抗力(设防水平)和结构的失效准则评估。

而补强加固投入与可靠度间有如下函数的关系:

$$\Delta C_j = \xi_j \ln\left(\frac{1-\varphi_j}{1-\varphi'_j}\right)$$

式中 ξ_j——加固后的失效概率;

$1-\varphi'_j$——加固前的失效概率$1-\varphi_j$的$1/e$时所需的费用,其值可用半经验半理论的方法评估。

在补强加固有效投资限制下,单元可靠度的提高也有一定的限值,即

$$\Delta\phi_{j,\max} = k_j\alpha_j(1-\phi_j)$$

式中,k_j值可根据不同结构的具体情况参考专家经验给出。当系统加固要求某单元可靠度提高超过此限值时,即需考虑拆除置换的办法提高单元可靠度。

系统加固的损失期望为各单元破坏后的损失期望(直接与间接损失期望)之和,可用下式表示:

$$L_s = \sum_{j=1}^{J}(1-\varphi'_j)C_T(\gamma_j C_j + M_j)$$

式中 C_T——未来服役期T年内的价格变化率;

M_j——损失期望中除重建费用外的所有直接与间接损失期望之和,具体的评估方法可参见文献[3][4]。工程系统总损失期望分别为各结构造价和损失期望之和。

工程系统的加固总投入可表示为：

$$W_s = \Delta C_s + L_s = \sum_{j=1}^{J} \Delta C_j + \sum_{j=1}^{J} (1 - \varphi'_j) C_T (\gamma_j C_j + M_j)$$

7.8.4 已建桥梁结构系统加固优化方法研究

为了减少未来地震引发的损失,我们利用全局和系统工程的观点,在工程系统全局优化的指导与控制下,对已建立交桥结构进行抗震加固优化研究。对于已建桥梁结构抗震优化加固,往往仅需以较少的投入在原有结构的基础上,采用补强加固的方法而能使可靠度达到一定的要求,但对于某些已建桥梁结构(年久失修)拆除重建有时比补强加固更能经济有效地提高系统的可靠度。因此,在加固决策时应同时考虑这两种方案进行优化选择。

如果工程决策给定了已建桥梁结构工程系统的总可靠度,则优化设计的目的就是在实现总可靠度的条件下使已建立交桥工程结构的造价和损失期望最小。求加固后的单元可靠度向量$(\phi'_1, \phi'_2, \cdots \phi'_j)$,使加固总投入

$$W_s = \Delta C_j + L_j = \min$$

并满足

$$\varphi'_s = \prod_{j=1}^{J} [\mu_j + (1-\mu_j)\varphi_j] \geqslant \varphi_0$$

式中　φ'_s——加固后已建立交桥结构系统的可靠度值；
　　　φ_0——加固后已建桥梁结构系统的可靠度的下限值。

用拉格朗日乘子法解此问题,相应的拉格朗日函数为：

$$L(\overline{\varphi}_j, \lambda) = W_s + \lambda(\varphi_0 - \varphi'_s) \tag{7.91}$$

使目标函数为最大的极值条件为：

$$\frac{\partial L}{\partial \varphi'_j} = \frac{\partial W_s}{\partial \varphi'_j} - \lambda \frac{\partial \varphi'_s}{\partial \varphi'_j} = 0 \quad \frac{\partial L}{\partial \lambda} = \varphi_0 - \varphi'_s(\varphi'_j) = 0 \tag{7.92}$$

对非线性方程组(7.92)迭代求解,即可求出使已建桥梁结构系统总投入最小的值和单元加固后的可靠度向量以及相应的加固方案。

7.8.5 算例分析

我们把已建桥梁结构作为工程系统进行研究,根据前面所述的方法对其进行抗震加固优化分析。我们假设工程决策给定了桥梁工程系统的总可靠度为0.9,则优化设计的目标就是在实现总可靠度的条件下使工程的造价和损失期望最小。见图7.5,其相应的各单元的可靠度及参数见表7.11,计算后可得出已建桥梁结构系统在总可靠度一定时单元加固后的可靠度向量以及相应的加固方案。不需加固的单元有2、3、4、6、9、11、13、15；需加固的单元有5、7、12、14,相应的加固费用分别为0.03万元、0.49万元、4.6万元、4.78万元；重建的单元有1、8、10,相应的重建费用分别为16.17万元、31.8万元、15.6万元。

单元重要度及经济参数　　　　　　　　表7.11

单元参数	ξ_j	α_j	β_j(万元)	φ_j	M_j(万元)	$\Delta\varphi_{j\max}$	γ_j
1	1.5	0.7	1.6	0.98	1.2	0.0021	1.5
2	2.3	7.8	24.0	0.9	15.0	0.03	5.8
3	1.6	1.6	5.5	0.95	3.0	0.006	1.8

续表

单元参数	ξ_j	α_j	β_j(万元)	φ_j	M_j(万元)	$\Delta\varphi_{j\,max}$	γ_j
4	2.2	6.5	26.0	0.92	16.0	0.05	7.6
5	1.8	0.9	2.0	0.93	1.5	0.008	1.8
6	2.0	0.7	1.6	0.89	1.2	0.009	1.5
7	1.9	7.8	24.0	0.87	15.0	0.10	5.8
8	2.4	1.6	5.5	0.88	3.0	0.01	1.8
9	1.85	6.5	26.0	0.93	16.0	0.04	7.6
10	2.5	0.9	2.0	0.82	1.5	0.002	1.8
11	1.92	0.7	1.6	0.88	1.2	0.01	1.5
12	2.4	7.8	24.0	0.80	15.0	0.18	5.8
13	1.6	1.6	5.5	0.92	3.0	0.01	1.8
14	2.6	6.5	26.0	0.78	16.0	0.19	7.6
15	1.5	0.9	2.0	0.89	1.5	0.01	1.8

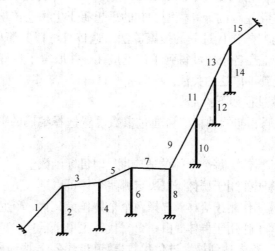

图 7.5 已建桥梁结构工程系统模型

第8章 遗传算法在桥梁结构可靠性分析中的应用

8.1 遗传算法简介

近年来,随着电子计算机在工程领域的大范围应用[9],工程界引入了智能化的遗传算法,遗传算法(Genetic Algorithm)是模拟生物在自然环境中的遗传和进化而形成的一种自适应全局优化概率搜索算法。它将生物进化原理与最优化技术和计算机技术完美结合起来,克服了传统优化方法容易陷入局部极小值的缺点,创造了一种全新的优化方法,并以其优良的计算性能和显著的应用效果在国民经济各个行业和多个学科领域获得了广泛的应用和关注。

遗传算法最先由美国密执安大学的 Holland 教授 1975 年提出,是模拟达尔文的遗传选择和自然淘汰的生物进化过程的计算模型。它的思想源于生物遗传学和适者生存的自然规律,是具有"生存+检验"的迭代过程的搜索算法。遗传算法以其简单通用、适于并行处理及高效实用等显著特点,在各个领域得到了广泛应用,并取得了良好效果。作为一种新的优化技术,遗传算法受到了广泛的关注。

遗传算法主要运算过程如下:

(1)初始化生成编码和初始种群。可通过参数设置选择编码的形式,浮点编码或二进制编码。

(2)个体评价:计算群体中每个个体的适应度,即目标函数值。

(3)选择:将选择算子作用于群体,以决定哪些个体可以进入下一代。

(4)交叉:将交叉算子作用于群体,选择两个个体作为父代,产生两个子代个体。

(5)变异:将变异算子作用于群体,由一个父代产生单个子代。

(6)终止条件判断:若未达到最大进化代数,转道步骤2;若达到最大进化代数,则以进化过程中所得到的具有最大适应度的个体作为最优解输出,终止计算。

使用遗传算法解决问题有以下几个优点:

(1)遗传算法采用自然进化机制来表现复杂现象,以决策变量的编码作为运算对象,这种对决策变量的编码处理方式,使优化计算过程中可以借鉴生物学中染色体和基因等概念,模仿自然界中生物的遗传和进化等机理。

(2)遗传算法仅用适应度函数的数值来评估基因个体,并在此基础上进行遗传操作,不仅不受连续可微的约束,且定义域可随意设定,以目标函数值作为搜索信息。这一特性对处理很多目标函数无法或很难求导的函数,或导数不存在的函数优化问题极为方便。

(3)遗传算法的群体搜索特性,使遗传算法具有较好的全局搜索能力,也使得遗传算法本身易于并行化。并且,遗传算法的搜索不容易陷入局部最优,并且其可扩展性,易于同别的技术混合等特性都使得其在工程领域广泛得到应用。

在传统可靠度计算中,通常使用的是一次二阶矩方法,由于其分析方法求解验算点,需要求算功能函数的一阶导数,这就需要功能函数连续,另一方面很多函数的一阶偏导数的求解也很困难。还有就是一次二阶矩方法分析过程以收敛而不是距离最短为计算目标,当遇到多峰性功能函数时,由于出始点选择的不同,收敛于局部验算点甚至不收敛的可能性总是存在的。而利用遗传算法就可以避开函数求导和克服由于初始点选择而导致的不收敛问题。

8.2 遗传算法的基本原理

遗传算法将待优化问题转化成某个适应值函数(Fitness function)的极大化问题。遗传算法作用于原问题变量的以有限长度编码形式表示的染色体(通常选二进字符制)个体。在搜索空间中的每个个体有一个与之关联的功能值叫适应度,适应度代表了个体的强壮性。一对个体称为母体,母体组成的集合构成母体空间。例如长度为 l,由 0 和 1 组成的字符串 X 称为 $l-$个体 X,l 为个体的链长,l 个体的全体 $S=\{0,1\}^l$ 称为个体空间。任意 N 个个体组成的集合即为一个种群,种群规模 N 在迭代过程中一般是固定的。遗传算法是对种群通过遗传机制模拟自然进化过程而不断产生新一代种群,并使新一代种群有更好的性质。遗传机制主要包括选择、杂交和变异。

8.2.1 编码(Coding)

在遗传算法中,编码方式决定了对问题的求解精度、算法的困难程度和对所解问题的解释。常用的编码方案有二进制编码、灰色编码、动态参数编码、多值编码、实值编码和区间编码等。这些编码各有优缺点,目前还缺乏一种理论来判断各种编码方法的好坏并指导对它们的设计。二进制编码由于比较容易实现而被广泛采用,但其缺点是出现不连续问题即欧氏空间中邻近点的二进制编码在 Hamming 距离下并不邻近。灰色编码使这个问题得到了解决。

8.2.2 选择算子(Select)

选择是遗传算法中最主要的机制,也是影响遗传算法性能的最重要的因素。选择算子是在一个种群中选择一个个体,它是随机映射 $T_s:S^N \to S$,通常的方法是,按照概率规则 $T_s:S^N \to SP\{T_s^a(\overline{X})\} = \{X_i\} = \dfrac{f^a(x_i)}{\sum_{K=1}^{N} f^a(x_K)}$ 选择,这里 $\overline{X} = \{X_1, X_2, \cdots, X_N\}$,$f(X_i)$ 表示种群 $\overline{X}$ 中的个体 X_i 的适应值,$0 \leq \alpha \leq \infty$,当 $\alpha = 1$ 时称为比例选择算子,简记为 T_s。在选择算子中,适应值大的个体容易被选中。选择算子只是在一个固定的种群中进行选择,因而种群之外更好的个体是不可能选择得到的。常用的选择算子有比例选择、秩选择和适应值函数的尺度变换选择等。

8.2.3 杂交算子(Crossover)

杂交是遗传算法中模拟生物有性生殖的一种操作机制。杂交算子是母体空间到个体空间的映射,记为 $T_c:S^2 \to S$。单点杂交算子等概率的随机确定一个基因位置作为杂交点,再把一对母体两个个体从杂交点分成前后两个部分,交换两个个体的后半部分得到两个新个体,取第一个个体为杂交结果。

单点随机杂交算子等概率的随机确定一个基因位置做为杂交点,再把一对母体两个个体从杂交点分为前后两个部分,以概率 P_c 交换两个个体的后半部分,得到两个新个体,取第一个个体为杂交结果。确定两个基因位置,将一对母体两个个体分成三部分,交换中间部分,称为双点杂交算子。这种情形同样有双点杂交与双点随机杂交之分。

均匀随机杂交算子,独立地以概率 P_c 把母体的第一个个体的相应的分量交换为第二母体的相应分量,从而得到杂交结果。许多学者认为单点杂交优于多点杂交和均匀杂交,其观点是建立在 Holland 的 Schema 定理基础上,但 Schema 定理中只考虑了杂交的破坏作用而未考虑其建设性作用;同时,也有越来越多的实验结果显示了多点杂交和均匀杂交的优点。

8.2.4 变异算子(Mutation)

如果只有选择和变异的操作,就可能丢失一些适应值好的个体。为此,模拟生物变异在遗传算法中引入了变异操作。变异算子是个体空间到个体空间的随机映射 $T_M:S \rightarrow S$,其作用方式为独立地以概率 P_m 改变个体分量(基因)取值,P_m 称为变异概率。杂交和变异是遗传算法中争议比较激烈的两种机制。经典的观点基于著名的建筑块假设(Building block hypothesis),它强调杂交的作用(这一假设并未得到证明),并且认为杂交机制中强度最弱的单点杂交是最好的,这一观点与生物学中的实际观察相符。有很多学者正从理论和实验两个方面探讨变异机制在遗传算法中所起的作用。

8.3 遗传算法步骤

8.3.1 基本遗传算法的步骤

若用 $X_i(t)$ 表示第 t 代种群的第 i 个个体,则标准遗传算法的迭代过程可描述为:

第 1 步 置 $t=0$,随机产生初始种群 $X(0) = \{X_1(0), X_2(0), \cdots, X_N(0)\}$;

第 2 步 独立地从当前种群中选取 N 对母体;

第 3 步 独立地对所选 N 对母体实施杂交生成 N 个中间个体;

第 4 步 独立地对 N 个中间个体进行变异得到 $(t+1)$ 代种群 $X(t+1) = \{X_1(t+1), X_2(t+1), \cdots, X_N(t+1)\}$;

第 5 步 停止或置 $t=t+1$ 并返回第 2 步。

遗传算法的终止条件常用的有:①指定遗传的代数 t,在一定代的遗传后终止。②以染色体的适应度作为条件,当染色体的适应度达到某一指定值时终止。③当群体中所有的染色体都达到一定的相似程度时(大部分的染色体在许多位置都有相似的位)终止。

从标准的遗传算法可以看出,遗传算法作为一种自适应的随机搜索方法,其搜索方式是由当前种群所提供的信息而不是由单一的方向或结构决定的;同时,它将多个个体作为可能的解并考虑搜索空间全局范围内的抽样,如此导致其能以更大的可能性收敛到全局最优解。由于这些特性,遗传算法能够成功地用于求解众多不同的复杂而困难的优化问题,包括非数值优化问题。如图 8.1 所示。

8.3.2 遗传算法解决问题的优点

使用遗传算法解决问题有以下几个优点:

(1)遗传算法采用自然进化机制来表现复杂现象,以决策变量的编码作为运算对象,这种对决策变量的编码处理方式,使优化计算过程中可以借鉴生物学中染色体和基因等概念,模仿自然界中生物的遗传和进化等机理。

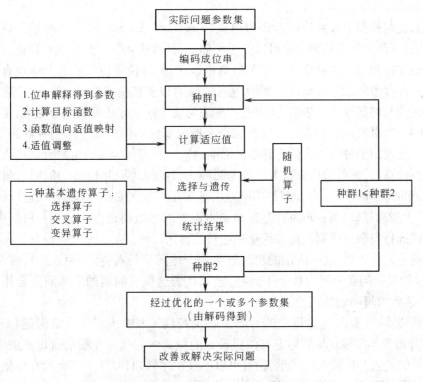

图 8.1 遗传算法流程图

(2)遗传算法仅用适应度函数的数值来评估基因个体,并在此基础上进行遗传操作,不仅不受连续可微的约束,且定义域可随意设定,以目标函数值作为搜索信息。这一特性对很多目标函数无法或很难求导的函数,或针对导数不存在的函数优化问题极为方便。

(3)遗传算法的群体搜索特性,使遗传算法具有较好的全局搜索能力,也使得遗传算法本身易于并行化。并且,遗传算法的搜索不容易陷入局部最优,并且其可扩展性,易于同别的技术混合等特性都使得其在工程领域广泛得到应用。

在传统可靠度计算中,通常使用的是一次二阶矩方法[5],由于其分析方法求解验算点,需要求算功能函数的一阶导数,这就需要功能函数连续,另一方面很多函数的一阶偏导数得求解也很困难。还有就是一次二阶矩方法分析过程以收敛而不是距离最短为计算目标,当遇到多峰性功能函数时,由于出始点选择的不同,收敛于局部验算点甚至不收敛的可能性总是存在的。而利用遗传算法的个优点就可以避开函数求导和克服由于初始点选择而导致的不收敛问题。

8.4 遗传算法执行策略

提高遗传算法的性能,近年来在算法设计与执行策略方面有了很大进展,人们关注的焦点有遗传算法与模拟退火算法或局部优化方法的结合、并行遗传算法(Parallel Genetic Algorithm)、合作演化遗传算法(Cooperative Coevolutionary GA, CCGA)和混乱遗传算法(Messy Genetic Algorithm)等。

遗传算法与模拟退火算法结合模拟退火(Simulated Annealing)是一种基于热力学理论的优化方法,其最大特点是搜索中可以摆脱局部解,并有着完善的全局收敛理论。遗传算法中的选择操作以和各个体的适应度有关的概率来进行,即使适应很低的个体也有被选中的机会。通过在搜索中动态控制选择概率,遗传算法可以实现模拟退火中的温度控制。

遗传算法与局部优化方法结合,把遗传算法与局部搜索方法有机结合起来,是改进遗传算法性能的一种卓有成效的方法。这种混合型遗传算法不但模拟了生物种群的学习过程,而且事实上还模拟了种群的个体在其生命周期内具有学习行为这一生物形象。

并行遗传算法,并行遗传算法大致分为两种,一种是岛模型(Island Model);另一种是细胞模型(Celllular Model)。岛模型的实施方法是在几个独立按经典 GA 方式运行的种群(称作子种群)中加入迁移(Migration)因素;而细胞模型的实施则是在一个单一种群中,通过对经典整体性选择与杂交机制的局部优化来达到并行化目的。

合作演化遗传算法,这一方法的思想是生物个体间不但有竞争,而且还具有合作行为。CCGA 通过把复杂问题分解为数个子问题,通过代表这些子问题的个体间既合作又竞争的演化过程,达到求解问题的目的。

混乱遗传算法,混乱遗传算法的目的是解决经典 GA 中所谓的联结问题(Linkage age problem),即经典 GA 很容易破坏定义位置较远的模式的问题。在混乱遗传算法中,个体由其每个分量的位置与取值共同表示,位置可以不按次序排列,即并不要求所有分量都在个体的表示中出现。事实上,混乱遗传算法直接操作的对象既有个体也有 Schema,这自然使它丧失了只操作个体的经典 GA 所具有的隐含并行性。混乱遗传算法的理论基础、算法设计及实验比较,都是今后有待探讨的课题。

8.5 遗传算法的收敛性

遗传算法的收敛性通常指遗传算法所生成的迭代种群(或其分布)收敛到某一稳定状态(或分布),或其适应值函数的最大或平均值随迭代趋于优化问题的最优值。依不同的研究方法及所应用的数学工具,收敛性分析可分为 Vose Liepins 模型、Markov 链模型、公理化模型等。

1. Voselie 模型

这类模型是 Vose 和 Liepins 中提出来的。它用两个矩阵算子分别刻画比例选择与组合算子(即杂交算子与变异算子的复合),通过这两个算子不动点的存在性与稳定性来刻画遗传算法的渐近行为。Vose Liepins 模型虽然在种群规模无限的假设下可精确刻画遗传算法,但在有限规模情形下却只能描述遗传算法的平均形态。为了克服这个缺陷,Nix 和 Vose 结合 Vose Liepins 模型与 Markov 链描述,发展了遗传算法的一个精确 Markov 链模型。Nixvose 的有限种群模型虽然描述了遗传算法的演化过程,但其概率转移矩阵极其复杂,基于这个模型分析遗传算法收敛状态是相当困难的。人们已经注意到第一 Vose Liepins 模型只适用于简单遗传算法,即应用比例选择、单点杂交和单点变异,还没有推广到更具实用性的其他遗传算法执行策略,如杰出者选择(elitist selection)、锦标赛选择(tournament selection)加多点杂交、均匀杂交等);第二 Vose Liepins 模型不易处理变异、杂交概率随时间变化的情形,其框架亦很难推广到描述一般非二进制或连续变量情形的遗传算法。

2. Markov 链模型

近年来,人们建立起了不同形式的遗传算法马氏链模型,对遗传算法的极限行为进行了各种角度的刻画。遗传算法的马氏链模型主要有三种,分别是种群马氏模型、Vose 模型和 Cerf 扰动马氏链模型。种群马氏链模型将遗传算法的种群迭代序列视为一个有限状态马氏链来加以研究。主要是运用种群马氏链转移概率矩阵的某些一般性质,分析遗传算法的极限行为。在 Vose 模型中,种群的状态由一个概率向量表示,概率向量的维数为所有可能个体的数目,当种群规模趋于无穷大时,相对频率的极限就代表了每一个个体在种群中出现的概率。在无限种群规模假设下,可以导出表示种群的概率向量的不动点及其稳定性,从而导致对遗传算法极限行为的刻画。

3. 公理化模型

近年提出了一个既可用于分析时齐又可分析非时齐遗传算法的公理化模型。这一方法的核心思想是:通过公理化描述遗传算法的选择算子与重组算子(该文献中称之为演化算子),所引进的参量能方便地确定,因而这一模型具有重要的理论意义与实用价值。文献[3]还通过详细估计常见选择算子与演化算子的选择压、选择强度、保存率,迁入率、迁出率等参数,导出了一系列具有重要应用价值的遗传算法收敛性结果。公理化模型也可用于其他模拟演化算法的收敛性分析。

8.6 遗传算法在结构可靠性分析中的应用

假定 $X_1, X_2, \cdots\cdots, X_n$ 是结构中 n 个任意分布的独立随机变量,由这些随机变量表示的结构极限状态函数为: $Z = g(X_1, X_2, \cdots, X_n) = 0$,将非正态变量当量正态化,其正态化原则可以采用拉克维茨 – 菲斯莱法(简称 R – F)法,其基本原理是要求用来代替非正态分布的当量正态分布满足两个条件:

(1)在设计验算点处,当量正态分布的累积概率分布函数值 $F'(X_i^*)$ 和原分布的累积概率分布函数值 $F'(\widehat{X}_i^*)$ 相等。

(2)在设计验算点处,当量正态分布的概率密度值 $f'(X_i^*)$ 和原分布的概率密度值 $f'(\widehat{X}_i^*)$ 相等。

利用上述正态化原则,得到等效正态分布的均值和标准差:

$$\sigma_{x_i} = \varphi\{\phi^{-1}[F_x(X_i^*)]\}/f_{x_i}(X_i^*) \tag{8.1}$$

$$\mu_{x_i} = x_i^* - \phi^{-1}\{[F_{x_i}(X_i^*)]\}/\sigma'_{x_i} \tag{8.2}$$

其中,$\varphi(\cdot)$ 为标准正态分布随机变量的概率密度函数,则可得可靠度指标:

$$\beta = \sqrt{\sum \widehat{X}_i^{*2}} = \sqrt{\sum [X_i^* - \mu_{x_i}]/\sigma'_{x_i}} \tag{8.3}$$

然后根据可靠度指标 β 的几何意义,开始时验算点未知,把 β 看成极限状态曲面上点 $P(X_1,X_2,\cdots\cdots,X_n)$ 的函数,通过寻找 β 的最小值,即可得到可靠度指标 β 和验算点,求解可靠度指标的问题可化为有约束求最小值问题:

目标函数 $\quad \beta^2 = \sum \hat{X_i}^{*2} = \sum [X_i^* - \mu_{x_i}]/\sigma'_{x_i}]^2$

约束条件 $\quad Z = g(X_1^*,X_2^*,\cdots,X_n^*) = 0$

对于正态分布和对数正态分布可进一步简化为:

(1)正态分布

$$\mu'_{x_i} = \mu_{x_i}$$
$$\sigma'_{x_i} = \sigma_{x_i}$$

(2)对数正态分布

$$\mu'_{x_i} = X_i^*[1 - \ln X_i^* + \ln(\mu_{x_i}/\sqrt{1+V_{x_i}^2})]$$
$$\sigma'_{x_i} = X_i^* \sqrt{\ln(1+V_{x_i}^2)}$$

式中,V_{x_i} 为 X_i 的变异系数。

对于上面的约束优化,对于一般工程可靠度问题,由于极限状态函数容易把其中一个变量化成其他变量来表示:

$$X_i = g'(X_1,X_2,\cdots,X_{i-1},X_{i-2},\cdots,X_n)$$

于是(8.3)式可转化为无约束优化模型:

Minimize $\beta^2 = (X_1^* - \mu'_{x_1})^2/\sigma'^2_{x_1} + \cdots\cdots + \{g'(X_1^*,\cdots,X_{i-1}^*,X_{i+1}^*,\cdots,X_n^*) - \mu'_{x_i}\}^2 + (X_n^* - \mu'_{x_n})/\sigma'_{x_n}$

如某些极限状态函数中,无法将其中之一变量用其他变量表示,则在遗传算法中对约束条件进行处理,目前使用较多的有搜索空间限定法、可行解变换法、罚函数法,我们主要使用罚函数法来控制边界条件问题。

罚函数法的基本思想是对在解空间中无对应可行解的个体计算其适应度时,处以一个罚函数,从而降低该个体的适应度,使该个体被遗传到下一代群体的概率减小。可以用下式对个体的适应度进行调整:

$$F'(x) = \begin{cases} F(x) & x \text{ 满足约束条件} \\ F(x) - P(x) & x \text{ 不满足约束条件} \end{cases}$$

式中 $F(x)$ ——原适应度;

$F'(x)$ ——调整后的新适应度;

$P(x)$ ——罚函数。

而如何确定合理的罚函数是这种处理方法难点之所在,在考虑罚函数时,既要度量解对约束条件不满足的程度,又要考虑计算效率。

8.7 算例分析

某无铰拱桥设在地震频繁的地带,其拱圈的设计基本资料如下:桥体为钢筋混凝土结构,净跨径 $l_0 = 40m$,净矢高 $f_0 = 8m$,$f_0/l_0 = 1/5$,拱圈界面尺寸为 $0.9m \times 0.9m$(单筋等截面),

计算跨径取 $L=40.6111\text{m}$,矢高 $f=8.1139\text{m}$,弹性模量 $E=3.3\text{e}10$,质量密度为 $\text{MEDN}=2600$,泊松比 $\mu=1/6$,地震烈度为Ⅶ度,水平地震系数0.1,Ⅱ类场地,桥型如图8.2、图8.3所示:

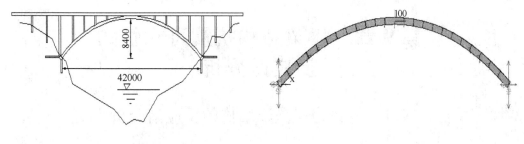

图8.2　拱桥模型　　　　　　　　　　　　图8.3　拱圈模型

现就其拱圈进行动力分析,找出危险截面(图8.4),用拟静力方法建立结构承载力极限功能函数,由于主要考虑地震荷载,设其功能函数:

$$Z = R - S \tag{8.4}$$

考虑钢筋混凝土界面材料性能的不确定性,几何参数的不确定性,计算模式的不确定性等服从对数正态分布,其最大弯曲失效的截面可靠度计算结果见表8.1。

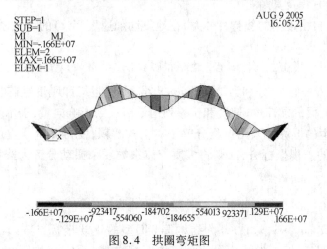

图8.4　拱圈弯矩图

抗震可靠度指标及失效概率　　表8.1

遗传算法			JC算法	
迭代次数	可靠度指标 β	失效概率 P_f	可靠度指标 $\beta=2.7651$	失效概率 $P_f=1.6532\times10^{-3}$
50	2.7598	1.6438×10^{-3}		
80	2.7668	1.6561×10^{-3}		
100	2.7657	1.6526×10^{-3}		

第9章 桥梁结构抗震可靠性的反应谱分析

9.1 一致地震激励结构的反应谱分析

对于一致地震激励作用下线弹性结构的动力分析,经典的反应谱组合理论,比如 SRSS 方法,完全组合公式 CQC 和 DSC 等,具有计算量少、计算精度良好等优点,已被广大的设计工程师所接受和应用。但是,严格意义上讲,这些公式只能给出结构地震反应最大值的均值,而不能给出反应最大值的方差。因此,就难以实施正确的结构抗震可靠性分析。Kiureghian(1981)首先根据随机振动理论,推导给出了基于反应谱的结构随机反应的方差公式,这一基本公式为在结构抗震可靠性分析中合理应用反应谱理论提供了契机。

9.1.1 运动方程及其解答

对于离散的、自由度为的线弹性体系,在地震动加速度 $\ddot{X}(t)$ 的一致激励作用下,其运动方程可表示为

$$[M]\{\ddot{X}\} + [C]\{\dot{X}\}[K]\{X\} = -[M]\{I\}\ddot{X}_g(t) \tag{9.1}$$

式中,$[M]$、$[C]$ 和 $[K]$ 分别为结构的 $n \times n$ 维质量、阻尼和刚度矩阵 $\{\ddot{X}\}$、$\{\dot{X}\}$ 和 $\{X\}$ 分别为结构相对于地面的加速度、速度和位移列向量;$\{I\}$ 为影响向量,表示基础发生单位位移时结构各结点产生的位移。采用振型分解法对上式解耦,使得 n 个联立运动微分方程转换为 n 个相互独立的正规坐标方程,则将多质点体系的复杂振动分解为按各个振型独立振动的叠加,即

$$\{X\} = \sum_{j=1}^{n}\{\varphi_j\}u_j = [\phi]\{u\} \tag{9.2}$$

其中 $\{u\} = [u_1, u_2, \cdots, u_n]^T$,$u_j$ 为结构第 j 振型的正规坐标;$[\phi] = [\{\varphi_1\}, \{\varphi_2\}, \cdots, \{\varphi_n\}]$ 称为振型矩阵,$\{\varphi_j\}$ 为结构第 j 振型的振型向量,假定结构阻尼为比例阻尼,将式(9.2)代入式(9.1),并利用振型的正交条件可得到

$$\ddot{u}_j + 2\beta_j\omega_j\dot{u}_j + \omega_j^2 u_j = -\gamma_j \ddot{X}_g \quad (j=1,2,\cdots,n) \tag{9.3}$$

其中,ω_j 和 β_j 分别表示结构第 j 振型的自振频率和阻尼比;γ_j 为结构第 j 振型的振型参与系数,由下式计算

$$\gamma_j = \frac{\{\varphi_j\}^T[M]\{I\}}{\{\varphi_j\}^T[M]\{\varphi_j\}} \tag{9.4}$$

引入 $\ddot{u}_j(t) = \gamma_j \ddot{\delta}_j(t)$ 则有

$$\ddot{\delta}_j + 2\beta_j\omega_j\dot{\delta}_j + \omega_j^2\delta_j = \ddot{X}_g(t) \quad (j=1,2,\cdots,n) \tag{9.5}$$

可见,$\delta_j(t)$ 表示一系列具有单位质量、频率为 ω_j,和阻尼比为 β_j 的单自由度体系在 $\ddot{x}_g(t)$ 作用下的地震反应。

令 $Z(t)$ 代表结构某一点的地震反应(如结点位移、杆件内力等),则可将其用结点位移反应 $\{X(t)\}$ 表示为

$$Z(t) = \{q\}^T \{X(t)\} \tag{9.6}$$

其中, $\{q\}$ 为转换向,是结构的几何和物理特性的函数。将式(9.2),式(9.5)代入式(9.6)有

$$Z(t) = \sum_{j=1}^{n} b_j \delta_j(t) \tag{9.7}$$

其中

$$b_j = \gamma_j \{q\}^T \{\varphi_j\} \quad (j=1,2,\cdots,n)$$

9.1.2 一致地震激励时结构的反应谱分析

若假设地震动 $\ddot{X}_g(t)$ 具有功率谱密度函数 $S_{\ddot{X}_g}(\omega)$ 的零均值平稳高斯过程[34],则反应量 $Z(t)$ 的功率谱密度函数可表示为

$$S_Z(\omega) = \sum_{i=1}^{n}\sum_{j=1}^{n} b_i b_j H_i(i\omega) H_j(-i\omega) S_{\ddot{X}_g}(\omega) d\omega \tag{9.8}$$

式中, $H_i(i\omega) = 1/(\omega_i^2 - \omega^2 + 2i\beta_i\omega_i\omega)$ 为频率为 ω_i 和阻尼比为 β_i 的第 i 振型的频率响应函数。

反应的功率谱密度函数的矩为

$$\lambda_m = \int_{-\infty}^{+\infty} \omega^m S_Z(\omega) d\omega = \sum_{i=1}^{n}\sum_{j=1}^{n} b_i b_j \lambda_{m,ij} \tag{9.9}$$

其中

$$\lambda_{m,ij} = \mathrm{Re}\left[\int_{-\infty}^{+\infty} \omega^m H_i(i\omega) H_j(-i\omega) S_{\ddot{X}_g}(\omega) d\omega\right] \tag{9.10}$$

并引入相关系数 $\rho_{m,ij} = \lambda_{m,ij}/\sqrt{\lambda_{m,ii}\lambda_{m,jj}}$

众所周知 $\lambda_0 = \sigma_Z^2$ 和 $\lambda_2 = \sigma_{\dot{Z}}^2$ 分别为反应 $Z(t)$ 及其导数 $\dot{Z}(t)$ 的均方反应。同理, $\lambda_{0,ji}$ 和 $\lambda_{2,ji}$ 分别为第 i 正规坐标 $\delta_i(t)$ 及其导数 $\dot{\delta}_i(t)$ 的均方反应。于是, σ_Z^2 和 $\sigma_{\dot{Z}}^2$ 进一步表示为

$$\sigma_Z^2 = \sum_{i=1}^{n}\sum_{j=1}^{n} b_i b_j \rho_{0,ij} \sigma_{\delta_i} \sigma_{\delta_j} \tag{9.11}$$

$$\sigma_{\dot{Z}}^2 = \sum_{i=1}^{n}\sum_{j=1}^{n} b_i b_j \rho_{2,ij} \sigma_{\dot{\delta}_i} \sigma_{\dot{\delta}_j} \tag{9.12}$$

对于一般的宽带输入 $\rho_{0,ij}$ 和 $\rho_{2,ij}$ 可由白噪声输入下的结果可根据文献近似表示(Kiureghian. 1980),具体

$$\rho_{0,ij} = \frac{2\sqrt{\xi_i\xi_j}\left[(\omega_i+\omega_j)^2(\xi_i+\xi_j) - (\omega_i^2-\omega_j^2)^2(\xi_i-\xi_j)\right]}{4(\omega_i-\omega_j)^2 + (\omega_i+\omega_j)^2(\xi_i+\xi_j)^2} \tag{9.13}$$

根据反应谱的定义,可以认为其值等同于地震动作用下单自由体系极值反应的均值,若用 $D(\omega_i,\beta_i)$ 表示单自由体系的绝对位移反应谱,则由式(9.3)可知

$$\sigma_{\delta_i} = \frac{1}{p_i} D(\omega_i,\beta_i) \tag{9.14}$$

其中, p_i 为第 i 正规坐标相应的均值峰值因子。根据 Kiureghian(1981)、欧进萍和刘会仪(1994), $\sigma_{\dot{\delta}_i}$ 与 σ_{δ_i} 存在如下关系式:

$$\sigma_{\dot{\delta}_i} = \omega_i \sigma_{\delta_i} \tag{9.15}$$

将式(9.11)、式(9.12)分别代入式(9.14)和式(9.15),可以最终给出 σ_{δ_i} 和 $\sigma_{\dot{\delta}_i}$ 的反应谱表达方式,即

$$\sigma_Z = \left(\sum_{i=1}^{n}\sum_{j=1}^{n}\frac{1}{p_i p_j}b_i b_j \rho_{0,ij}D(\omega_i,\beta_i)D(\omega_j,\beta_j)\right)^{\frac{1}{2}} \qquad (9.16)$$

$$\sigma_{\dot{Z}_i} = \left(\sum_{i=1}^{n}\sum_{j=1}^{n}\frac{\omega_i \omega_j}{p_i p_j}b_i b_j \rho_{2,ij}D(\omega_i,\beta_i)D(\omega_j,\beta_j)\right)^{\frac{1}{2}} \qquad (9.17)$$

由随机极值理论,可给出 $Z(t)$ 极值反应的均值 $\mu_{Z_{\max}}$ 和标准差 $\sigma_{Z_{\max}}$ 为

$$\mu_{Z_{\max}} = p\sigma_Z = \left(\sum_{i=1}^{n}\sum_{j=1}^{n}\frac{p^2}{p_i p_j}b_i b_j \rho_{0,ij}D(\omega_i,\beta_i)D(\omega_j,\beta_j)\right)^{\frac{1}{2}} \qquad (9.18)$$

$$\sigma_{Z_{\max}} = q\sigma_Z = \left(\sum_{i=1}^{n}\sum_{j=1}^{n}\frac{q^2}{p_i p_j}b_i b_j \rho_{0,ij}D(\omega_i,\beta_i)D(\omega_j,\beta_j)\right)^{\frac{1}{2}} \qquad (9.19)$$

其中,p、q 表示整体结构反应 $Z(t)$ 所对应的均值和方差峰值因子。进一步还可以给出 $Z(t)$ 对应的平均反应频率 $\overline{\omega}$

$$\overline{\omega} = \frac{\sigma_{\dot{Z}}}{\sigma_Z} = \left(\frac{\sum_{i=1}^{n}\sum_{j=1}^{n}\frac{\omega_i \omega_j}{p_i p_j}b_i b_j \rho_{2,ij}D(\omega_i,\beta_i)D(\omega_j,\beta_j)}{\sum_{i=1}^{n}\sum_{j=1}^{n}\frac{1}{p_i p_j}b_i b_j \rho_{0,ij}D(\omega_i,\beta_i)D(\omega_j,\beta_j)}\right)^{\frac{1}{2}} \qquad (9.20)$$

$\overline{\omega}$ 可以很好地标定某特定反应值来自不同振型贡献的大小,即越大的值说明来自越高频振型的贡献越大。

由于整个体系的峰值因子 p 是各个振型峰值因子 p_i 的某种加权平均,所以 p/p_i 大约在1附近。若取其等于1,则式(9.18)~式(9.20)进一步简化为

$$\mu_{Z_{\max}} = p\sigma_Z = \left(\sum_{i=1}^{n}\sum_{j=1}^{n}b_i b_j \rho_{0,ij}D(\omega_i,\beta_i)D(\omega_j,\beta_j)\right)^{\frac{1}{2}} \qquad (9.21)$$

$$\sigma_{Z_{\max}} = q\sigma_Z = \frac{q}{p}\left(\sum_{i=1}^{n}\sum_{j=1}^{n}b_i b_j \rho_{0,ij}D(\omega_i,\beta_i)D(\omega_j,\beta_j)\right)^{\frac{1}{2}} = \frac{q}{p}\mu_{Z_{\max}} \qquad (9.22)$$

$$\overline{\omega} = \left(\frac{\sum_{i=1}^{n}\sum_{j=1}^{n}\omega_i \omega_j b_i b_j \rho_{2,ij}D(\omega_i,\beta_i)D(\omega_j,\beta_j)}{\sigma_Z = \sum_{i=1}^{n}\sum_{j=1}^{n}b_i b_j \rho_{0,ij}D(\omega_i,\beta_i)D(\omega_j,\beta_j)}\right)^{\frac{1}{2}} \qquad (9.23)$$

当体系各阶自振频率相隔较远,即 $\omega_i/\omega_j < 0.2/(\beta_i + \beta_j + 0.2)$ 时,$\rho_{m,ij}$ 将小于0.1 (Kiureghian. 1980),此时 $D(\omega_i,\beta_i)$ 与 $D(\omega_j,\beta_j)$ 的交叉项可以忽略,则式简化

$$\mu_{Z_{\max}} = \left(\sum_{i=1}^{n}b_i^2 D^2(\omega_i,\beta_i)\right)^{\frac{1}{2}} \qquad (9.24)$$

上式就是平方和开平方振型组合法(SRSS法)。

9.2 非一致地震激励时结构抗震可靠性的反应谱分析

9.2.1 非一致地震激励组合公式推导

在前面已经介绍过一致地震激励结构的反应谱分析,在此给出多点激励组合公式推导

过程,其中 t 时刻反映值可表示为叠加形式:

$$z(t) = \sum_k L_k y_k(t) \tag{9.25}$$

现利用 CQC 方法,则

$$\mu_{(\max(z))} = \left[\sum_k \sum_l \varepsilon_{0,kl} \mu_{(\max(z_k))} \mu_{(\max(zl))}\right]^{\frac{1}{2}} \tag{9.26}$$

其中

$$\mu_{(\max(z_k))} = L_k y_k R(\omega_k, \beta_k) = E_k R(\omega_k, \beta_k) \tag{9.27}$$

$$\mu_{(\max(zl))} = L_l y_l R(\omega_l, \beta_l) = E_l R(\omega_l, \beta_l) \tag{9.28}$$

分别为 k 和 l 的支承处最大反应均值,$R(\omega_l, \beta_l)$ 为 l 处相应的反应谱。$\varepsilon_{0,kl}$ 为 k 和 l 支承处的相关系数

$$\varepsilon_{0,kl} = \frac{\lambda_{0,kl}}{(\lambda_{0,kk} \lambda_{0,ll})^{\frac{1}{2}}} \tag{9.29}$$

其中

$$\lambda_{m,kl} = \text{Re}\left[\int_0^\infty \omega^m H_k^*(\omega) H_l(\omega) G_{\ddot{u}_g}(\omega) d\omega\right] \tag{9.30}$$

$$\lambda_{0,kl} = \text{Re}\left[\int_0^\infty H_k^*(\omega) H_l(\omega) G_{\ddot{u}_g}(\omega) d\omega\right] \tag{9.31}$$

而其中 $\varepsilon_{0,kl}$ 为模态组合系数

$$\varepsilon_{0,kl} = \frac{8\sqrt{\xi_k \xi_l \omega_k \omega_l}(\xi_k \omega_l - \xi_l \omega_l)\omega_i \omega_j}{(\omega_k^2 + \omega_l^2)^2 + 4\xi_k \xi_l \omega_k \omega_l(\omega_k^2 + \omega_l^2) + 4(\xi_k^2 + \xi_l^2)\omega_k + \omega_l} \tag{9.32}$$

现在模仿(9.26)式给出多点非一致激励情况下的组合公式:

$$\mu^p_{(\max(z))} = \left[\sum_k \sum_l \varepsilon^p_{0,kl} \mu^p_{(\max(z_k))} \mu^p_{(\max(z_l))}\right]^{\frac{1}{2}} \tag{9.33}$$

其中角标 p 代表多点激励情况,且

$$\mu^p_{(\max(z_k))} = E^p_k R^p(\omega_k, \beta_k) \tag{9.34}$$

$$\mu^p_{(\max(z_l))} = E^p_l R^p(\omega_l, \beta_l) \tag{9.35}$$

$R^p(\omega, \beta)$ 和 $\varepsilon^p_{0,kl}$ 为多点激励下修正后的反应谱及相关系数。

桥梁结构在各支承处受到地面运动的作用时,其运动方程为

$$\begin{bmatrix} M_s & 0 \\ 0 & M_b \end{bmatrix} \begin{Bmatrix} \ddot{U}_s \\ \ddot{U}_b \end{Bmatrix} + \begin{bmatrix} C_s & C_{sb} \\ C_{bs} & C_b \end{bmatrix} \begin{Bmatrix} \dot{U}_s \\ \dot{U}_b \end{Bmatrix} + \begin{bmatrix} K_s & K_{sb} \\ K_{bs} & K_b \end{bmatrix} \begin{Bmatrix} U_s \\ U_b \end{Bmatrix} = \begin{Bmatrix} 0 \\ P_b \end{Bmatrix} \tag{9.36}$$

式中 $\ddot{U}_s$、$\dot{U}_s$、U_s——分别是非支承处自由度的绝对加速度、速度和位移向量;

M_s、C_s、K_s——相应的质量、阻尼和刚度矩阵;

$\ddot{U}_b$、$\dot{U}_b$、U_b——分别是支承处自由度的绝对加速度、速度和位移向量;

M_b、C_b、K_b——相应的质量、阻尼和刚度矩阵;

P_b——支承反力。

基于静力位移的概念,多点激励下的总结构位移可分离为动力反应位移和拟静力位移,可表示为

$$U = \begin{Bmatrix} U_s \\ U_b \end{Bmatrix} = \begin{Bmatrix} U_s^d \\ 0 \end{Bmatrix} + \begin{Bmatrix} U_s^s \\ U_b \end{Bmatrix} \tag{9.37}$$

对于给定地面运动位移 U_b，U_s^s 可由下式求得：

$$U_s^s = -K_s^{-1}K_{sb}U_b = RU_b \tag{9.38}$$

式中，R 称为影响矩阵，而根据(9.36)式可得结构第 k 模型的

$$\ddot{y}_k + 2\beta_k\omega_k\dot{y}_k + \omega_k^2 y_k = -\gamma_k\ddot{\omega}_k \tag{9.39}$$

y_k 为模型位移，β_k 为结构阻尼，ω_k 为结构频率且有 $\ddot{u}_k = A_k\ddot{U}_b = \sum_{i=1}^{n}A_{kl}\ddot{u}_{bl}$ 支承处位移

其中，$A_k = \dfrac{\phi_k^T M_s K_s^{-1} K_{sb}}{\phi_k^T M_s K_s} = [A_{kl}]$，$A_k$ 为向量 A_{ki} 组成的矩阵

$$\gamma_k = \frac{\phi_k^T M_s K_s}{\phi_k^T M_s \phi_k} \tag{9.40}$$

γ_k 为振型参与系数，计算同单点激励

$$S_k(t) = -\gamma_k\ddot{\omega}_k(t) \tag{9.41}$$

反应的谱密度函数 $S_z^p(\omega)$ 如下

$$S_z^p(\omega) = \sum_k\sum_l L_k L_l H_k^*(\omega)H_l(\omega)S_{\ddot{S}_k\ddot{S}_k}(\omega) \tag{9.42}$$

p 意义同前，为修正后的谱密度，选择 k 和 l 峰值，则 $H_k^*(\omega)H_l(\omega)S_{\ddot{S}_k\ddot{S}_k}(\omega)$ 实数部分能够保留，虚数部分消失，为计算谱位移其中需要将其表示为单边谱密度形式即

$$G_z^p(\omega) = 2\sum_k\sum_l L_k L_l \operatorname{Re}[H_k^*(\omega)H_l(\omega)S_{\ddot{S}_k\ddot{S}_k}(\omega)] \tag{9.43}$$

谱矩给出为

$$\lambda_m^p = \int_0^\infty \omega^m G_z^p(\omega)d\omega \tag{9.44}$$

结合上式给出

$$\lambda_m^p = \sum_k\sum_l L_k L_l 2\operatorname{Re}\int_0^\infty \omega^m H_k^*(\omega)H_l(\omega)S_{\ddot{S}_k\ddot{S}_k}(\omega)] \tag{9.45}$$

分析一致激励公式得

$$\lambda_{m,kl}^p = 2\operatorname{Re}\int_0^\infty \omega^m H_k^*(\omega)H_l(\omega)S_{\ddot{S}_k\ddot{S}_k}(\omega)d\omega] \tag{9.46}$$

得出

$$\lambda_m^p = \sum_k\sum_l L_k L_l \lambda_{m,kl}^p \tag{9.47}$$

k 和 l 处非一致地震输入的互相关系数为

$$\varepsilon_{m,kl}^p = \frac{\lambda_{m,kl}^p}{(\lambda_{m,kk}^p\lambda_{m,ll}^p)^{\frac{1}{2}}} \tag{9.48}$$

即可得

$$\lambda_m^p = \sum_k\sum_l L_k L_l \varepsilon_{m,kl}^p(\lambda_{m,kk}^p\lambda_{m,ll}^p)^{\frac{1}{2}} \tag{9.49}$$

当 $m=0$ 的时候（零阶谱距）

$$\lambda_0^p = \sum_k\sum_l L_k L_l \varepsilon_{m,kl}^p(\lambda_{m,kk}^p\lambda_{m,ll}^p)^{\frac{1}{2}} \tag{9.50}$$

$$\lambda_{0,kk}^p = 2\int_0^\infty |H_k(\omega)|^2 S_{\ddot{S}_k}(\omega)d\omega \tag{9.51}$$

等价于

$$\lambda_{0,kk}^{p} = 2\int_{0}^{\infty} |H_k(\omega)|^2 G_{\ddot{S}_k}(\omega)d\omega \tag{9.52}$$

最大响应零阶谱距可写成

$$\lambda_0^p = \left[\frac{\mu_{(\max(z))}^p}{p}\right]^2 \tag{9.53}$$

$$\lambda_{0,kk}^p = \left[\frac{\mu_{(\max(y_k))}^p}{q}\right]^2 \tag{9.54}$$

其中 p 与 q 为峰值因子。将式(9.53)、式(9.54)代入式(9.50)

$$\mu_{(\max(z))}^p = \left[\sum_k \sum_l \varepsilon_{0,kl}^p \mu_{(\max(y_k))}^p \mu_{(\max(y_l))}^p\right]^{\frac{1}{2}} \tag{9.55}$$

$$\mu_{(\max(y_k))}^p = |\gamma_k| R^p(\omega_k, \beta_k) \tag{9.56}$$

$$\mu_{(\max(y_l))}^p = |\gamma_l| R^p(\omega_l, \beta_l) \tag{9.57}$$

$R^p(\omega,\beta)$ 为修正的模型反应谱,则有

$$\bar{E}_k = |\gamma_k| L_k \tag{9.58}$$

$$\bar{E}_l = |\gamma_l| L_l \tag{9.59}$$

将式(9.56)、式(9.57)、式(9.58)和式(9.59)代入式(9.55)可得

$$\mu_{(\max(z))}^p = \left[\sum_k \sum_l \varepsilon_{0,kl}^p E_k^p E_l^p R^p(\omega_k,\beta_k) R^p(\omega_l,\beta_l)\right]^{\frac{1}{2}} \tag{9.60}$$

也可写为下述表达形式

$$\mu_{(\max(z))}^p = \left[\sum_k \sum_l \varepsilon_{0,kl}^p \mu_{(\max(z_k))}^p \mu_{(\max(z_l))}^p\right]^{\frac{1}{2}} \tag{9.61}$$

既有

$$\mu_{(\max(z_k))}^p = E_k^p R^p(\omega_k, \beta_k) \tag{9.62}$$

$$\mu_{(\max(z_l))}^p = E_l^p R^p(\omega_l, \beta_l) \tag{9.63}$$

到此,即得到希望的表达形式,而下面所需的就是找出 $\varepsilon_{0,kl}^p$ 与 $\varepsilon_{0,kl}$ 得表达式关系,即可完整推出多点激励表达式,首先使用 $\lambda_{0,kl}$ 表达出 $\lambda_{0,kl}^p$,如下:

$$\lambda_{0,kl}^p = 2\mathrm{Re}\int_0^{\infty} H_k^*(\omega) H_l(\omega) S_{\ddot{S}_k\ddot{S}_l}(\omega)d\omega \tag{9.64}$$

第一步需要在不同支承处使用地面运动加速度互谱表示出 $S_{\ddot{S}_k\ddot{S}_k}(\omega)$,即

$$S_{\ddot{S}_k\ddot{S}_k}(\omega) = \gamma_k\gamma_l\sum_{i=1}^{n}\sum_{j=1}^{n}A_{ki}A_{lj}S_{\ddot{U}_i\ddot{U}_j}(\omega) \tag{9.65}$$

其中 $S_{\ddot{S}_k\ddot{S}_k}(\omega)$ 为 i 和 j 处地面运动加速度互谱密度函数。

$$S_{\ddot{U}_i\ddot{U}_j}(\omega) = r_{ij}(\omega,d_{ij})S_{\ddot{u}_z}(\omega) \tag{9.66}$$

d_{ij} 为两点水平距离,r_{ij} 为相应 i 与 j 相干函数。

至此,$\lambda_{0,kl}^p$ 可写为下述形式

$$\begin{aligned}\lambda_{0,kl}^p &= 2\mathrm{Re}\int_0^{\infty} H_k^*(\omega)H_l(\omega)\gamma_k\gamma_l\sum_{i=1}^{n}\sum_{j=1}^{n}A_{ki}A_{lj}S_{\ddot{U}_i\ddot{U}_j}(\omega)d\omega \\ &= \sum_{i=1}^{n}\sum_{j=1}^{n}\gamma_k\gamma_l A_{ki}A_{lj}2\mathrm{Re}\int_0^{\infty}H_k^*(\omega)H_l(\omega)S_{\ddot{U}_i\ddot{U}_j}(\omega)d\omega\end{aligned} \tag{9.67}$$

定义

$$r_{ijkl} = \frac{2\mathrm{Re}\int_0^\infty H_k^*(\omega)H_l(\omega)S_{\ddot{s}_i\ddot{s}_j}(\omega)d\omega}{\lambda_{0,kl}^{\mathrm{p}}} \tag{9.68}$$

$\lambda_{0,kl}^{\mathrm{p}}$ 可表示为

$$\lambda_{0,kl}^{\mathrm{p}} = \gamma_k\gamma_l\sum_{i=1}^{n}\sum_{j=1}^{n}A_{ki}A_{lj}r_{ijkl}^{\ 2}\lambda_{0,kl} \tag{9.69}$$

或

$$\lambda_{0,kl}^{\mathrm{p}} = \gamma_k\gamma_l\lambda_{0,kl}\sum_{i=1}^{n}\sum_{j=1}^{n}A_{ki}A_{lj}r_{ijkl}^{\ 2} \tag{9.70}$$

即

$$\varepsilon_{0,kl}^{\mathrm{p}} = \varepsilon_{0,kl}\frac{\sum_{i=1}^{n}\sum_{j=1}^{n}A_{ki}A_{lj}r_{ijkl}^{\ 2}}{\{(\sum_{i=1}^{n}\sum_{j=1}^{n}A_{ki}A_{kj}r_{ijkk})(\sum_{i=1}^{n}\sum_{j=1}^{n}A_{li}A_{lj}r_{ijll})\}} \tag{9.71}$$

注意到 $r_{ijkl}^{\ 2}$ 可表示为

$$r_{ijkl}^{\ 2} = \frac{2\mathrm{Re}\int_0^\infty |H_k(\omega)|^2 S_{\ddot{u}_i\ddot{u}_j}(\omega)d\omega}{\int_0^\infty |H_k(\omega)|^2 G_{u_g}(\omega)d\omega} \tag{9.72}$$

或等价于

$$r_{ijkl}^{\ 2} = \frac{\int_0^\infty \rho_{ij}|H_k(\omega)|^2 G_{\ddot{u}_g}(\omega)d\omega}{\int_0^\infty |H_k(\omega)|^2 G_{\ddot{u}_g}(\omega)d\omega} \tag{9.73}$$

ρ_{ij} 为 r_{ij} 实部，注意到

$$r_{ijkk}^{\ 2} = \rho_{ijk} \tag{9.74}$$
$$r_{ijll}^{\ 2} = \rho_{ijl} \tag{9.75}$$

则 $\varepsilon_{0,kl}^{\mathrm{p}}$ 最终可表示为：

$$\varepsilon_{0,kl}^{\mathrm{p}} = \varepsilon_{0,kl}\frac{\sum_{i=1}^{n}\sum_{j=1}^{n}A_{ki}A_{lj}r_{ijkl}^{\ 2}}{\{(\sum_{i=1}^{n}\sum_{j=1}^{n}A_{ki}A_{kj}\rho_{ijk})(\sum_{i=1}^{n}\sum_{j=1}^{n}A_{li}A_{lj}\rho_{ijl})\}} \tag{9.76}$$

而用此式考虑其特殊情况，一致激励情况时，即地震动无空间变异情况 $r_{ijkl}=1$ 时

$$\varepsilon_{0,kl}^{\mathrm{p}} = \varepsilon_{0,kl}\frac{\sum_{i=1}^{n}\sum_{j=1}^{n}A_{ki}A_{lj}}{\{(\sum_{i=1}^{n}\sum_{j=1}^{n}A_{ki}A_{kj})(\sum_{i=1}^{n}\sum_{j=1}^{n}A_{li}A_{lj})\}} = \varepsilon_{0,kl} \tag{9.77}$$

9.2.2 相关系数的简化讨论

1. 系数 r_{ijkl} 的简化计算方法

可以看出，在式(9.76)中的 r_{ijkl} 没有简化，还要经过复杂积分运算才能得到，在支座和参与组和振型较多情况下，给计算中带来不便，相关文献在保证计算精度的同时，提出了一种方法将其简化，即当 $\frac{\omega_i}{\omega_j}<0.70$ 或 $\frac{\omega_i}{\omega_j}>1.20$

$$r_{ijkl} = \frac{A_{ij}|H_i(\omega_i)|^2\text{Re}[S_{\ddot{u}_k\ddot{u}_l}(\omega_i)] + A_{ji}|H_j(\omega_j)|^2\text{Re}[S_{\ddot{u}_k\ddot{u}_l}(\omega_i)]}{4\left\{\left[\dfrac{C_{ij}}{C_i}\omega + \dfrac{D_{ij}}{\omega_i^3}\omega^3\right]|H_i(\omega_i)|^2\text{Im}[S_{\ddot{u}_k\ddot{u}_l}(\omega_i)] - \left[\dfrac{C_{ji}}{C_j}\omega + \dfrac{D_{ji}}{\omega_j^3}\omega^3\right]|H_j(\omega_j)|^2\text{Im}[S_{\ddot{u}_k\ddot{u}_l}(\omega_j)]\right\}}$$

当 $0.70 < \dfrac{\omega_i}{\omega_j} < 1.20$ 时可用下式计算

$$r_{ijkl} = \frac{A_{ij}|H_i(\omega_i)|^2\text{Re}[S_{\ddot{u}_k\ddot{u}_l}(\omega_i)] + A_{ji}|H_j(\omega_j)|^2\text{Re}[S_{\ddot{u}_k\ddot{u}_l}(\omega_i)] - A_{ij}|H_i(\omega_i)|^2\text{Re}[G_{\ddot{u}_g}(\omega)] + A_{ji}|H_j(\omega_j)|^2\text{Re}[G_{\ddot{u}_g}(\omega)]}{4\left\{\left[\dfrac{C_{ij}}{\omega_i}\omega + \dfrac{D_{ij}}{\omega_i^3}\omega^3\right]|H_i(\omega_i)|^2\text{Im}[S_{\ddot{u}_k\ddot{u}_l}(\omega_i) - G_{\ddot{u}_g}(\omega)] - \left[\dfrac{C_{ji}}{C_j}\omega + \dfrac{D_{ji}}{\omega_j^3}\omega^3\right]|H_j(\omega_j)|^2\text{Im}[S_{\ddot{u}_k\ddot{u}_l}(\omega_i) - G_{\ddot{u}_g}(\omega)]\right\}}$$

其中的 A_{ij}、B_{ij}、C_{ij}、D_{ij} 解析式如下:

$$A_{ij} = \frac{1}{Q_{ij}}\{r(\xi_j - \xi_i r)[\zeta_i(\zeta_i - \zeta_j r^2) - (1 - r^4)] - (\xi_i - \xi_j r)(\zeta_i - \zeta_j r^2)\} \tag{9.78}$$

$$B_{ij} = \frac{1}{Q_{ij}}[r(\xi_j - \xi_i r)(\zeta_i - \zeta_j r^2) + (\xi_i - \xi_j r)(r^4 - 1)] \tag{9.79}$$

$$C_{ij} = \frac{1}{Q_{ij}}\{r^4(\xi_i - \xi_j r)(\zeta_i - \zeta_j r^2) - r(\xi_j - \xi_i r)[\zeta_j r^2(\zeta_i - \zeta_j r^2) - (1 - r^4)]\} \tag{9.80}$$

$$D_{ij} = -B_{ij} r^3 \tag{9.81}$$

而其中参数 Q_{ij}、ζ 和 r 分别为

$$Q_{ij} = r^4(\zeta_i^2 - \zeta_j^2) - \zeta_i \zeta_j r^2(1 + r^4) + (1 - r^4)^2 \tag{9.82}$$

$$\zeta_i = 2(\xi_i^2 - 1) \tag{9.83}$$

$$r = \omega_j/\omega_i \tag{9.84}$$

2. 系数 ρ_{ijkk} 的简化

由公式(9.73)、公式(9.74)与公式(9.84)可看出,系数 ρ_{ijkk} 有两部分需要继续简化,一部分是对地震动输入的简化,另一部分是对频响应函数的简化,根据文献[59]的简化方法将地震动输入简化为白噪声,由于在实际工程应用中,高频成分所引起的地震响应不是很大,把地震动输入简化为白噪声所带来的误差是可以接受的。

频响函数 $|H_i(\omega)|^2$ 在各振型反应中,起着过滤器的作用。它表示在各种不同频率下有多少百分比的激励能量是通过该振型来传递的,也就是说 $(1 - |H_i(\omega)|^2)$ 部分能量被滤掉了,如公式

$$|H_i(\omega)|^2 = H_i^*(\omega)^* H_i(\omega) = [(\omega_i^2 - \omega^2)^2 + (2\xi_i \omega_i \omega)^2]^{-1} \tag{9.85}$$

在图9.1频响函数示意图中可看出,由于阻尼比 ξ_i 远小于1,函数 $|H_i(\omega)|^2$ 在其相应频率 ω_i 处有尖锐的峰值,而且从峰值 $(2\xi_i \omega_i \omega)^2$ 降到一半的峰值只要频率 ω_i 移动一个很小的距离 $\xi_i \omega_i$,因此对于相关系数的主要贡献来自频率 ω_i 处附近,而在频率 ω_i 较远的地方对积分值的影响不很重要。

据此,我们可以认为,由于结构的阻尼比一般都很小(如大跨度桥梁结构的阻尼比常不超过0.05,远小于1),因此结构对于地震波的频率分量有较强的选择性,可以近似地认为地震波中仅有与结构各个振型频率相同的成分对结构的相应振型反应有贡献,而对其他振型的影响以及其他频率的波对该振型贡献可略去不计,于是 ρ_{ijk} 可重新表示为

$$\rho_{ijk} = \frac{\text{Re}[\rho_{ij}|H_k(\omega)|^2 G_{\ddot{u}_g}(\omega)]}{|H_k(\omega)|^2 G_{\ddot{u}_g}(\omega)} \tag{9.86}$$

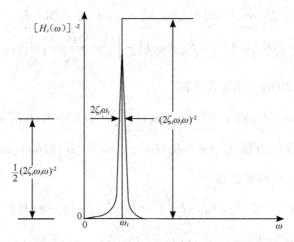

图 9.1 频率响应函数 $|H_i(\omega)|^2$ 示意图

9.2.3 地震动随机模型与相干函数

1. 地震动随机模型

目前,地震动的随机模型可以分为平稳随机模型和非平稳随机模型。实际的地震动过程总是包含三部分:由弱到强的上升部分、持续的强震部分和由强到弱的衰减部分,具有明显非平稳性。但就大部分地震的地面加速度记录来说,在振动比较强烈的中间一段时间相对较平稳,而弹性结构系统响应的峰值绝大多数也发生在这段时间内。因此,国内外一些学者认为对于弹性结构,可假设地震动加速度为一个平稳随机过程。据此提出了一些平稳随机模型,在实际地震反应分析中有着广泛的应用。

(1) 白噪声模型

一些文献的研究表明,在剧烈的振动期间内,地震加速度记录通常有一段近似地保持强度不变,因此可以考虑用一个有限持续时间的白噪声过程来模拟这一段。零均值平稳高斯白噪声是最早采用的地震动随机模型,其功率谱密度函数可以表示为:

$$S_\omega = S_0 \ (-\infty \leqslant \omega \leqslant +\infty)$$

式中,S_0 为常数。可以看出,白噪声模型的频率分布在正负无穷大范围内是均匀的,而且方差无限,这与实际地震是不相符合的。但由于它假定地震动功率谱为一定值,因而在数学上容易处理,得到解析解的可能性高,因此至今仍被采用。

(2) 有限带宽白噪声模型

由于地震动过程的频率总是在有限范围内分布的,因此,有学者对白噪声模型进行修正而提出了有限带宽白噪声模型,其功率谱密度函数为:

$$S_\omega = S_0 \ (-\omega_0 \leqslant \omega \leqslant +\omega_0)$$

可知,此模型避免了白噪声方差无限的不合理现象。

(3) Kanai 和 Tajimi 提出的过滤白噪声模型

Kanai 和 Tajimi 等假定基岩地震动为白噪声,考虑场地特性提出了一种具有明显物理意义的随机过程过滤白噪声模型(金井青模型)。

$$S(\omega) = \frac{1 + 4\zeta_g^2(\omega/\omega_g)^2}{[1 - (\omega/\omega_g)^2]^2 + 4\zeta_g^2(\omega/\omega_g)^2} S_0$$

其中，ω_g 和 ζ_g 为场地土的卓越角频率和阻尼比，S_0 为基岩加速度（白噪声）自谱密度。

(4) 胡聿贤和周锡元 1962 年引入参数 ω_c 将 Kanai 和 Tajimi 谱的低频分量合理缩减，提出了一个修正模型。

$$S(\omega) = \frac{1 + 4\zeta_g^2(\omega/\omega_g)^2}{[1-(\omega/\omega_g)^2]^2 + 4\zeta_g^2(\omega/\omega_g)^2} \frac{\omega^6}{\omega^6 + \omega_c^6} S_0$$

其中，ω_c 为控制低频含量的参数，ω_c 越大，地震低频含量越小。

(5) 欧进萍、牛荻涛和杜修力鉴于 Kanai-Tajimi 谱不能反映基岩地震动的可变频谱特性模型，假定基岩加速度谱为马尔可夫有色谱，而建议了地面加速度过滤有色谱模型为。

$$S(\omega) = \frac{1 + 4\zeta_g^2(\omega/\omega_g)^2}{[1-(\omega/\omega_g)^2]^2 + 4\zeta_g^2(\omega/\omega_g)^2} \frac{1}{1+(\omega/\omega_h)^2} S_0$$

其中，ω_h 是反映基岩谱特性的参数，建议取为 $\omega_h = 8 \text{rad/s}$。

(6) 杜修力、陈厚群提出了一种将地震学中低频模拟方法和工程学中高频模拟方法相结合的综合模型来反映地震动的频谱特性。该模型克服了金井清模型导致地面速度和位移无界的缺点，能利用目前抗震设计所依据的基本参数来确定模型中的参数。特别是该模型借鉴了地震学方法在模拟长周期地面运动方面的成功经验，有可能对地震动长周期特性进行较好的模拟。该模型为：

$$S(\omega) = \frac{1 + 4\zeta_g^2(\omega/\omega_g)^2}{[1-(\omega/\omega_g)^2]^2 + 4\zeta_g^2(\omega/\omega_g)^2} \frac{1}{1+(D\omega)^2} \frac{\omega^4}{(\omega_0^2+\omega^2)^2} S_0$$

式中，D 为反映基岩特性的谱参数建议取 0.03s，ω_0 为低频拐角频率。

$$\omega_0 = 2\pi/T_r$$

魏颖（1987）给出了 T_r 与地震烈度 M 的统计关系：

$$\log_{10} T_r = d_1 + d_2 M$$

式中，$d_1 = -1.325$，$d_2 = 0.353$；这里 T_r 相当于地震中 90% 的能量持时。

2. 相干函数模型

(1) 行波效应因子：行波效应引起的地面运动空间变化，效应因子可按下计算：

$$\exp[i\theta_{kl}(\omega)] = \exp\left[-i\omega \frac{\bar{v}_{app} \bar{d}_{kl}}{v_{app}^2}\right] \tag{9.87}$$

其中 d_{kl} 是两点间水平距离，v_{app} 是地震地面波视波速。

(2) 相干效应模型：

模型 1：冯启民—胡聿贤相干函数模型：

$$\rho(\omega, d_{kl}) = \exp[-\rho_1 \omega + \rho_2 d_{kl}]$$

式中，ρ_1、ρ_2 分别为相干性参数，对海城地震参数分别取 $\rho_1 = 2 \times 10^{-5} \text{s/m}$，$\rho_2 = 88 \times 10^{-4}$ s/m。

模型 2：Harichandran-Vanmarcke 相干函数模型：

$$\rho(\omega, d_{kl}) = A \exp\left[-\frac{\omega d}{\alpha \theta(\omega)}(1-A+\alpha A)\right] + (1-A)\exp\left[-\frac{2d}{\theta(\omega)}(1-A+\alpha A)\right]$$

其中，$\theta(\omega) = K[1+(\omega/\omega_0)^b]^{\frac{1}{2}}$。

根据 SMART-1 地震台网的加速度记录，给出模型参数为 $A = 0.736$、$\alpha = 0.147$、$K =$

$5210, \omega_0 = 6.85 \text{rad/s}, b = 2.78$。

模型3：Loh-Yeh 相干函数模型：

$$\rho(\omega, d_{kl}) = \exp\left[-\alpha \frac{\omega d_{kl}}{2\pi v_{\text{app}}}\right] \tag{9.88}$$

α 是地面运动波数，建议取为 $\alpha = 0.125$。

模型4：Oliveira—Hao—Penjien 相干函数模型

$$\rho(\omega, d_{kl}) = \exp(-\beta_1 d_{kl}^L - \beta_2 d_{kl}^T) \exp(-[\alpha_1 \sqrt{d_{kl}^L} - \alpha_2 \sqrt{d_{kl}^T}](\omega/2\pi)^2)$$

模型5：Luco—Wang 相干函数模型

$$\rho(\omega, d_{kl}) = \exp\left[-\left(\alpha \frac{\omega d_{kl}}{v_{\text{app}}}\right)^2\right]$$

其中，α 是相干性系数，v_s 是地震波在介质中传播的剪切波速。

模型6：屈铁军—王君杰—王前信（QWW）相干函数模型

$$\rho = \exp\left[-\alpha(\omega) d_{kl}^{b(\omega)}\right]$$

其中，$\alpha(\omega) = \alpha_1 \omega^2 + \alpha_2$，$b(\omega) = b_1 \omega^2 + b_2$，$\alpha_1 = 0.00001678$，$\alpha_2 = 0.001219$，$b_1 = 0.0055$，$b_2 = 0.7674$。

9.3 基于反应谱理论的结构抗震可靠度分析方法

在算得非一致激励的最大反应平均值后，根据随机过程理论可知平稳过程 Y 的最大反应均值与过程方差之间关系如下式：

$$\mu_s = p\sigma_y \tag{9.89}$$

而最大值方差与过程方差之间解析关系可表示为：

$$\sigma_s = q\sigma_y \tag{9.90}$$

根据泊松跨越假定，上述式中峰值因子与方差因子可近似表示为：

$$p = \sqrt{2\ln v T_d} + \frac{\gamma}{\sqrt{2\ln v T_d}} \tag{9.91}$$

$$q = \frac{\pi}{\sqrt{6}} \frac{1}{\sqrt{2\ln v T_d}} \tag{9.92}$$

公式中 v 为平均交零率，根据下式可取为：

$$v = \begin{cases} 2\delta, & 0 < \delta < 0.1 \\ 1.63\delta^{0.45} - 0.38, & 0.1 < \delta < 0.69 \\ 1, & 0.69 < \delta < 1 \end{cases} \tag{9.93}$$

$$\delta = \sqrt{1 - \frac{\lambda_1^2}{\lambda_0 \lambda_2}} \tag{9.94}$$

其中，γ 为欧拉常数 0.5772；T_d 为强震持时，$\lambda_0, \lambda_1, \lambda_2$ 分别为响应的零阶、一阶和二阶谱矩。因此可得出：

$$p_i = \mu_i / \sigma_i \tag{9.95}$$

即结构体系的第 i 振型的峰值因子，σ_i 为第 i 结构反应的方差，μ_i 为第 i 振型反应的最

大值均值,则经过简化推导,可得出结构最大反应标准差:

$$\sigma_s = (\sum\sum \frac{q^2}{p_i p_j} \rho_{0,ij}^p \mu_i^p \mu_j^p)^{\frac{1}{2}} \tag{9.96}$$

根据结构可靠性分析的基本理论,对于给定的结构地震反应指标(如位移、应力、内力等),结构抗震可靠性分析的基本公式可以用下述公式表示:

$$P_s = 1 - P_f \tag{9.97}$$

$$P_f = \int_0^\infty P_f(R<S|a)f(a)da = \sum_{i=1}^n P_f(R<S|a_i)f(a_i)\Delta a_i \tag{9.98}$$

其中,P_s 为结构关于给定反应指标的安全概率,P_f 为结构关于给定反应指标的失效概率,R 为与给定指标对应的抗力(或极限项),S 为给定指标对应的最大地震作用效应项,a 为地震动峰值加速度,$f(*)$ 为关于地震峰值加速度的概率分布密度函数,n 为对有意义的地震加速度峰值分布区间的等距划分数。当只考虑给定地震峰值条件下的结构可靠性分析时,可有

$$P_f = P_f(R<S|a_i) \tag{9.99}$$

$$P_s = 1 - P_f(R<S|a_i) \tag{9.100}$$

一般来说,抗力 R 的均值 μ_R 与 σ_R 取自试验结果或为一种规定限值(如位移反应)。而 S 为结构指定响应的极大值反应,其均值 μ_S 与标准差 σ_S 则可由前述反应谱组合公式给出。当得到 μ_R、σ_R、μ_S、σ_S 后,可以运用一次二阶矩方法,则 R、S 符合正态分布时,可得:

$$P_f(R<S|a_i) = \phi(-\beta) \tag{9.101}$$

其中

$$\beta = \frac{\mu_R - \mu_S}{\sqrt{\sigma_R^2 + \sigma_S^2}} \tag{9.102}$$

为结构的可靠度指标。对于非正态分布时,可将其通过公式正态化计算。

9.4 算例分析

某刚构三跨桥梁,主桥长 170m,主跨 74m,两边跨 48m,预应力变截面双箱双室 V 型墩刚构桥,桥型与截面形式如图 9.2。V 型墩角度为 90°,与 V 型墩固接处的梁高为 3m,跨中梁高 1.8m,布置纵向预应力钢筋,如图 9.2,箱形截面的顶板与底板厚 0.25m,腹板厚 0.6m,V 型板厚 1m。

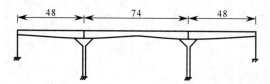 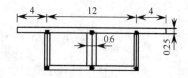

图 9.2 桥梁形体及截面图

经动力模态分析可得刚构桥各阶频率及振型,前 8 阶频率见表 9.1:

模型前 8 阶频率 表9.1

振型	1	2	3	4	5	6	7	8
频率(Hz)	1.993	3.381	3.566	3.859	4.159	4.271	4.355	4.433

通过计算该桥在地震作用下一致激励与非一致激励情况最大响应均值及方差见表9.2。抗震可靠度指标及失效概率见表9.3。

均值及方差(单位:MN·m) 表9.2

一致激励		非一致激励	
均值 μ	方差 σ	均值 μ	方差 σ
1.316×10^{-2}	2.164×10^{-3}	1.398×10^{-2}	2.332×10^{-3}

抗震可靠度指标及失效概率 表9.3

一致激励		非一致激励	
可靠度指标 β	失效概率 P	可靠度指标 β	失效概率 P
5.26	1.17×10^{-5}	4.37	6.87×10^{-4}

第 10 章 结构抗震性能评价方法

10.1 引 言

在以往的结构抗震设计中,设计者用承载力来控制结构的性能,认为只要满足承载力的要求便可保证结构的抗震安全。随着对结构弹塑性反应的认识深入,研究者认识到承载力的变化不能完全反映结构破坏发展的程度,难以作为结构抗震安全的评价指标。相反,结构的变形能力和结构破损程度的联系则比较密切,变形能力不足常是结构倒塌的主要原因。如何完善已有抗震设计的理念,使结构在未来地震中的抗震性能达到人们事先预计的目标,这是以结构抗震性态评价为基础的结构设计理论得以应运而生的基础。

基于性能的抗震设计 PBSD(performance based seismic design)于 20 世纪 90 年代兴起,美国加州大学 Berkley 分校的 J. P. Moehle 提出基于位移的抗震设计理论,建议改进基于承载力的设计方法,基于位移的抗震设计需使结构的塑性变形能力满足预定的地震作用下的变形。其一般定义为:基于性能的结构抗震设计是指根据建筑物的重要性和用途确定其性能目标,根据不同的性能目标提出不同的抗震设防标准,使设计的建筑物在未来地震中具备预期的功能。这种理论的构思影响了美国、日本以及欧洲的土木工程界,并应用于桥梁的抗震分析中。随着这种设计理论的发展,建立以结构性态评价为理论基础的结构设计体系。

PBSD 是指选择的结构设计准则需要实现多级性能目标的一套系统方法。PBSD 实现了结构性能水准(performance levels)、地震设防水准(earthquake hazard levels)和结构性能目标(performance objectives)的具体化。与现行抗震设计理念相比,PBSD 具有如下主要特点:

(1)多极性。PBSD 提出了多级性能水准设计理念。

(2)全面性。结构的性能目标不一定直接地选取规范所规定的性能目标,可根据实际需要、业主的要求和投资能力等因素,选择可行的结构性能目标,而且设计的建筑在未来地震中的抗震能力是可预期的。

(3)灵活性。虽然 PBSD 对一些重要参数设定最低限值,例如地震作用和层间位移等,但 PBSD 强调业主参与的个性化,给予业主和设计者更大的灵活性。

目前,我国在基于性能的结构抗震设计方面也积极开展了研究。我国的《建筑结构抗震设计规范》(GBJ 11.89)提出的"小震不坏,中震可修,大震不倒"的三水准设防目标和两阶段设计方法,实际上已经包含了基于性能的抗震设计思想。我国现行的《建筑结构抗震设计规范》(GB 50011—2001)仍保留了三水准设防和两阶段设计方法,并将能力谱方法纳入了大震变形验算方法中。

10.2 基于性能的抗震设计的理论框架

美国加州结构工程学会展望 21 世纪委员会(Vision 2000 Committee SEAOC 1995)明确

提出了结构性态评价的理论框架,它应包括设防水准、结构抗震功能水准、结构抗震设计等三方面内容。

10.2.1 地震设防水准

地震设防水准是指未来可能施加于结构的地震作用的大小,它直接关系到结构的抗震能力。SEAOC Vision2000 宣称,基于结构性能的设计理论追求能控制结构可能发生的所有地震波谱的破坏水准。为了实现这个目标,需要根据不同重现期选择所有可能发生的对应于不同等级的地震动参数的波谱,这些具体的地震动参数称为"地震设防水准"。国内外抗震规范中,一般都是通过重现期或发生概率来细分地震设防水准,如美国 FEMA-273 中采用的设防水准如表 10.1 所示:

FEMA-273 中抗震设防水准的划分　　　　　　　　　　　表 10.1

设 防 水 准	超 越 概 率	重 现 期(年)
设防水准一(较常发生)	50 年内 50%	72
设防水准二(偶尔发生)	50 年内 20%	225
设防水准三(很少发生)	50 年内 10%	474
设防水准四(极少发生)	50 年内 2%	2475

10.2.2 结构性能水准

基于性能抗震设计中的一个基本的问题就是结构性能水准的确定以及地震灾害的定义。结构性能目标、性能水准的定义有多种方式,但是基本内容上都相差不多。譬如 SEAOC Vision2000 将性能目标定义为"一种对于每级设防水准的设计地震所需要的结构性能水准"。这个定义实际上包括了特定的性能水准以及地震设防水准的定义。

结构性能水准的划分　　　　　　　　　　　表 10.2

性能水准	结构破坏情况	结 构 性 能
水准一	基本完好	结构功能完整,人员安全,可以立即投入使用
水准二	轻微破坏	结构经过稍微维修就可以使用
水准三	中等破坏	结构破坏,需要大量的修复
水准四	严重破坏	结构发生无法修复的破坏,但是没有倒塌
水准五	基本倒塌	结构发生倒塌

结构性能抗震设计的目的不仅是为了保证生命的安全,同时也要控制结构的破坏程度,使得财产的损失控制在可以接受的范围内。这就需要在实际设计中,针对不同设防水准的地震,结构应具有明确的性能水准。目前对于结构性能水准的确定以 FEMA 中的定义为代表性。FEMA 中将结构的抗震性能分为三个性能水准和两个性能范围:Immediate Occupancy Level、Damage Control、Life Safety、Limited Safety、Collapse Prevention。Smith 在总结美国三大研究机构(SEAOC、ATC、FEMA)研究的基础上给出了基于层间位移的结构性能水准的划分,如表 10.2 所示。FEMA-303 中关于结构在不同地震设防水准下的性能水准,如图 10.1 所示。基于性能的抗震设计方法计算框图见图 10.2。

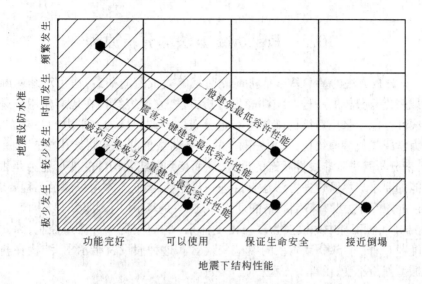

图 10.1 FEMA-303 中地震性能设计目标矩阵图

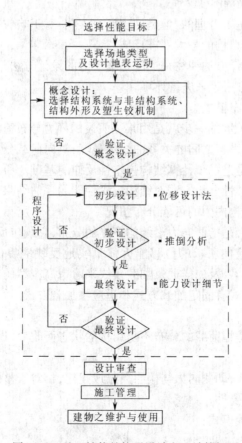

图 10.2 基于性能的抗震设计方法计算框图

10.3 Pushover方法的分析原理

Pushover分析方法的基本思路是将地震荷载等效成侧向荷载,通过对结构施加单调递增水平荷载来进行分析的一种非线性静力分析方法,它研究结构在地震作用下进入塑性状态时的非线性性能。采用对结构施加呈一定分布的单调递增的水平力的加载方式,用二维或伪三维力学模型代替原结构,按预先确定的水平荷载加载方式将结构"推"至一个给定的目标位移,来分析其进入非线性状态的反应,从而得到结构及构件的变形能力是否满足设计及使用功能的要求。尽管这一方法还有待进一步完善,但它基本可以满足工程要求。

Pushover分析方法没有特别严格的理论基础,只是基于以下假设:

(1)结构(实际工程中一般多为多自由度体系)的响应受单一振型控制,因此可以用等效单自由度(以下简称SDOF)体系的响应来代替。这种假设就暗示了:结构在整个时程响应过程中振型保持不变,由单一振型控制。

(2)结构沿高度的变形由形状向量$\{\phi\}$表示。在整个地震反应过程中,不管结构的变形大小,形状向量$\{\phi\}$始终保持不变。

毫无疑问,这种假设是不合理的,但是许多研究表明,对于响应以第一振型为主的结构,该方法可以得到较合理的结构的最大地震反应。

传统的基于性能的设计方法往往采用的是基于力的设计方法。一般可以采用能力谱方法、等效位移系数法、N2方法等来进行计算。

10.3.1 水平荷载分布模式

在Pushover分析中,关键的一步就是用某一假设的静力分布荷载代替地震荷载,从而得到结构的基底剪力与顶部侧移之间的关系曲线。显然,侧向荷载分布模式不同,得到的曲线也就不同,而这一曲线将是进一步计算结构弹塑性反应的基础。所以,水平荷载分布模式的选择,将直接影响静力弹塑性分析方法对结构抗震性能的评估结果,所选择的侧向荷载分布模式应该能近似地反映结构内力的可能分布情况。

水平荷载的分布模式,是指侧向力沿结构高度的分布,它既应反映出地震作用下结构各层惯性力的分布特征,又应使所求的位移能大体真实地反映地震作用下结构的位移状况。目前对不同加载模式的优劣,及怎样通过加载模式来考虑高振型的影响等,研究者尚未达成共识。通常采用的加载方式有固定加载方式和适应性加载方式。

1. 固定加载模式

所谓固定加载模式,是指荷载的分布不随结构的状态而改变,通常采用的固定加载模式有以下几种:

模式一:均布加载模式,即侧向力与楼层质量成正比,相对于整体倾覆弯矩,该加载模式更强调结构底部剪力的重要性;

模式二:倒三角形加载模式:

$$P_i = \frac{W_i h_i}{\sum_{m=1}^{n} W_m h_m} V_b$$

模式三:与层高的指数成比例的分布模式:

$$P_i = \frac{W_i h_i^k}{\sum_{m=1}^{n} W_m h_m^k} V_b$$

式中,n 为结构总层数;h_i,h_m 为结构 i,m 层楼面距地面的高度;V_b 为基底剪力;W_i,W_m 为结构第 i,m 层的楼层重力荷载代表值;指数 k 可按下式取用:

$$k = 1.0(T \leq 0.5s); k = 1.0 + \frac{T-0.5}{2.5-0.5}(0.5s < T < 2.5s); k = 2.0(T \geq 2.5s)$$

其中,T 为结构的基本周期。可见当结构基本周期小于或等于 $0.5s$ 时,这种模式相当于按底部剪力法获得的倒三角形分布。

由与层高的指数成比例的分布模式进行的 Pushover 分析所得出的结构能力曲线介于由倒三角分布和均匀分布进行的 Pushover 分析所得到的曲线之间,相当一部分学者认为倒三角模式和均匀模式分别反应了结构能力曲线的下限和上限。在用上述三种模式进行 Pushover 分析的过程中,侧向力分布模式保持不变。

2. 适应性加载模式

适应性加载模式是相对于固定加载模式而言的。它是指根据结构在加载过程中随塑性铰的发展,不断调整侧向荷载的分布模式。如根据结构振型的变化,用振型分解反应谱平方和开平方(SRSS)计算结构各楼层层间剪力的方法;根据结构层抗剪强度的变化调整各楼层层间剪力的方法等。介绍以下几种适应性加载方式:

模式四:

$$F_{ij} = \alpha_j \Gamma_j \Phi_{ij} W_i$$

$$W_{ij} = \sum_{m=1}^{n} F_{mj}$$

$$W_i = \sqrt{\sum_{j=1}^{N} V_{ij}^2}$$

$$P_i = V_i - V_{i+1}$$

式中　W_i——结构第 i 层的楼层重力荷载代表值;

　　　F_{ij}——第 j 振型下第 i 层的水平地震作用;

　　　P_i——第 i 层的等效水平荷载;

　　　V_{ij}——第 j 振型下第 i 层的层间剪力;

　　　V_i——N 个振型 SRSS 组合后层剪力;

　　　α_j——加载前一步第 j 振型地震影响系数,按现行抗震规范罕遇地震影响系数曲线计算;

　　　Γ_j——加载前一步第 j 振型参与系数;

　　　ϕ_{ij}——加载前一步结构第 j 振型第 i 质点的水平相对位移;

　　　N——考虑的振型个数;

　　　n——结构总层数。

模式五:

$$\overline{\phi}_i = \sqrt{\sum_{j=1}^{n}(\phi_{ij}\Gamma_j)^2}$$

$$P_i = \frac{m_i \overline{\phi}_i}{\sum_{k=1}^{n} m_k \phi_k} V_b$$

式中 $\overline{\phi}_i$——考虑高振型影响的等效基本振型；

ϕ_{ij}——第 j 振型第 i 质点的振型形状；

Γ_j——加载前一步第 j 振型参与系数；

m_i——第 i 层的质量。

10.3.2 目标位移的确定方法

结构的目标位移是指结构非线性弹塑性静力分析的最大期望位移。由于顶部位移能直接而有效地度量结构的整体位移反应，且能与单自由度体系的质点位移相对应，因此通常选用结构的顶部位移作为目标位移量。

结构目标位移的确定和水平荷载模式的选择，是静力弹塑性分析方法的两个关键环节，将直接影响静力弹塑性分析方法对结构抗震性能的评估结果。目前确定结构的目标位移有以下几种方法，一是在结构等效为单自由度体系后，通过对单自由度体系进行动力时程分析得到；二是采用能力谱方法；三是采用位移系数法等。

10.4 能力谱方法

所谓"能力谱"方法(Capacity Spectrum Method)，其最初概念是由 Freeman 等人在1975年为美国海军抗震工程项目做简化评估时提出的，后来经过了不断改进，完善了能力谱。各研究者提出的计算方法不尽相同，如多自由度与等效单自由度体系之间的转换关系，但没有本质差别。该方法实质上是运用图形对比结构的能力和地震地面运动对结构的要求，直观的评价结构在地震作用下的表现。结构的能力谱曲线通过静力弹塑性分析(pushover analysis)得到，用基底剪力—顶点位移来表达。

能力谱方法它是通过图形方法，把结构的能力与地震地面运动对结构的要求进行比较。这种方法具有形象、直观的优点，易于理解。结构的能力用一条剪力—位移曲线来表示，这条曲线是通过 Pushover 分析而得到的。得到该曲线后，把它转换成等效单自由度体系的谱加速度和谱位移曲线，即能力谱曲线；地震地面运动对结构的要求即地震需求谱可由反应谱曲线(伪加速度—周期形式)转换成需求谱曲线(伪加速度—位移形式)而得。若地震需求曲线和结构能力曲线没有交点，则说明结构的抗震能力不足，需要修改设计。能力谱法的计算步骤：

(1) 建立结构的计算模型；

(2) 选择某一分布模式的侧向荷载，对结构进行推覆分析，得到基底剪力 V_b 和顶部位移 u_N 的关系曲线，即 Pushover 曲线，再将 Pushover 曲线按公式(10.1)转化为结构的能力谱曲线，如图 10.3 所示：

$$A = \frac{V_b}{M_1^*}, D = \frac{u_N}{\Gamma_1 \phi_{N1}} \tag{10.1}$$

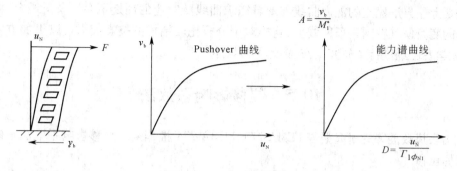

图 10.3 能力谱转换

$$\Gamma_1 = \frac{\sum_{j=1}^{N} m_j \phi_{j1}}{\sum_{j=1}^{N} m_j \phi_{j1}^2}, M_1^* = \frac{(\sum_{j=1}^{N} m_j \phi_{j1})^2}{\sum_{j=1}^{N} m_j \phi_{j1}^2} \quad (10.2)$$

式中　m_j——第 j 层的质量;

ϕ_{j1}——第 1 振型在第 j 层的振幅;

ϕ_{n1}——第 1 振型向量中对应于第 n 质点的元素,第 1 振型向量按顶点向量位移为 1 正则化;

Γ_j——第 1 振型参与系数。

(3)将标准的加速度反应谱按照公式(10.3)转换为地震需求谱,如图 10.4 所示:

$$D = \frac{T_n^2}{4\pi^2} A \quad (10.3)$$

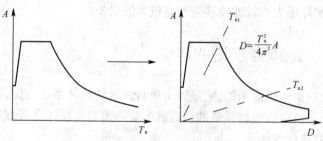

图 10.4 反应谱转换

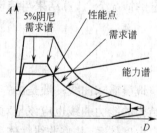

图 10.5 确定结构的目标位移

(4)将代表地面运动的需求反应谱与结构的能力谱绘制在同一个图中,通过对结构振动周期和等效粘滞阻尼进行逐步修正,进行一系列等效线性体系的迭代分析过程,从而来确定结构的目标位移。找到了结构的"目标位移点",即可以进行结构的抗震性能评估。能力谱法确定结构的目标位移的示意图如图 10.5 所示。

通过对能力谱方法的研究可以看出,这种方法用于判断结构在给定地震作用下的弹塑性反应,其结果取决于功能反应点的位置。根据功能反应点处于能力曲线何段可定性宏观评估该结构在给定地震作用下的反应特性和破坏情况。而且还可以根据功能反应点在能力曲线上的位置坐标推得其对应的基底剪力,顶部相对位移与瞬时自振频率等反应值。值得指出的是上述方法建立的能力曲线与地震需求曲线所对应的周期不在一条射线上,可以通过相应的变换使其在同一条射线上,这样对于分析比较结构的抗震能力可以更加方便。目前,有关学者已经进行了研究工作,在此不再累述。

10.5 位移影响系数法

美国联邦救援署的研究报告 FEMA-273、FEMA-274 推荐采用位移影响系数法来确定结构的目标位移。

$$\delta_t = C_0 C_1 C_2 C_3 S_a (T_e^2/4\pi^2) \tag{10.4}$$

式中 C_0——反映等效单自由度体系位移与建筑物顶点位移关系的调整系数;
C_1——反映最大非线性位移期望值与线性位移关系的调整系数;
C_2——反映滞回环形状对最大位移影响的调整系数;
C_3——反映 $P-\Delta$ 效应对位移影响的调整系数;
S_a——等效单自由度体系的等效自振周期和阻尼对应的谱加速度反应;
T_e——结构等效的自振周期。

采用位移影响系数法确定结构的最大非线性位移,概念简单、使用方便,但在使用时还有许多问题需要进一步研究:1)它只是一种衡量结构整体抗震水平的评估方法,无法提供具体楼层和主要构件的损坏情况,无法体现具体结构构件的抗震水准;2)由于结构刚度和强度退化对最大位移反应的影响目前尚没有一种比较明确和简单的答案,因此系数 C_2 的确定存在一定困难;3)结构的最大非线性位移与线性位移的关系比较复杂,采用上述多系数的表示方法,每一个系数取值的变化都会对结果产生较大的影响,而在各个系数都不能明确确定的情况下,计算结果与结构的实际最大非线性位移会产生较大的误差。

10.6 地震需求谱的建立

地震需求曲线一般是由弹性反应谱转化而来的,它是针对单自由度线性体系而言的,因此结构的能力曲线也应该是对应于单自由度线性体系的。这就需要将多自由度体系等效成单自由度体系,并将非线性体系等效成线性体系。

10.6.1 等效单自由度体系

1979 年,Saiidi 和 Sozen 证明了主要由第一振型控制的结构位移反应能够用一单自由度振子来模拟。这一单自由度振子具有和多层框架组成构件相同的粘滞特性。这一结论使得人们想到可以利用等效单自由度体系的位移计算方法来计算多自由度体系的最大整体位移。

将结构转化为与其等效的单自由度体系的方法不是惟一的,但等效原则大致相同,即均通过多自由度体系(MDOF)的动力方程进行等效。

MDOF 在地震地面运动下的动力微分方程可以写为:

$$M\ddot{X}(t) + C\dot{X}(t) + KX(t) = -MI\ddot{X}_g(t) \tag{10.5}$$

式中 M、C——分别是结构的质量和阻尼矩阵;

$\ddot{X}_g$——地震地面加速度；

$\ddot{X}(t)$、$\dot{X}(t)$、$X(t)$——分别为节点的相对侧向位移向量、速度向量、加速度向量；

I——单位矩阵。

令

$$X(t) = \{\phi\}X_t(t) \tag{10.6}$$

即将结构的侧向位移向量用顶部位移与一形状向量的乘积来表示。其中，$X_t(t)$ 为多自由度体系的顶部位移，是时间的函数，$\{\phi\}$ 为一形状向量，且在整个反应过程中是保持不变的。

将式(10.6)代入式(10.5)，得到：

$$M\{\phi\}\ddot{X}_t(t) + C\{\phi\}\dot{X}_t(t) + K\{\phi\}X_t(t) = -MI\ddot{X}_g(t) \tag{10.7}$$

如果定义等效 SDOF 的位移是：

$$X^r(t) = \frac{\{\phi\}^T M\{\phi\}}{\{\phi\}^T MI} X_t(t) \tag{10.8}$$

将式(10.8)转化得：

$$X_t(t) = \frac{\{\phi\}^T MI}{\{\phi\}^T M\{\phi\}} X^r(t) \tag{10.9}$$

将式(10.9)代入式(10.7)，同时方程各项分别左乘 $\{\phi\}^T$，则可以得到等效 SDOF 的运动微分方程：

$$M^r \ddot{X}(t) + C^r \dot{X}(t) + K^r X(t) = -M^r \ddot{X}_g(t) \tag{10.10}$$

这里，等效 SDOF 的各参数分别为：

等效质量：

$$M^r = \{\phi\}^T MI \tag{10.11}$$

等效阻尼：

$$C^r = \{\phi\}^T C\{\phi\} \frac{\{\phi\}^T MI}{\{\phi\}^T M\{\phi\}} \tag{10.12}$$

等效刚度：

$$K^r = \{\phi\}^T [K] \tag{10.13}$$

等效周期：

$$T_e^r = 2\pi \sqrt{M^r/K^r} \tag{10.14}$$

假设振型矢量 $\{\phi\}$ 已知，则等效 SDOF 的力 V^r—位移 X^r 的关系曲线可以通过多自由度体系的基底剪力 V^b 和顶部位移 X^t 关系曲线转化得到。如图 10.6 和图 10.7 所示。

对于二折线形的恢复力曲线，只要确定了屈服位移 X_y^r 和屈服剪力 V_y^r，也就确定了恢复力曲线。由式(10.8)和式(10.13)可得：

$$X_y^r = \frac{\{\phi\}^T M\{\phi\}}{\{\phi\}^T MI} X_{t,y}$$

$$V_y^r = \{\phi\}^T K X_y^r$$

同时，假定单自由度体系和多自由度体系的强度硬化比 α 相同。

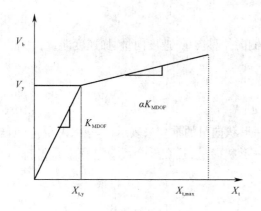 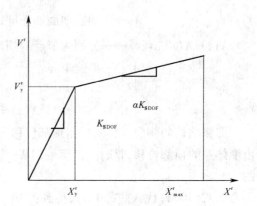

图 10.6 MDOF 体系的 V_b—X_t 曲线　　　　图 10.7 SDOF 体系的力—位移曲线

10.6.2 等效线性体系

等效线性化方法的基本假定是结构非线性反应可以近似地用一个线性结构的反应去代替。等效线性化所得到的等效参数 K_{eq} 与 ζ_{eq} 一般认为至少是体系最大反应的函数。因此，在对多自由度非线性体系进行等效线性化时，要注意使等效参数与体系的总反应的非线性程度相符，即各单元的等效值应与该单元的恢复力滞回曲线的反应大小相符。

确定单自由度非线性系统的等效参数已有许多近似方法。按基于简谐反应和基于随机振动的方法区分，前者分为简谐等效线性化法、共振幅值法、动质量法、常临界阻尼法、几何刚度法和几何能量法；后者分为平稳随机等效线性化法、平均周期与阻尼法和平均刚度与能量法。

10.6.3 地震需求曲线

1993 年 Mahaney 等人提出了将地震加速度反应谱转化为加速度—位移反应谱(ADRS)形式，这一形式的优点是在于它可以将结构的能力曲线和地震需求曲线放在同一图中。地震需求曲线(也可称作需求谱)是指某一地震动对地面上的结构引起的最大加速度反应和最大位移反应的关系曲线。即是以位移反应谱 S_d 为横坐标，加速度反应谱 S_a 为纵坐标的曲线。

目前一般采用两种方法构造需求谱，一种是采用等效阻尼的方法对给出的弹性反应谱进行折减，从而获得需求谱；二是采用非弹性反应谱。非弹性反应谱可以通过两种方法得到，一是通过大量的统计计算得到；二是通过强度折减系数，对弹性反应谱进行折减，从而获得非弹性反应需求谱。理论上采用第一种方法较好，但是要做大量的统计工作，且地震记录有限，不能得到一般意义上的非弹性反应谱。本节从《公路工程抗震设计规范》(JTJ 004—89)中的地震影响系数曲线出发，利用强度折减系数构造非弹性需求谱。

1. 等价原则及 $R-\mu$ 关系

为了考虑结构的弹塑性，世界许多国家的规范采用对弹性地震作用予以折减的方法。其中一种方法是引用力的折减系数(结构性能系数) R，采用等价线性化方法近似考虑结构的非线性特征。R 的物理意义为：在相同的外荷载作用下，结构所承受的弹性力同实际承受的非弹性力的比值。

当结构自振周期大于相应的弹性谱峰值反应的周期 T_m 时，由非弹性等效得到的最大位移,类似于从与非弹性系统的初始弹性刚度相等的弹性系统所得的最大位移,如图10.8(a)所示,其几何形状表示非弹性系统的延性大约等于力的折减系数,即:

$$\mu = \frac{\Delta_u}{\Delta_y} = R \tag{10.15}$$

这种现象被称为位移等价原则。对于短周期结构,式(10.15)不够准确。峰值位移延性系数可用非线性力—挠度曲线下的面积与具有相同初始刚度的弹性系统的等效面积来很好的估计,如图10.8(b)所示,称为能量等价原则。延性系数与力的折减系数的关系可表示为:

$$\mu = \frac{\Delta_u}{\Delta_y} = \frac{R^2 + 1}{2} \tag{10.16}$$

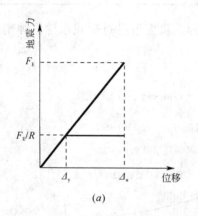
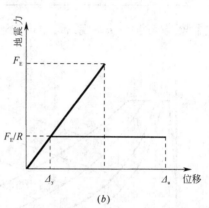

(a) (b)

图10.8 延性系数与力的折减系数关系曲线
(a)等效位移;(b)等效能量

对于 $T=0$ 的极限情况,结构的加速度等于实际地面加速度,因而其抗力水平不应低于地面峰值加速度,可称为加速度等价原则。有:

$$R = 1 \tag{10.17}$$

对于具有5%阻尼比的一般结构,其弹性谱在0.35s附近有峰值反应,式(10.15)当 $T>0.7s$ 时是适当的;当 $T=0$ 时,式(10.17)是可用的;在 $T=0$ 和 $T>0.7s$ 之间按下面的关系曲线增加:

$$R = 1 + (\mu - 1)/0.7 \tag{10.18}$$

实际上,力的折减系数不仅与结构周期有关,还受到震级、震源机制、地震波传播途径、场地条件、阻尼比、滞回模型等因素的影响。许多研究者,如 Newmark&Hall、Krawinkler&Nassar、Miranda&Bertero、Vidic、范立础等建立了考虑不同影响因素的 $R-\mu$ 关系模型。现介绍 Vidic 模型。Vidic 提出的 $R-\mu$ 关系模型如下:

$$R = c_1(\mu - 1)_R^c \frac{T}{T_0} + 1 \qquad T \leq T_0 \tag{10.19a}$$

$$R = c_1(\mu - 1)_R^c + 1 \qquad T > T_0 \tag{10.19b}$$

$$T_0 = c_2 \mu_T^c T_g \tag{10.19c}$$

式中:T_g 是结构的特征周期,c_1、c_2、c_3 和 c_T 是取决于结构滞回性能和阻尼比的参数,见

表10.3。此模型形式简便且能满足精度要求。

5%阻尼比 Vidic 模型参数　　　　　表10.3

模型		c_1	c_2	c_R	c_T
滞回性能	阻尼				
Q 型	与质量成比例	1.0	1.0	0.65	0.30
Q 型	与瞬时刚度成比例	0.75	1.0	0.65	0.30
双线型	与质量成比例	1.35	0.95	0.75	0.20
双线型	与瞬时刚度成比例	1.10	0.95	0.75	0.20

建立了较准确的 $R-\mu$ 关系后,便可以通过对弹性反应谱进行折减来建立弹塑性反应谱。

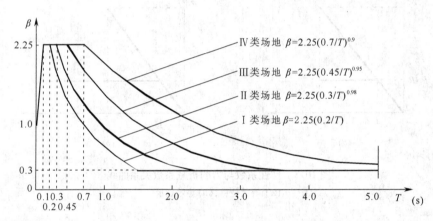

图 10.9　规范 β 反应谱示意图

2. 基于公路工程规范弹性反应谱的需求谱的建立

我国交通部部标准《公路工程抗震设计规范》(JTJ 004—89)给出的 β 反应谱如图 10.9 所示,其表达式见式(10.20a)～式(10.20d):

$$\beta = 5.5\beta_{max}T + 0.45\beta_{max} \qquad 0 < T \leqslant 0.1\text{s} \qquad (10.20a)$$

Ⅰ类场地:

$$\beta = \beta_{max} \qquad 0.1\text{s} < T \leqslant 0.2\text{s} \qquad (10.20b\text{Ⅰ})$$

$$\beta = 2.25 \times \frac{0.2}{T} \qquad 0.2\text{s} < T \leqslant 1.5\text{s} \qquad (10.20c\text{Ⅰ})$$

$$\beta = 0.3 \qquad 1.5\text{s} < T \leqslant 5\text{s} \qquad (10.20d\text{Ⅰ})$$

Ⅱ类场地:

$$\beta = \beta_{max} \qquad 0.1\text{s} < T \leqslant 0.3\text{s} \qquad (10.20b\text{Ⅱ})$$

$$\beta = 2.25 \times \left(\frac{0.3}{T}\right)^{0.98} \qquad 0.3\text{s} < T \leqslant 2.35\text{s} \qquad (10.20c\text{Ⅱ})$$

$$\beta = 0.3 \qquad 2.35\text{s} < T \leqslant 5\text{s} \qquad (10.20d\text{Ⅱ})$$

Ⅲ类场地:

$$\beta = \beta_{max} \qquad 0.1s < T \leq 0.45s \qquad (10.20b\text{III})$$

$$\beta = 2.25 \times \left(\frac{0.45}{T}\right)^{0.95} \qquad 0.45s < T \leq 3.75s \qquad (10.20c\text{III})$$

$$\beta = 0.3 \qquad 3.75s < T \leq 5s \qquad (10.20d\text{III})$$

Ⅳ类场地：

$$\beta = \beta_{max} \qquad 0.1s < T \leq 0.7s \qquad (10.20b\text{IV})$$

$$\beta = 2.25 \times \left(\frac{0.7}{T}\right)^{0.9} \qquad 0.7s < T \leq 5s \qquad (10.20c\text{IV})$$

式中：$\beta_{max} = 2.25$

这里用折减系数 $R(\mu)$ 对弹性加速度反应谱进行折减，建立结构需求谱 $S_a - S_d$ 曲线。对于弹性单自由度体系有：

$$S_{de} = S_{ae}/\omega^2 = (T^2/4\pi^2)S_{ae} \qquad (10.21)$$

式中：S_{de} 和 S_{ae} 分别为弹性谱位移和谱加速度；ω 为圆频率；T 为结构周期。

由力的折减系数的物理意义可得：

$$S_a = S_{ae}/R \qquad (10.22)$$

$$\alpha = k\beta = \frac{S_{ae}}{g} = \frac{RS_a}{g} \qquad (10.23)$$

$R-\mu$ 的关系是否准确直接影响能力谱方法的精度。若 R 值过大，能力谱曲线和需求谱曲线的交点过早，计算所得到的结构塑性铰数量限值较真实值少，结果低估了结构的抗震能力，不够经济；若 R 值过小，分析结果将夸大结构的真实抗震能力，不够安全。现采用表 6.4 Vidic 第三种模型确定的 $R-\mu$ 关系，其中特征周期为二区四类场地在 7 度、8 度和 9 度罕遇地震的情况，利用 $R-\mu$ 关系建立基于公路工程抗震规范弹性反应谱的地震需求谱见图 10.10 所示。Vidic 第三种模型确定的 $R-\mu$ 关系如下：

$$R = 1.35(\mu-1)^{0.75}\frac{T}{T_0} + 1 \qquad T \leq T_0 \qquad (10.24a)$$

$$R = 1.35(\mu-1)^{0.75} + 1 \qquad T > T_0 \qquad (10.24b)$$

$$T_0 = 0.95\mu^{0.20}T_g \qquad (10.24c)$$

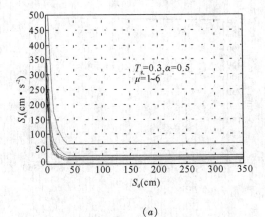

(a)

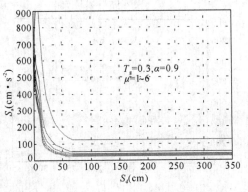

(b)

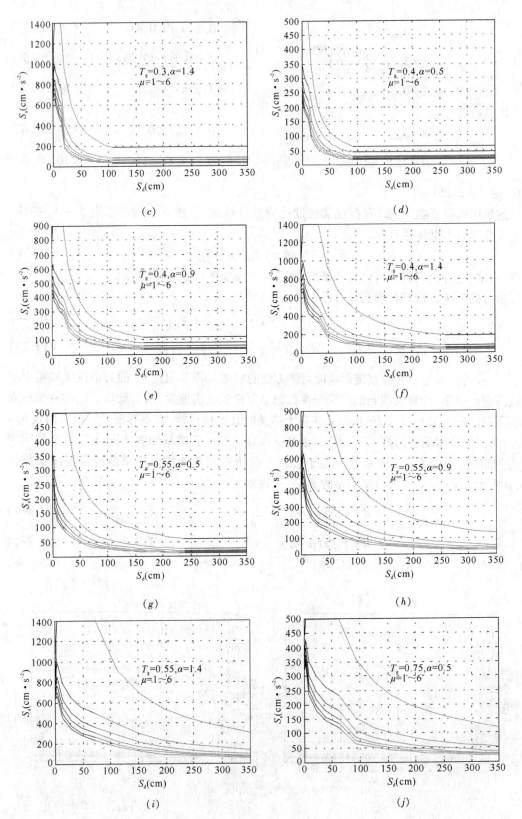

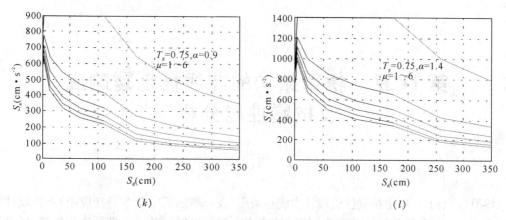

图 10.10 特征周期为二区的四类场地在罕遇地震下的需求谱

(a) Ⅰ类场地 7 度罕遇地震下需求谱;(b) Ⅰ类场地 8 度罕遇地震下需求谱;(c) Ⅰ类场地 9 度罕遇地震下需求谱;
(d) Ⅱ类场地 7 度罕遇地震下需求谱;(e) Ⅱ类场地 8 度罕遇地震下需求谱;(f) Ⅱ类场地 9 度罕遇地震下需求谱;
(g) Ⅲ类场地 7 度罕遇地震下需求谱;(h) Ⅲ类场地 8 度罕遇地震下需求谱;(i) Ⅲ类场地 9 度罕遇地震下需求谱;
(j) Ⅳ类场地 7 度罕遇地震下需求谱;(k) Ⅳ类场地 8 度罕遇地震下需求谱;(l) Ⅳ类场地 9 度罕遇地震下需求谱

10.6.4 能力曲线

在静力弹塑性分析中,通常用"能力曲线"来从总体上反映结构抵抗横向荷载的能力。结构的能力曲线是指结构的基底剪力—顶部位移关系曲线或层剪力—层间位移关系曲线。可以由下面的方法得到。

对结构施加某种形式的水平荷载,逐渐增加水平力使结构各层依次进入弹塑性,从而可以得到结构的顶部位移 X_t 和基底剪力 V_t 的关系曲线。为了简化计算,需将真实曲线转化成双折线形式。一般有两种转化方法,一种转化方法是由规范或经验估计一最大基底剪力 $V_{b,max}$,取其 60% 处的割线刚度作为有效初始刚度。另一种转化方法是取与真实曲线相同的屈服后刚度,并利用屈服前与屈服后能量损耗相等的原则来确定初始弹性刚度。

第 11 章 桥梁结构的非线性地震响应及抗震性能分析

11.1 引　　言

1970 年以前,国际上桥梁抗震设计中统一采用(在一些国家中至今仍在应用)弹性设计原理。这种设计方法会引起对地震袭击下结构反应水平的误解以及严重低估地震位移,还会诱导设计者忽略延性能力设计及提供合理的结构强度。另外,折减了的地震力和全部重力共同作用下的弯矩图与结构发挥全部强度时的实际弯矩图之间存在着严重的偏差。近代抗震设计理论在总结过去地震灾害教训的基础上,确立了基于弹塑性理论的延性抗震设计方法,这种设计方法允许结构在强地震荷载作用下发生有限度的损伤,利用结构的弹塑性力学特性(如柔性、履历阻尼)吸收地震能量,达到减轻地震荷载、依靠其良好的变形能力实现结构避免倒塌破坏的目的。它与弹性设计理论相比,主要是通过提高结构极限变形能力的途径来改善它的抗震性能,而不是简单地增加截面尺寸、增大截面强度来提高结构的能力。因此,按延性设计的结构一般具有截面小、自重轻的特点,在强震区是一种经济合理的设计方法。

按延性设计理论进行结构抗震设计,需要计算结构的弹塑性地震响应。目前对结构的弹塑性地震响应计算最准确的方法是非线性时程分析方法。但是由于非线性时程分析方法需要耗费大量的计算时间,输出大量的计算数据,这些都不利于工程师进行结构设计。因此,对于大量常规的桥梁结构,一般不采用这种分析方法,在很多情况下仅限于进行弹性动力时程分析;只有特别复杂和重要的桥梁,才需要进行非线性动力时程分析方法。

Pushover 分析方法相对时程分析方法来说比较简单,能大大简化设计计算工作,同时它能够清晰地反映结构在强震作用下各个方面的性能,尤其对于反应以基本振型为主的结构,Pushover 分析方法不仅能够很好地反映结构的整体变形,还能够很清晰地反映结构局部的塑性变形机制。因此,近年来 Pushover 分析方法在桥梁抗震中的应用也得到了迅速的发展。

11.2 桥梁结构非线性有限元模型

11.2.1 钢筋混凝土结构材料的本构关系

1. 钢筋的应力—应变关系

在结构计算中经常把钢筋的材料特性简化成双直线或三直线计算模型(图 11.1),其中,双直线模型是忽略强化阶段的应力—应变关系,计算简单、容易实现,是目前广泛采用的一种计算模型。与双直线计算模型相比较,考虑硬化阶段的三直线计算模型情况相对比较复杂一些,考虑了加载后期的材料强化行为,因此,当应变比较大时,三直线计算模型的计算精度要高于双直线计算模型。

下面介绍钢筋的应力—应变关系为双直线的计算模型。

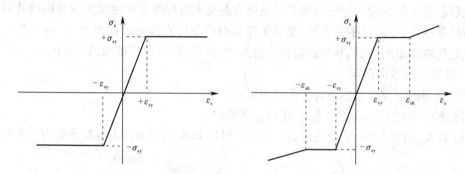

图 11.1　钢筋的应力—应变关系简化计算模型
(a)双直线计算模型；(b)三直线计算模型

2. 箍筋约束混凝土受压的应力—应变关系

Kent 和 R. Park 等根据试验结果，建议了受矩形封闭箍筋约束的混凝土应力—应变曲线（如图 11.2 所示），各段关系如下：

AB 段，$\sigma = f'_c \left[\dfrac{2\varepsilon}{0.002} - \left(\dfrac{\varepsilon}{0.002} \right)^2 \right]$　　$\varepsilon \leqslant 0.002$　　(11.1)

BC 段，$\sigma = f'_c [1 - Z(\varepsilon - 0.002)]$　　$0.002 \leqslant \varepsilon \leqslant \varepsilon_{20}$　　(11.2)

CD 段，$\sigma = 0.2 f'_c$　　$\varepsilon \geqslant \varepsilon_{20}$　　(11.3)

BC 段参数 Z 按下式确定：

$$Z = \dfrac{0.5}{\varepsilon_{50u} + \varepsilon_{50h} - 0.002} \quad (11.4)$$

$$\varepsilon_{50u} = \dfrac{3 + 0.29 f'_c}{145 f'_c - 1000}, \quad \varepsilon_{50h} = \dfrac{3}{4} \rho_v \sqrt{\dfrac{b''}{s}} \quad (11.5)$$

式中　ρ_v——箍筋与被箍筋约束的混凝土的体积比（从箍筋外边计算）；
　　　b''——被箍筋约束的混凝土宽度；
　　　s——箍筋间距；
　　　f'_c——混凝土圆柱体抗压强度(MPa)。

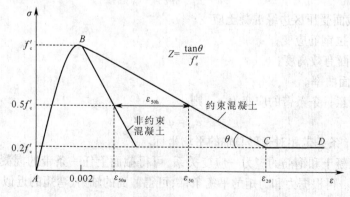

图 11.2　矩形箍筋约束混凝土应力—应变关系曲线

11.2.2 钢筋混凝土结构的弯矩—曲率关系

钢筋混凝土结构的弯矩—曲率关系是钢筋混凝土结构弹塑性地震响应分析的基础。由于材料的非线性,要通过平衡条件、变形条件和物理条件直接导出截面的 $M-\varphi-N$ 关系的解析式是比较困难的,我们利用数值积分的方法(条带法)来计算截面的 $M-\varphi-N$ 关系。

1. 条带法的基本假定

(1) 截面的应变分布始终符合平截面假定;
(2) 钢筋的应力—应变关系,采用双直线模型;
(3) 混凝土的应力—应变关系,采用 Kent 和 R. Park 的箍筋约束混凝土应力—应变关系曲线;
(4) 不考虑剪切变形的影响。

2. 条带法的计算步骤

矩形截面钢筋混凝土构件在正截面受力作用下,截面的应力、应变分布如图 11.3 所示。为了能进行数值计算,将截面平行于弯曲转动轴分割成有限条带,并假定每一条带上的应力均匀分布,混凝土和钢筋的应力、应变均以压为正,拉为负。在条带划分时,为了能使计算模型中截面上的应力分布接近实际情况,通常将截面沿高度方向划分成 50 个以上的条带。

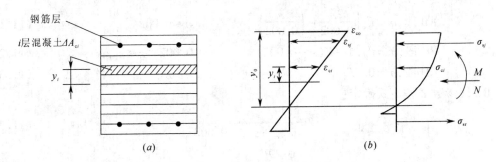

图 11.3 矩形截面条带划分及应力、应变分布
(a) 条带划分;(b) 应变、应力沿截面高度分布

根据平截面假定可得截面曲率为

$$\varphi = \frac{\varepsilon'_c + \varepsilon_s}{h_0} \tag{11.6}$$

式中 ε'_c——截面受压区边缘混凝土应变;
ε_s——受拉钢筋应变;
h_0——截面有效高度;
φ——截面曲率。

设截面上任意一条条带的应变为 ε_{ci},则

$$\varepsilon_{ci} = \varphi y_i \tag{11.7}$$

式中 y_i——第 i 条带相对于形心轴的平均坐标。

按已知的混凝土和钢筋的应力—应变关系,可得截面上任一条带的混凝土和钢筋的应力 σ_{ci},σ'_s 及 σ_s。再根据力和力矩的平衡条件,可得截面的轴力、弯矩的近似计算公式:

$$N = \int_A \sigma dA = \sum_{i=1}^{n} \sigma_{ci} \Delta A_{ci} + \sigma'_s A'_s - \sigma_s A_s \tag{11.8}$$

$$M = \int_A \sigma y dA = \sum_{i=1}^{n} \sigma_{ci} y_i \Delta A_{ci} + \sigma'_s A'_s (\frac{h}{2} - a) + \sigma_s A_s (\frac{h}{2} - a) \tag{11.9}$$

式中 ΔA_{ci}——i 层混凝土的面积;

σ_{ci}——i 层混凝土的应力;

σ'_s, σ_s——受压及受拉钢筋的应力;

A'_s, A_s——受压及受拉钢筋的面积;

y_i——i 层的平均坐标(对于形心轴);

n——截面混凝土划分的条带数。

3. 弯矩—曲率关系计算框图

用条带法计算截面弯矩—曲率关系的计算框图如图 11.4 所示。

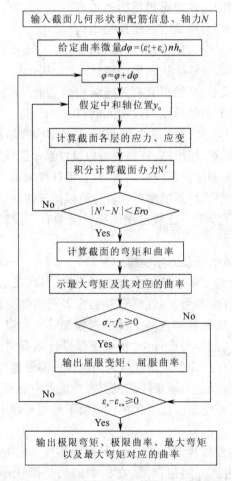

图 11.4 截面弯矩—曲率关系计算框图

4. 钢筋混凝土构件的骨架曲线

按前面介绍的计算截面 $M-\varphi-N$ 关系的步骤编制 RC 程序,可以得到钢筋混凝土构件的开裂点、屈服点以及极限点,从而得到钢筋混凝土构件的三直线模型骨架曲线,如图 11.5 中虚线所示。如果忽略开裂点并简化成理想弹塑性模型,三直线还可以进一步简化成双直线模型,如图 11.5 中实线所示。理想弹塑性模型中的等效屈服点(ϕ_{ye}, M_{ye})为原点与初始屈服点(ϕ_y, M_y)延长线上的点,且:

$$\begin{cases} M_{ye} = M_u \\ \phi_{ye} = \phi_y \dfrac{M_{ye}}{M_y} \end{cases} \tag{11.10}$$

11.2.3 钢筋混凝土结构的非线性计算模型

钢筋混凝土结构由钢筋和混凝土两种材料组成,目前构建钢筋混凝土结构的有限元模型主要有三种方式:分离式、组合式和整体式。其中,分离式模型相对比较复杂,主要用于对结构构件内微观受力机理的分析研究。对于分析区域很大、所关心的结果是结构在外荷载作用下的宏观反应时(如结构的位移、杆件的应力分布情况等),通常采用整体式模型。整体式模型将钢筋弥散于整个单元中,并把单元视为连续均匀的材料,钢筋对整个结构的贡献可以通过单元的材

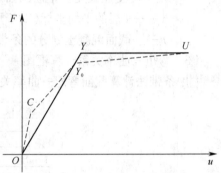

图 11.5 钢筋混凝土构件的骨架曲线

料特性参数来体现。整体式模型建模简单,是实际复杂结构弹塑性反应分析的主要研究方法。常用的整体式模型主要有:层模型、杆模型以及杆系—层模型。

最常用的一种整体式模型是杆系模型。取梁、柱等杆件为基本计算单元,将结构质量集中于各结点,即构成杆系模型。杆系模型可以较好地模拟普通的梁柱构件,是结构弹塑性反应分析中应用最广泛的单元模型。比较常用的杆系模型有三段变刚度模型、单分量模型及多弹簧模型。

11.2.4 桥墩的塑性铰机制及力学模拟

对于桥梁结构,大部分的质量一般集中在上部结构,因此在地震中,惯性力主要集中在上部结构。上部结构的设计主要受恒载、活载和温度等而不是受地震作用的控制。由于地震产生的惯性力仅仅对柱、墩和基础这些下部结构施加巨大的应力,所以柱、墩和基础是抗震设计的主要部位。在结构的能力设计中,桥梁下部设计地震惯性力可以小于由地震所产生的弹性惯性力,从而使下部结构形成塑性铰并消耗掉一部分地震能量,而桥梁的其他部分则提供足够的强度以保证所选定的能量耗散机制能在地震中形成。对单柱式或者多柱式桥墩,选定的能量耗散机制最好使塑性铰包含在柱中而不是在基础中,这是因为检查和修复柱比较容易。

当水平荷载比较小、塑性铰尚未形成之前,桥墩沿高度方向的曲率分布如图 11.6(b)中左图所示,但当水平荷载达到一定值以后,在桥墩的底部形成塑性铰,在某一范围内[图 11.6(b)右图中用 L_p 表示的区间]截面的曲率基本保持一定。我们称曲率基本保持一定的区间为塑性铰范围,其长度称为塑性铰长度。

塑性铰的变形性能对结构吸收地震能量、延性指标等抗震性能的评价有十分重要的影

响,在结构抗震设计时需要合理地模拟塑性铰的力学特性。

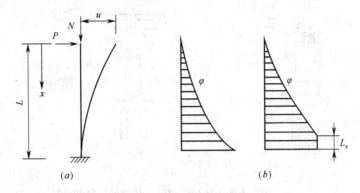

图 11.6 塑性铰形成前后的曲率分布
(a)受压弯作用的桥墩;(b)形成塑性铰前后的曲率分布

1. 塑性铰的位置

对单柱式桥墩,当桥墩顶部与梁之间为非刚性连接时,最大弯矩发生在下端,则不管地震作用的方向如何(顺桥向或横桥向),塑性铰区域通常只出现在柱基(图 11.7);若桥墩与梁为刚性连接,最大弯矩发生在桥墩上、下两端,则塑性铰区域可以出现在柱的顶部或根部(图 11.8)。对多柱式桥墩,且桥墩与梁为非刚性连接的情况,当地震作用在横桥向时,塑性铰区域可以出现在柱的顶部或根部[图 11.9(a)];当地震作用在顺桥向时,塑性铰区域通常只出现在柱的根部[图 11.9(b)];对多柱式桥墩,且桥墩与梁为刚性连接的情况,不管地震作用的方向如何(顺桥向或横桥向),塑性铰区域通常可以出现在柱的顶部或根部(图 11.10)。

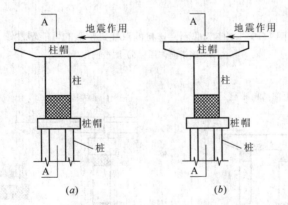

图 11.7 支座为非刚性连接的单柱式桥墩的可能塑性铰
(a)横桥向作用;(b)顺桥向作用

2. 塑性铰的力学模型

在计算分析中,塑性铰的力学模型是在塑性铰长度 L_p 的中间设置一个弹塑性回转弹簧单元来模拟,铰上、下 $L_p/2$ 区间按刚性构件计算,如图 11.11 所示。塑性铰的长度 L_p 是根据大量试验结果得到的经验值。

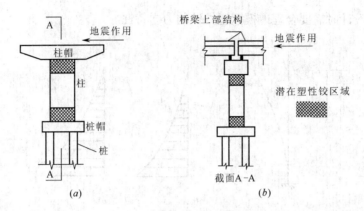

图 11.8　支座为刚性连接的单柱式桥墩的可能塑性铰
（a）横桥向作用；（b）顺桥向作用

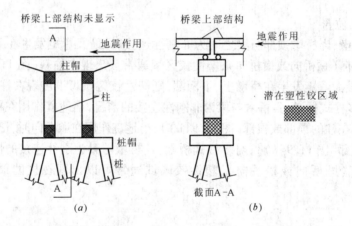

图 11.9　支座为非刚性连接的双柱式桥墩的可能塑性铰
（a）横桥向作用；（b）顺桥向作用

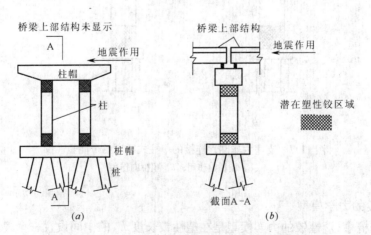

图 11.10　支座为刚性连接的双柱式桥墩的可能塑性铰
（a）横桥向作用；（b）顺桥向作用

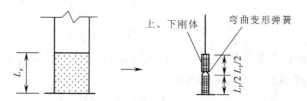

图 11.11 塑性铰计算模型

Eurocode 8 规范中所采用的计算公式为：

$$L_p = 0.08L + 0.022f_y d_s \geq 0.044 f_y d_s \tag{11.11}$$

或者
$$L_p = (0.4 \sim 0.6)H \tag{11.12}$$

式中 f_y——主筋的屈服应力(MPa)；

d_s——主筋的直径(m)；

L——零弯矩点至塑性铰形成截面的距离；

H——截面高度。

日本公路桥设计规范根据过去的试验资料，规定塑性铰长度为[145]：

$$L_p = 0.2L - 0.1H \qquad (0.1H \leq L_p \leq 0.5H) \tag{11.13}$$

式中 H——地震荷载作用方向的截面高度；

L——零弯矩点至塑性铰形成截面的距离。

新西兰规范规定塑性铰长度的计算公式为：

$$\frac{L_p}{H} = 0.5 + 0.05\frac{L}{H} \tag{11.14}$$

式中，H、L 的含义同上式。

我国正在编制的《公路桥梁抗震设计规范》拟采用式(11.11)来计算塑性铰的长度。

3. 塑性铰的转动刚度

塑性铰的回转刚度根据桥墩结构变形等同的条件，从截面的弯矩—曲率关系换算得到，即按曲率计算得到的墩顶水平位移与按回转弹簧的刚度计算得到的墩顶水平位移一致。

(1) 混凝土开裂时的回转角 θ_{pc} 和开裂弯矩 M_{pc}

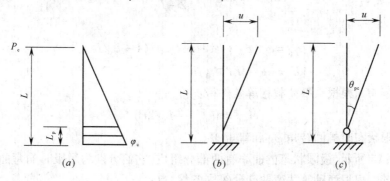

图 11.12 开裂状态

将桥墩塑性铰区域外的部分划分成 m_p 个杆段，根据塑性铰域弯曲变形产生的桥墩顶部水平变形等价条件：

$$\int_{L-L_p}^{L} \varphi(x)xdx = \theta_{pc}(L - \frac{L_p}{2}) \tag{11.15}$$

将图 11.12 中开裂水平荷载 $P_c(P_c = M_c/L)$ 作用下桥墩的曲率分布 $\varphi(x)$ 的表达式代入 (11.15),可以得到混凝土开裂时的回转角 θ_{pc}:

$$\theta_{pc} = \varphi_c L_p \frac{1 + (1 - L_p/L)^2}{2 - L_p/L} \tag{11.16}$$

开裂弯矩 M_{pc} 根据水平荷载相等条件可得:

$$M_c/L = M_{pc}/(L - L_p/2) \tag{11.17}$$

则有,

$$M_{pc} = M_c(1 - L_p/2L) \tag{11.18}$$

(2) 钢筋开始屈服时的回转角 θ_{py0} 和弯矩 M_{py0}

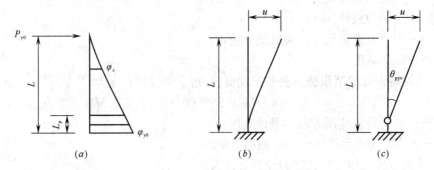

图 11.13 初始屈服状态

根据水平变形等价条件

$$\int_{L-L_p}^{L} \varphi(x)xdx = \theta_{py0}(L - \frac{L_p}{2}) \tag{11.19}$$

将图 11.13 中屈服水平荷载 $P_{y0}(P_{y0} = M_{y0}/L)$ 作用下桥墩截面的曲率分布 $\varphi(x)$ 代入式 (11.19),得到钢筋开始屈服时的回转角公式:

$$\theta_{py0} = \varphi_{y0} L_p \frac{1 + \gamma_p(1 - L_p/L)^2}{2 - L_p/L} \tag{11.20}$$

式中

$$\begin{cases} \gamma_p = \varphi_c/\varphi_{y0} + (1 - \varphi_c/\varphi_{y0})(1 - L_p/L') \\ L' = (1 - M_c/M_{y0})h \end{cases} \tag{11.21}$$

屈服弯矩 M_{py0} 根据水平荷载相等条件得:

$$M_{py0} = M_{y0}(1 - L_p/2L) \tag{11.22}$$

(3) 极限状态时的回转角 φ_{pu} 和弯矩 M_{pu}

如图 11.14 所示,极限状态的曲率有两部分组成,它们分别为屈服时的弯曲变形与塑性铰的塑性变形。根据两种算法弯曲变形等同条件,有:

$$\int_{L-L_p}^{L} \varphi(x)xdx + \int_{L-L_p}^{L} (\varphi_u - \varphi_{y0})xdx \approx \theta_{pu}(L - \frac{L_p}{2}) \tag{11.23}$$

式中 $\varphi(x)$ ——基部截面屈服时的曲率。

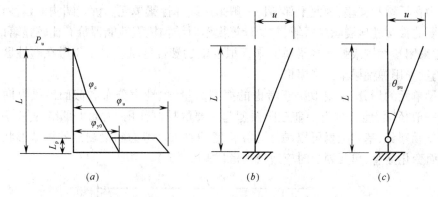

图 11.14 极限状态

从式(11.20)得到塑性铰的极限回转角：

$$\theta_{pu} \approx [\theta_{py0} + (\varphi_u - \varphi_{y0})L_p] \tag{11.24}$$

极限状态时的弯矩 M_{pu} 为基部截面的极限弯矩，即：

$$M_{pu} = M_u \tag{11.25}$$

4. 塑性铰转动刚度的简化计算公式

上面所介绍的塑性铰转动刚度的计算公式比较复杂，实际应用起来计算比较烦琐。我们采用简化的公式来计算塑性铰的转动刚度。

由于 L_p 相对整个构件长度来说是一个小量，因此可设弯矩在 L_p 内为常数。从而可得塑性铰回转角及塑性铰区域内弯矩的简化计算公式如下：

混凝土开裂时的弯矩和回转角：

$$\begin{cases} M_{pc} = M_u \\ \theta_{pc} = \varphi_u L_p \end{cases} \tag{11.26}$$

钢筋开始屈服时的弯矩和回转角：

$$\begin{cases} M_{py} = M_y \\ \theta_{py} = \varphi_y L_p \end{cases} \tag{11.27}$$

极限状态时的弯矩和回转角：

$$\begin{cases} M_{pu} = M_u \\ \theta_{pu} = \varphi_u L_p \end{cases} \tag{11.28}$$

塑性铰的转动能力为：

$$\theta_p = \theta_{pu} - \theta_{py} = (\varphi_u - \varphi_y)L_p \tag{11.29}$$

式中 $\varphi_c \setminus M_c$ ——分别为基部截面对应的开裂曲率、开裂弯矩；

$\varphi_y \setminus M_y$ ——基部截面对应的屈服曲率和屈服弯矩；

$\varphi_u \setminus M_u$ ——基部截面对应的极限曲率和极限弯矩。

11.3 桥梁结构的非线性分析模型的建立

根据前面的分析，桥梁的上部结构在地震中应力达到塑性范围的可能性比较小，地震破坏主要集中在桥墩和支座,因此上部结构一般采用线弹性梁单元。桥梁结构的延性设计中,桥墩是主要的弹塑性地震响应区域,它的计算模型对结构抗震性能评价有比较显著的影响,因此,通常采用塑性铰或弹塑性梁单元来模拟桥墩的塑性区域。对于桥墩在塑性区域以外的部分,仍然采用弹性梁单元来模拟。

弹性梁单元的划分,主要取决于考虑的振型数量、惯性力分布和截面沿梁纵向变化情况。对于一般桥梁,地震响应中前三阶振型起主要的控制作用,因此上部结构如每跨按10个以上的单元划分,基本上就可以满足计算精度的要求。考虑到梁端部的振型形状变化梯度大且截面变化显著,单元划分时应适当加密(图11.15)。

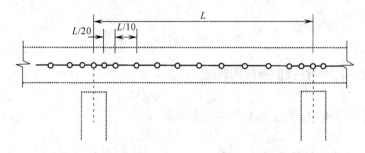

图 11.15 梁式桥上部结构的单元划分

塑性铰单元的计算模型在前面已经介绍,塑性铰的转动刚度特性参数采用简化计算公式(11.26)~(11.28)。当桥墩顶部与梁之间为非刚性连接时,最大弯矩发生在下端,塑性铰一般出现在基础顶面,只需要在桥墩下端设置塑性铰[图11.16(a)];而钢构桥梁的最大弯矩发生在桥墩上、下梁端,因此需要在桥墩的上下梁端设置塑性铰[图11.16(b)]。

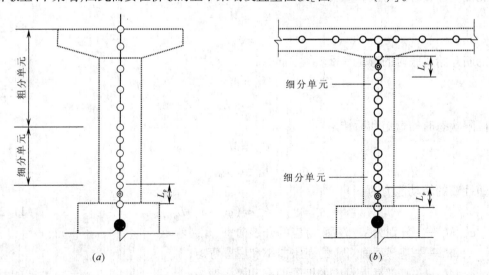

图 11.16 设置塑性铰的桥墩单元划分
(a) 墩梁铰接;(b) 墩梁刚接

同梁单元一样,桥墩单元的划分数目根据应考虑的振型数确定。由于桥墩振型响应中三次以上的振型对计算结果的影响一般比较小,因此桥墩单元的数目可以控制在能够考虑三次振型的程度,当墩高偏低时可适当减少节点的数目,计算只考虑低阶的振型。考虑到桥墩的变形主要集中在塑性区域,且靠近塑性区域的部分振型形状变化梯度大,故单元划分时也应适当加密。

11.3.1 滞回曲线计算模型

试验研究结果表明,钢筋混凝土结构在反复荷载作用下的力学行为十分复杂,破坏特性与截面的设计、结构尺寸、荷载履历等许多因素相关,在抗震设计中严密地模拟复杂的力学行为往往十分困难,因此,从实用方面考虑,需要对它作适当的简化处理。

滞回曲线的骨架曲线是指结构在反复荷载作用下由荷载—位移曲线峰值连接而成的包络曲线,它是规定结构履历变形规律的重要依据。根据过去的结构试验结果,一般认为反复荷载下的变形轮廓线与单调荷载下的荷载—位移曲线基本一致,为方便计算起见,常把单调荷载作用下的荷载—位移曲线近似地作为滞回曲线的骨架曲线采用。根据骨架曲线的简化形式不同,滞回曲线可以分为双线型模型、三线型模型以及四线型模型[142]。双线型模型是把屈服点作为骨架曲线的转折点;三线型模型则是把开裂点和屈服点作为骨架曲线的转折点;四线型模型是在三线型模型的基础上进一步考虑荷载最高点,用原点、开裂点、屈服点、荷载最高点以及极限点作为计算模型骨架曲线的控制点。由于四线型模型的计算量相对比较大,因此在地震响应计算中很少应用。下面主要介绍几种常用的滞回曲线模型。

1. 刚度退化双线型模型

用两段折线代替正、反向加载恢复力骨架曲线并考虑钢筋混凝土结构或构件的刚度退化性质即构成刚度退化二线型模型。根据是否考虑结构或构件屈服后的硬化状况,退化二线型又可分为两类:考虑结构或构件屈服后的硬化状况的坡顶二线型模型和不考虑结构或构件屈服后的硬化状况的平顶退化二线型模型,如图 11.17。

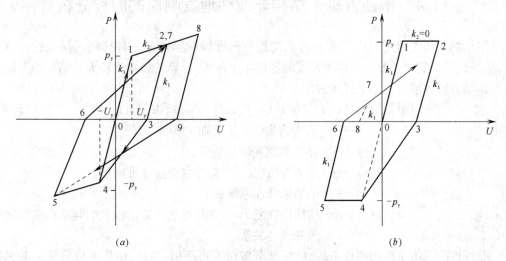

图 11.17 刚度退化二线型模型
(a) 坡顶退化二线型;(b) 平顶退化二线型

2. 刚度退化三线型模型

用三段折线代表正、反向加载恢复力骨架曲线,并考虑钢筋混凝土结构或构件的刚度退化性质,即构成刚度退化三线型模型。该模型较刚度退化二线型模型可更细致描述钢筋混凝土结构与构件的真实恢复力曲线。与刚度退化二线型模型类似,根据是否考虑结构或构件屈服后的硬化状况,刚度退化三线型模型也可分为两类:考虑硬化状况的坡顶退化三线型模型与不考虑硬化状况的平顶退化三线型模型,如图11.18所示。

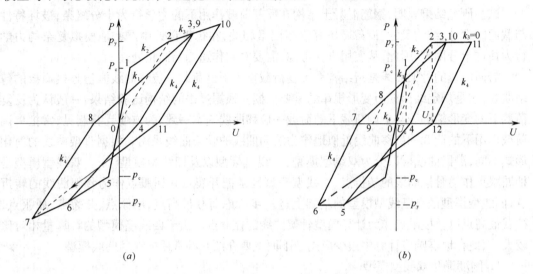

图 11.18 刚度退化三线型模型
(a) 坡顶退化三线型模型;(b) 平顶退化三线型模型

11.4 钢筋混凝土结构非线性地震响应的时程分析

结构的非线性地震响应分析是考虑结构材料非线性影响的一种算法。与线性计算相比,非线性计算需要不断修改结构刚度和消除不平衡力,计算工作量比较大。结构的非线性地震运动方程一般可以用下式来表示:

$$[M]\{\ddot{u}(t)\} + [C]\{\dot{u}(t)\} + F_s\{u(t)\} = -[M]\{I\}\ddot{u}_g(t) \tag{11.30}$$

式中　　　　$[M]$——结构的集中质量矩阵;
　　　　　　$[C]$——结构的粘滞阻尼矩阵;
$\{u(t)\}$、$\{\dot{u}(t)\}$、$\{\ddot{u}(t)\}$——分别为结构的位移、速度及加速度向量;
　　　　　$\ddot{u}_g(t)$——水平地震加速度;
　　　　$F_s\{u(t)\}$——结构的恢复力,非弹性结构体系的恢复力与结构变形之间
　　　　　　　　　　为非线性关系。

非线性问题由于迭加原理不成立,振型分解法不再适用,因此,地震响应分析一般采用时程分析方法,即直接对式(11.30)进行数值积分,算出每个时刻的地震响应。其中,Newmark β 法和 Wilson θ 法是两种比较常用的计算方法。

11.5 桥梁结构的Pushover分析

Pushover分析方法通常将相邻伸缩缝之间的桥梁结构当作空间独立框架考虑,上部结构通常假定为刚性。分析的初始阶段是对单独的排架墩在所考虑的方向上(顺桥向或横桥向)进行独立的倒塌分析,以期获得构件在单调递增水平荷载作用下的整个破坏过程及变形特征。之后,整个框架的分析将桥墩刚度模拟为非线性弹簧,计算出整体框架的初始刚度中心,施加单调递增的水平力,并且根据框架非线性发展的程度不断调整各个桥墩和结构的刚度,直至达到最终极限状态为止。以获得构件在单调递增水平荷载作用下的整个破坏过程和变形特征,从而发现桥梁结构的薄弱环节。

对于桥墩高度基本一致的普通规则桥梁,由于横向地震反应沿桥长方向基本一致,通常简化采用独立桥墩模型进行横桥向的地震反应分析,而采用全桥模型进行纵桥向的地震反应分析。对于桥墩高度有规律变化的规则桥梁,则尽可能采用全桥模型进行横桥向的地震反应分析。对于不同的分析模型需要合理选取推倒加载模式。

11.5.1 桥墩位移延性系数与塑性铰区域曲率延性的关系

对于简单的结构构件,可以通过曲率与位移的对应关系,推得位移延性系数 μ_Δ 同塑性铰区域曲率延性系数 μ_φ 之间的对应关系。

1. 单柱式桥墩

对于独柱式悬臂桥墩,其墩顶位移与桥墩的曲率分布之间,存在如下关系:

$$\Delta = \iint \varphi(x) dx dx \tag{11.31}$$

在墩底截面刚刚屈服时,可认为曲率沿墩高成线性分布,如图11.19(c)所示,则有

$$\varphi(x) = \frac{x}{L}\varphi_y \tag{11.32}$$

把式(11.32)代入式(11.31)中并积分,可得墩顶的屈服位移 Δ_y:

$$\Delta_y = \frac{1}{3}\varphi_y L^2 \tag{11.33}$$

在墩底截面达到极限状态时,沿墩高的实际曲率分布曲线如图11.19(d)所示。为了便于计算,R. Park 等提出"等效塑性铰长度"的概念,即假设在墩底附近存在一个长度为 L_p 的等塑性曲率段,在该段长度范围内,截面的塑性曲率恒等于墩底截面的最大塑性曲率 φ_p(图11.19)。由等效塑性铰长度计算的墩顶塑性位移,应与按式代入实际曲率分布计算得到的结果相等。

按照等效塑性铰长度的概念,在墩底截面达到极限状态时,桥墩的塑性转角可表示为:

$$\theta_p = L_p(\varphi_u - \varphi_y) \tag{11.34}$$

假定在到达极限状态时,桥墩以等效塑性铰区的中点为塑性转动中心,则墩顶的塑性位移可表示为:

$$\Delta_p = \theta_p(L - 0.5L_p) = (\varphi_u - \varphi_y)L_p(L - 0.5L_p) \tag{11.35}$$

由此,可得墩顶位移延性系数 μ_Δ 与临界截面的曲率延性系数 μ_φ 之间的对应关系:

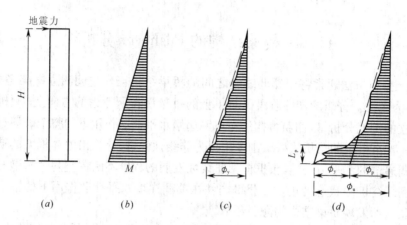

图 11.19 悬臂墩曲率分布
(a) 墩柱；(b) 弯矩；(c) 屈服曲率；(d) 极限状态曲率

$$\mu_\Delta = \frac{\Delta_y + \Delta_p}{\Delta_y} = 1 + \frac{\Delta_p}{\Delta_y} = 1 + 3(\mu_\varphi - 1)\frac{L_p}{L}\left(1 - 0.5\frac{L_p}{L}\right) \tag{11.36}$$

或

$$\mu_\varphi = 1 + \frac{(\mu_\Delta - 1)}{3(L_p/L)[1 - 0.5(L_p/L)]} \tag{11.37}$$

式中 μ_φ——临界截面的曲率延性系数，可由公式 $\mu_\varphi = \varphi_u/\varphi_y$ 来确定；

φ_u, φ_y——分别为截面的极限曲率和屈服曲率；

L_p——塑性铰长度；

L——桥墩的有效高度。

由于实际的曲率分布函数难以确定，所以等效塑性铰长度 L_p 很难通过理论公式积分得到。实际应用中大都以试验得到的经验公式来近似估算。

2. 多柱式桥墩

对于多柱式桥墩，由于顺桥向和横桥向方向的塑性变形机制不同，因此必须分开考虑。多柱式桥墩在顺桥向的水平地震作用下，通常只在墩底截面出现弯曲塑性铰，所以，在顺桥方向，其墩顶位移延性系数与临界截面的曲率延性系数之间的对应关系，与独柱式悬臂桥墩完全相同。如果盖梁的刚度足够大，则多柱式桥墩在横桥向的水平地震作用下，墩顶和墩底都可能出现弯曲塑性铰。假定反弯点位于柱中间，可以得到多柱式桥墩在横桥向的位移延性系数与曲率延性系数之间的对应关系：

$$\mu_\Delta = 1 + 6(\mu_\varphi - 1)\frac{L_p}{L}\left(1 - \frac{L_p}{L}\right) \tag{11.38}$$

或

$$\mu_\varphi = 1 + \frac{(\mu_\Delta - 1)}{6(L_p/L)(1 - L_p/L)} \tag{11.39}$$

11.5.2 桥梁结构的整体延性与构件局部延性的关系

桥梁具有"头重脚轻"的特点，对于普通的桥梁，几乎全部的质量都集中在上部结构。因此在地震作用下，桥梁结构的反应有时可以近似看作单自由度振动系统的反应。桥梁结构的位移延性系数，通常也就定义为上部结构质量中心处的极限位移与屈服位移之比。

桥梁结构的位移延性系数,一般与桥墩的位移延性系数不相等。考虑最为简单的一种情况,即桥梁结构可以理想化为单墩模型的情况,如图 11.20 所示。在这种情况下,水平地震惯性力作用在上部结构质量中心,结构的屈服位移和极限位移分别定义为墩底截面到达屈服曲率和极限曲率状态时上部结构质量中心处的位移。从图中可以看出,结构的屈服位移 Δ'_y 由四部分组成:

$$\Delta'_y = \Delta_y + \Delta_b + \Delta_T + \Delta_r = C\Delta_y \tag{11.40}$$

式中

$$C = 1 + \frac{\Delta_T + \Delta_r + \Delta_b}{\Delta_y} \geq 1 \tag{11.41}$$

C 称为变形增大系数,用于反应支座弹性变形和基础柔性变形的影响。其中,Δ_y 为桥墩自身的墩顶屈服位移,Δ_b 为支座弹性剪切变形,Δ_T 为基础的平动位移,Δ_r 为基础的转动位移。

在桥墩屈服后直到达到极限状态为止,结构的变形能力都主要来自墩底塑性铰区的塑性转动,因此,结构的极限位移 Δ^t_u 可表示为:

$$\Delta^t_u = \Delta^t_y + \Delta_p = C\Delta_y + \Delta_p = (C-1)\Delta_y + \Delta_u \tag{11.42}$$

因此可得桥梁结构整体的位移延性系数:

$$\mu^t_u = \frac{\Delta^t_u}{\Delta^t_y} = \frac{(C-1)\Delta_y + \Delta_u}{C\Delta_y} = 1 + \frac{\mu_\Delta - 1}{C} \tag{11.43}$$

将式(11.36)代入式(11.43),可得单柱式桥墩桥梁和多柱式桥墩桥梁顺桥向的整体位移延性系数为:

$$\mu^t_\Delta = 1 + \frac{3}{C}(\mu_\varphi - 1)\frac{L_p}{L}\left(1 - 0.5\frac{L_p}{L}\right) \tag{11.44}$$

对于多柱式桥墩桥梁的横桥向整体位移延性系数,有

$$\mu^t_\Delta = 1 + \frac{6}{C}(\mu_\varphi - 1)\frac{L_p}{L}\left(1 - 0.5\frac{L_p}{L}\right) \tag{11.45}$$

11.5.3 桥梁结构的破损极限状态

根据以往的桥梁震害的经验,可以认为桥梁震害主要产生于其下部结构,即使上部结构有破坏,也往往是由下部结构破坏或墩顶位移过大所致。因此,按照桥梁下部结构的破坏程度的不同,桥梁破损极限状态划分为五级:

(1) 弹性完好极限状态:结构处于弹性工作状态,延性系数 $\mu_\Delta < 1$;

(2) 轻微破损极限状态:这个阶段的位移延性系数取决于截面性质、轴向荷载水平和结构延性性能,但通常 μ_Δ 均值在 2 左右,对应混凝土的极限压应变 $\varepsilon_{cu} \leq 0.004$,钢筋的极限拉应变 $\varepsilon_s \leq 0.015$;

(3) 损伤控制极限状态:该状态对应于结构已经接近达到或略超过最大承载力,对应结构延性系数 $3 \leq \mu_\Delta \leq 8$,在欧洲通常认为该状态的上限 $\mu_\Delta \leq 4$,对应混凝土极限压应变 $\varepsilon_{cu} \leq 1.5[0.04 + 0.9\rho_s(f_y/300)]$(Scott 公式:$f_y$ 为箍筋屈服强度,ρ_s 为体积配筋率);

(4) 严重破坏极限状态:对应混凝土极限压应变 ε_{cu} 大于 Scott 公式计算的结果,多个截面验算表明,此时结构构件截面抗力已经进入下降段。

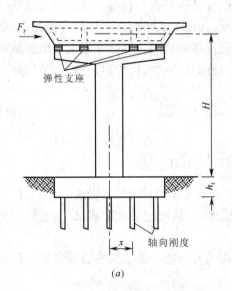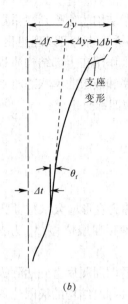

图 11.20 桥梁结构整体延性与构件局部曲率延性关系的计算简图
(a) 具有可变形的基础和弹性支座；(b) 结构屈服位移

(5) 倒塌破坏极限状态：倒塌破坏极限状态评价需考虑以下几个因素：
① 框架已成为机构体系，并且至少有一个塑性铰转动达到极限塑性转角；
② 纵筋拉断，对Ⅰ、Ⅱ级钢筋近似取 $\varepsilon_s = 0.10$；
③ $P-\Delta$ 效应，当柱承受荷载能力减少至低于恒载的水平，结构将会发生倒塌；
④ 构造措施。

这里给出的桥梁破损极限状态的定量描述仅是一般性规则，在具体桥梁抗震安全性评价中，应结合桥梁结构形式、塑性铰发生位置、结构荷载水平、场地条件、结构重要性等问题具体分析给定。

11.5.4 桥梁结构的抗震性能评价

目前，静力弹塑性分析方法方法有 N2 法、ATC-40 能力谱法和 Chopra 的改进能力谱法。静力弹塑性分析方法的基本步骤可以概括为：

(1) 使用由反应谱换算得到的代表抗震需求的需求谱和体现结构自身性能的能力谱求得结构在可能地震作用下所对应的需求位移；

(2) 施加竖向荷载，同时将代表地震作用的一组水平静力荷载单调递增地作用于原结构的计算模型上以进行静力推覆（pushover）分析，在达到需求位移时停止荷载递增；

(3) 对结构进行抗震性能评估，判断结构在不同水准地震作用下是否达到相应的性能水准。

1. 桥梁结构抗弯性能分析方法

设 Δ_i 为各墩顶所对应的位移，则桥梁结构等效弹性响应惯性力 P_e 为：

$$P_e = \min \left| \frac{\Delta_i}{\delta_i} \right|_i \tag{11.46}$$

式中,δ_i 表示单位惯性力作用在框架质心处在 i 号墩墩顶产生的位移。

式(11.46)可以给出的是最危险状态的桥墩。假定线性动力反应和非线性动力反应之间满足最大位移相等准则,根据框架在所考虑的极限状态或破坏等级对应的结构位移延性系数 μ_Δ,则可定义等效弹性响应水平 P_e^*。

$$P_e^* = P_e \cdot \frac{Z}{\mu_\Delta} \tag{11.47}$$

式中,Z 为折减系数,由下式计算:

$$Z = 1 + 0.67(\mu_\Delta - 1)\frac{T}{T_0} \tag{11.48}$$

式中 μ_Δ——结构位移延性系数;

T——结构第一阶弹性周期,由框架初始刚度和质量计算得到;

T_0——场地弹性反应谱峰值对应的周期;当 $T > 1.5T_0$ 时,$Z = \mu_\Delta$,则 $P_e^* = P_e$;当 $T < 1.5T_0$ 时,等效弹性响应随着 T 的减小而减小,最后当时 $T \to 0$ 时,$Z = 1$,有 $P_e^* = P_e/\mu_\Delta$。

对于所考虑的极限状态,可定义等效弹性加速度 $S_{ar(g)}$:

$$S_{ar(g)} = \frac{P_e^*}{W} \tag{11.49}$$

式中 W——框架的有效质量。

用于评价的加速度反应谱可以采用场地地震危险性分析给出的反应谱,也可以利用规范提供的反应谱。当加速度峰值以年超越概率给出时,pushover 方法可以得到以年超越概率表达的结构地震破坏程度。当然也可以得到其概率水准一致情况下的以地震烈度为参数的结构地震破坏程度。

2. 钢筋混凝土桥墩抗剪能力分析

桥墩结构的抗剪能力分析可以采用 Priestley 等(1997)提出的与构件延性发展水平相关的抗剪强度计算公式,该公式能很好的估计出墩柱的抗剪强度,其计算公式为:

$$V = V_c + V_s + V_p \tag{11.50}$$

式中 V_c、V_s 和 V_p——分别为混凝土、横向钢筋和轴向压力对抗剪强度的贡献。

混凝土提供的抗剪强度为:

$$V_c = k\sqrt{f_t} A_c \tag{11.51}$$

式中 f_t——混凝土抗拉强度;

A_c——有效剪切面积,一般 $A_c = 0.8 A_{gross}$,A_{gross} 为毛截面面积,对直径为 D 的圆形截面 $A_c = 0.628 D^2$。

在塑性铰范围内,k 可以表示为延性系数或曲率延性系数的函数,在塑性铰区以外的区段 k 取初值。

横向箍筋提供的剪力 V_s,可由桁架机理得:

矩形截面: $$V_s = A_s f_y D' \mathrm{ctg}\theta / s \tag{11.52}$$

圆形截面: $$V_s = \pi A_h f_{yh} D' \mathrm{ctg}\theta / 2s \tag{11.53}$$

式中 A_h——单根箍筋的横截面积;

f_{yh}——螺旋箍筋的屈服强度；

f_y——横向箍筋的屈服强度；

A_v——剪力作用方向上单层横向钢筋的总面积；

D'——核心截面尺寸，即箍筋中到中距离；

θ——弯剪裂缝与柱轴线夹角，一般为30°；

s——箍筋间距。

轴压力对抗剪强度 V 的提高可用下式计算：

$$V_p = P\tan\alpha \tag{11.54}$$

式中，α 对于无反弯点柱为轴压力作用点和柱塑性受压区中点的连线与柱中轴线的夹角，对于具有反弯点柱为柱轴线与两端受压区中点连线的夹角。

将钢筋混凝土桥墩结构的抗弯能力和抗剪能力转化为墩底剪力—墩顶位移形式，这样就可以得到钢筋混凝土桥墩结构的能力曲线，见11.21图所示。从图中可以看出随着墩顶位移的增加，当墩底塑性铰区抗剪能力不足时会发生突然的脆性剪切破坏，桥墩损伤控制极限状态与控制倒塌极限状态几乎同时发生。

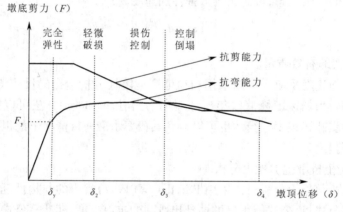

图11.21 钢筋混凝土桥墩能力曲线

11.5.5 算例分析

算例为某市立交桥，1991年竣工，该桥为连续曲梁桥，钢筋混凝土独柱墩，主桥长234m，宽9m，下部采用钻孔灌注桩，桩长5~17m不等。混凝土等级为C20，该桥按地震烈度7度设防，场地为Ⅱ类场地。桥墩在竖向平面内高度差异很大，为一典型的不规则桥梁结构，选取2个典型桥墩，桥墩平面图见图11.22所示；算例二为某跨海大桥，1991年竣工，钢筋混凝土双柱式桥墩。跨度为45m，宽23.5m，混凝土等级为C30，该桥按地震烈度8度抗震设防，场地为Ⅲ类场地，选取2个典型桥墩，桥墩平面图见图11.23所示。桥墩截面参数见表11.1，计算参数见表11.2。

利用Push-over分析对以上桥梁算例进行分析，并与前面建立的地震需求谱 $S_a - S_d$ 曲线进行比较，判定桥梁结构在不同地震烈度下和不同超越概率时的加速度峰值条件下的桥梁破损极限状态，分析结果详见表11.3和表11.4。

圆形桥墩截面参数表   表 11.1

桥墩编号	桥墩类型	有效高度（mm）	桥墩直径（mm）	保护层厚度（mm）	纵筋配置	箍筋配置
1	单柱式	4600	1200	50	直径28mm,32根	φ10@150
2	单柱式	6200	1200	50	直径28mm,32根	φ10@150
3	双柱式	20500	1800	50	直径32mm,32根	φ10@150
4	双柱式	18600	1800	50	直径32mm,32根	φ16@150

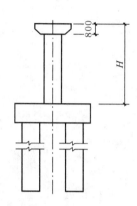

图 11.22 单柱式桥墩平面图

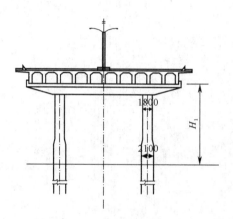

图 11.23 双柱式桥墩平面图

圆形桥墩的计算参数表   表 11.2

桥墩编号	配筋率 %	配箍率 %	轴压比 N/f_cA	纵筋级别	固有周期(s)	延性系数
1	1.74	0.11	0.12	Ⅱ	0.42	2.94
2	1.74	0.11	0.12	Ⅱ	0.71	3.35
3	1.01	0.148	0.23	Ⅱ	0.69	6.32
4	1.01	0.148	0.23	Ⅱ	1.24	6.2

不同烈度条件下桥梁破损极限状态   表 11.3

地震烈度	7	8	9	10
1 破损极限状态	弹性完好	弹性完好	弹性完好	损伤控制
2 破损极限状态	弹性完好	弹性完好	弹性完好	损伤控制
3 破损极限状态	弹性完好	轻微破损	损伤控制	严重破坏
4 破损极限状态	弹性完好	轻微破损	损伤控制	严重破坏

不同超越概率的加速度峰值条件下桥梁破损极限状态　　　表11.4

100年超越概率	1×10^{-1}	5×10^{-2}	2×10^{-2}	1×10^{-2}
加速度峰值(gal)	194	219	251	301
1 破损极限状态	弹性完好	弹性完好	弹性完好	轻微破损
2 破损极限状态	弹性完好	弹性完好	弹性完好	损伤控制
3 破损极限状态	弹性完好	轻微破损	损伤控制	严重破坏
4 破损极限状态	弹性完好	轻微破损	损伤控制	严重破坏

第 12 章　基于改进的适应谱 Pushover 方法的桥梁抗震性能评价

12.1　引　言

传统的 Pushover 方法皆基于固定的侧向力分布模式,并基于以下两个基本假定:1)结构的响应与一等效单自由度体系相关,这就意味着结构的响应基本上由结构的第一振型控制;2)结构沿高度的变形由形状向量{φ}表示,在整个地震反应过程中,不管结构的变形大小,形状向量{φ}保持不变。由这两个基本假定决定了传统 Pushover 方法的局限性:1)不能考虑高阶振型的影响;2)不能考虑结构屈服后振动特性的改变以及内力重新分配问题。

为了克服这一局限性,一些研究者提出了适应性力的分布模式,试图与时变的惯性力更接近。我们在动力学理论的基础上,借鉴 MPA 法中对各阶振型完全解耦的思想,对 ASPA 法进行简化,提出了改进的适应谱 Pushover 方法(简称 IASPA 法)。并结合实际算例,对改进的适应谱 Pushover 方法与传统 Pushover 方法以及 MPA 法进行对比,从而验证了该方法的有效性。

12.2　改进的适应谱 Pushover 方法

12.2.1　理论基础

非弹性结构体系在地震中的恢复力和侧向位移非单值对应关系,恢复力 f_s 不仅跟结构的侧向位移 u 相关,还跟位移历史 $\dot{u}$ 相关:

$$f_s = f_s(u, \text{sign}\dot{u}) \tag{12.1}$$

因此非弹性结构体系的地震动方程为:

$$m\ddot{u} + c\dot{u} + f_s(u, \text{sign}\dot{u}) = -mI\ddot{u}_g(t) \tag{12.2}$$

公式(12.2)的右端为等效地震力:

$$P_{\text{eff}}(t) = -mI\ddot{u}_g(t) \tag{12.3}$$

用向量 mI 来描述地震力的空间分布,用 $\ddot{u}_g(t)$ 来描述地震加速度随时间的变化。

令

$$u(t) = \sum_{n=1}^{N} \phi_n q_n(t) \tag{12.4}$$

将公式(12.4)代入方程(12.2),并在方程的两端自左乘 ϕ_n^T,并利用振型对质量矩阵和阻尼矩阵的正交性,可得

$$\phi_n^T m \phi_n \ddot{q}_n + \phi_n^T c \phi_n \dot{q}_n + \phi_n^T f_s(u, \text{sign}\dot{u}) = -\phi_n^T mI \ddot{u}_g(t) \tag{12.5}$$

将公式(12.5)进一步简化,可得

$$\ddot{q}_n + 2\zeta_n \omega_n \dot{q}_n + \frac{F_{sn}}{M_n} = -\Gamma_n \ddot{u}_g(t) \quad n = 1,2,\cdots,N \tag{12.6}$$

式中

$$\Gamma_n = \frac{\phi_n^T \mathrm{ml}}{\phi_n^T \mathrm{m}\phi_n} \tag{12.7}$$

$$M_n = \phi_n^T \mathrm{m}\phi_n \tag{12.8}$$

$$2\zeta_n \omega_n = \frac{\phi_n^T \mathrm{c}\phi_n}{\phi_n^T \mathrm{m}\phi_n} \tag{12.9}$$

$$F_{sn} = F_{sn}(q, \mathrm{sign}\dot{q}) = \phi_n^T f_s(u, \mathrm{sign}\dot{u}) \tag{12.10}$$

Γ_n 为第 n 阶振型的参与系数,M_n 为第 n 阶振型的有效质量,ζ_n 和 w_n 分别为第 n 阶振型对应的等效阻尼比和固有圆频率。

从公式(12.10)可以看出,对于非弹性结构,结构在地震中的恢复力和所有振型的广义坐标 $q_n(t)$ 相关,这说明由于结构的屈服,公式(12.6)中的 n 个方程耦合。忽略公式(12.6)中 n 个方程在模态广义坐标上的耦合,即为完全解耦模态反应时程分析方法(UMRHA)。

根据公式(12.7)和(12.3),对应于第 n 阶振型的等效地震力可以表示为:

$$p_{\mathrm{eff},n}(t) = -\Gamma_n \mathrm{m}\phi_n \ddot{u}_g(t) \tag{12.11}$$

因此,结构在第 n 阶振型的等效地震力作用下的动力控制方程为:

$$m\ddot{u} + c\dot{u} + f_s(u, \mathrm{sign}\dot{u}) = -\Gamma_n \mathrm{m}\phi_n \ddot{u}_g(t) \tag{12.12}$$

对于线弹性结构体系,其地震动方程的解可以用以下公式来求解:

$$\ddot{q}_n + 2\zeta_n \omega_n \dot{q}_n + \omega_n^2 q_n = -\Gamma_n \ddot{u}_g(t) \tag{12.13}$$

其中,当 $r \neq n$ 时,有 $q_r(t) = 0$。

对于非弹性结构体系,由于方程(12.12)的解跟结构所有阶的振型广义坐标都相关,因此不能把方程简化为公式(12.13)的形式。但是研究发现,非弹性结构体系在第 n 阶振型的等效地震力 $p_{\mathrm{eff},n}(t)$ 作用下,结构的地震响应主要受第 n 阶振型控制,其他阶振型对结构的地震响应的贡献则很小,可以忽略不计。因此,可以近似假定:

$$u_n(t) = \phi_n q_n(t) \tag{12.14}$$

将式(12.14)代入式(12.12),并在方程两端自左乘 ϕ_n^T,利用振型对质量矩阵和阻尼矩阵的正交性,可以得到一个非常重要的近似,即恢复力 F_{sn} 只和第 n 阶振型的广义坐标有关:

$$F_{sn} = F_{sn}(q_n, \mathrm{sign}\dot{q}_n) = \phi_n^T f_s(q_n, \mathrm{sign}\dot{q}_n) \tag{12.15}$$

令

$$q_n(t) = \Gamma_n D_n(t) \tag{12.16}$$

根据公式(12.15)的近似假定,将式(12.16)代入式(12.6)可得:

$$\ddot{D}_n + 2\zeta_n \omega_n \dot{D}_n + \frac{F_{sn}}{L_n} = -\ddot{u}_g(t) \tag{12.17}$$

$$F_{sn} = F_{sn}(D_n, \mathrm{sign}\dot{D}_n) = \phi_n^T f_s(D_n, \mathrm{sign}\dot{D}_n) \tag{12.18}$$

公式(12.17)便是第 n 阶振型所对应的等效非弹性单自由度体系的控制方程,方程的求解可按一般等效单自由度体系控制方程的求解方法进行求解。然后对各阶振型的求解结果进行 SRSS 组合,便可得结构的整体地震响应值。

12.2.2 基本假定

根据前面的推导以及 Chopra 等的研究结果表明,在给定的地震动作用下,模态之间的相互耦合作用很小,完全解耦模态反应时程分析方法得到的近似解与非线性时程分析方法得到的精确解相比,误差很小,在可接受的范围之内。鉴于此,我们利用完全解耦的方法对适应谱 Pushover 分析方法进行简化,提出了改进的适应谱 Pushover 方法(简称 IASPA 法)。其基于以下的基本假定:忽略结构屈服之后模态之间的耦合作用。

12.2.3 目标位移及侧向荷载分布模式

结构目标位移的确定和侧向荷载分布模式的选择,是 Pushover 方法的两个关键环节,将直接影响 Pushover 方法对结构抗震性能评估的结果。而 Pushover 方法目前尚存在的某些缺陷,也主要反映在这两个方面。

根据公式(12.14)和公式(12.16)可得,

$$u_n(t) = \Gamma_n \phi_n D_n(t) \tag{12.19}$$

则结构对应于第 n 阶振型的目标位移可以表示为:

$$u_{rno} = \Gamma_n \phi_{rn} D_n \tag{12.20}$$

根据公式(12.11),在对结构进行静力弹塑性分析时,侧向荷载的分布模式可用下式来描述:

$$f_n = \Gamma_n m \phi_n A_n \tag{12.21}$$

其中,D_n 和 A_n 分别为第 n 阶振型所对应的非弹性位移反应谱谱值和非弹性加速度反应谱谱值,可以直接从输入地震动的非弹性位移反应谱和非弹性加速度反应谱得到。

12.2.4 改进的适应谱 Pushover 方法的步骤

(1) 计算结构的周期与振型(对于每个循环的第一步,为结构的初始周期和振型),并按下式确定第 j 振型的振型参与系数 Γ_j:

$$\Gamma_j = \sum_{i=1}^{N} W_i \phi_{ij} \tag{12.22}$$

式中 W_i——第 i 层的重量;

ϕ_{ij}——第 j 振型相应于 i 质点的值,并归一化使其满足 $\sum W \phi^2 = 1$。

(2) 对于每个循环的第一步,确定结构对应于第 j 振型的目标位移:

$$u_{rjo} = \Gamma_j \phi_{rj} S_d(j) \tag{12.23}$$

式中 $S_d(j)$——相应于第 j 振型的非弹性位移反应谱值。

(3) 计算各层的侧向荷载:

$$F_{ij} = \Gamma_j \phi_{ij} W_i S_a(j) \tag{12.24}$$

式中 F_{ij}——相应于第 j 振型($1 \leq j \leq n$)在第 i 层的侧向荷载;

$S_a(j)$——相应于第 j 振型的加速度反应谱值;

Γ_j、W_i、ϕ_{ij} 的含义同上。

(4) 将 F_{ij} 分成若干个增量逐步施加到结构上:

$$F_{ij} = S_n F_{ij} \tag{12.25}$$

S_n 定义为增量系数,可以用下式计算:

$$S_n = \frac{V_B}{N_s V} \tag{12.26}$$

其中,V_B 为基底剪力的估计值;N_s 为加载步数;V 为侧向荷载 F_{ij} 作用下的结构基底剪力,且

$$V = \sqrt{\sum_{j=1}^{N} V_j^2} \qquad (12.27)$$

$$V_j = \sum_{i=1}^{N} F_{ij} \qquad (12.28)$$

(5) 用上一步求得的相应于第 j 振型的荷载增量 $\overline{F}_{ij}$ 对结构进行静力"推覆"分析。计算对应于第 j 振型荷载增量的层位移、层间位移、层间剪力等量,并加到前一步的计算结果中;

(6) 在每一步结束时,比较计算得到的层间剪力与相应的层间剪力屈服值。如有某一层或某几层已达到屈服,则重新调整刚度矩阵后回到第(1)步进行计算;

(7) 重复以上步骤直至达到目标位移值或规定的最大基底剪力值。若已达到目标位移值或规定的最大基底剪力值,则进行下一阶振型的计算;

(8) 根据所需求的精度,对足够多个振型(一般实际计算中取前三阶振型)重复步骤(1)~(7);

(9) 对所得到的峰值模态响应(结构对应于各阶振型的峰值层位移、层间位移、层间剪力等)进行 SRSS 组合,得到结构的整体峰值响应。

12.3 算例分析

所选用的算例为某市立交桥。该桥为连续梁桥,钢筋混凝土独柱墩,所选桥墩为第一联的 2 号墩,本联桥长 100m、宽 8.8m,下部采用钻孔灌注桩,墩身混凝土等级为 C30。桥墩截面为矩形截面,桥墩计算高度为 23.144m。经计算得此桥墩的位移延性系数 $\mu_\Delta = 5$。桥墩构造见图 12.1,桥墩计算模型见图 12.2。桥墩截面的各项计算参数如表 12.1 所示。

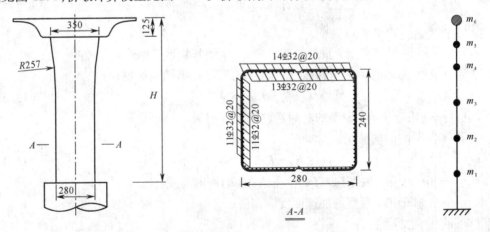

图 12.1 桥墩构造(单位:cm)　　　　　图 12.2 计算模型

矩形桥墩截面参数表　　表 12.1

柱单元类型号	有效高度(mm)	截面尺寸 $D \times B$ (mm×mm)	净保护层厚度(mm)	D 向纵筋配置	B 向纵筋配置	箍筋配置
1	3159	2800×2400	30	27Φ32	21Φ32	φ12@15
2	2000	2846×2400	30	27Φ32	21Φ32	φ12@15

续表

柱单元类型号	有效高度 (mm)	截面尺寸 $D \times B$ (mm × mm)	净保护层厚度 (mm)	D 向纵筋配置	B 向纵筋配置	箍筋配置
3	2190	3219 × 2400	30	27Φ32	21Φ32	φ12@15

12.3.1 位移延性系数的确定

对于简单的结构构件,可以通过曲率与位移的对应关系,推得曲率延性系数 μ_φ 与位移延性系数 μ_Δ 之间的对应关系。

对于独柱式悬臂桥墩,墩顶位移延性系数 μ_Δ 与临界截面的曲率延性系数 μ_φ 之间的对应关系为:

$$\mu_\Delta = 1 + 3(\mu_\varphi - 1)\frac{l_p}{l}\left(1 - 0.5\frac{l_p}{l}\right) \tag{12.29}$$

对于多柱式桥墩,由于顺桥向和横桥向方向的塑性变形机制不同,因此必须分开考虑。多柱式桥墩在顺桥向的水平地震作用下,通常只在墩底截面出现弯曲塑性铰,所以,在顺桥方向,其墩顶位移延性系数与临界截面的曲率延性系数之间的对应关系,与独柱式悬臂桥墩完全相同。如果盖梁的刚度足够大,则多柱式桥墩在横桥向的水平地震作用下,墩顶和墩底都可能出现弯曲塑性铰。假定反弯点位于柱中间,可以得到多柱式桥墩在横桥向的位移延性系数与曲率延性系数之间的对应关系:

$$\mu_\Delta = 1 + 6(\mu_\varphi - 1)\frac{l_p}{l}\left(1 - \frac{l_p}{l}\right) \tag{12.30}$$

式中　μ_φ——临界截面的曲率延性系数,可由公式 $\mu_\varphi = \varphi_u/\varphi_y$ 来确定,φ_u、φ_y 分别为截面的极限曲率和屈服曲率;

l_p——塑性铰长度;

l——桥墩的有效高度。

本例中为单柱式桥墩,由公式(12.29)计算得桥墩的延性系数 $\mu_\Delta = 5$。

12.3.2 典型地震动的选取

为了验证改进的适应谱 Pushover 分析方法的适用性,选用了四条典型的地震动记录,分别为 1994 年的 Northridge 波、1952 年的 Taft 波、1940 年的 El Centro 波和 1976 年的天津波,它们分别适用于Ⅰ类、Ⅱ类、Ⅲ类、Ⅳ类场地的中等周期结构(0.5~1.5s)的输入[153]。四条地震动记录最大值归一化之后的非弹性反应谱曲线(相应于5%阻尼比,位移延性系数 $\mu_\Delta = 5$)如图12.3所示。

12.3.3 结果分析

1. 能力曲线

能力曲线是 Pushover 方法得到的重要分析结果。算例分别采用倒三角分布模式、均匀分布模式以及改进的适应谱 pushover 方法对算例结构进行"推覆"分析,得到结构顶部位移和基底剪力的关系曲线(能力曲线),并与用四条地震动记录进行多自由度弹塑性时程分析得到的结构能力曲线进行比较。

(1) 倒三角分布(Linear Distribution)

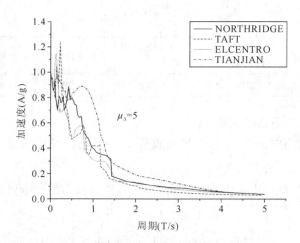

图 12.3 地震动记录加速度反应谱(5%阻尼比)

假定结构各层加速度沿高度呈线性分布,结构在第 i 层侧向力的增量 ΔF_i 为:

$$\Delta F_i = \frac{W_i h_i}{\sum_{j=1}^{N} W_j h_j} \Delta V_b$$

式中 W_i、h_i——分别为第 i 层的重量和层高;
ΔV_b——结构基底剪力的增量;
N——结构总层数。

(2) 均匀分布(Uniform Distribution)

结构各层侧向力与该层质量成正比,结构在第 i 层侧向力的增量 ΔF_i 为:

$$\Delta F_i = \frac{W_i}{\sum_{j=1}^{N} W_j} \Delta V_b$$

式中 W_i——结构第 i 层的重量;
ΔV_b——结构基底剪力的增量;
N——结构总层数。

在利用非线性时程分析方法对结构进行分析计算时,采用逐步提高地震波加速度峰值(从 0.02g 开始,每一步的增量也为 0.02g)的方法,来计算结构的能力曲线。对应每一个峰值加速度的结构的最大顶部位移和最大基底剪力,作为能力曲线上的一个点。图 12.4 给出了用倒三角分布模式、均匀分布模式、改进的适应谱 Pushover 方法以及时程分析方法分别计算得到的结构能力曲线的对比情况。图中,"RHA"代表时程分析方法,"IASPA"代表改进的适应谱 Pushover 方法,"LINEAR"代表倒三角分布的侧向荷载分布模式,"UNIFORM"代表均匀分布的侧向荷载分布模式。

从图 12.4 中可以看出,采用倒三角分布模式和均匀分布模式得到的结构能力曲线与多自由度弹塑性时程分析结果相比存在着较大的误差。而改进的适应谱 Pushover 方法由于直接利用反应谱来定义加载特性,所以能较好的与多自由度弹塑性时程分析结果吻合。因此,选择合理的荷载分布模式将是静力弹塑性分析过程中最关键的一步。

2. **峰值地震响应**

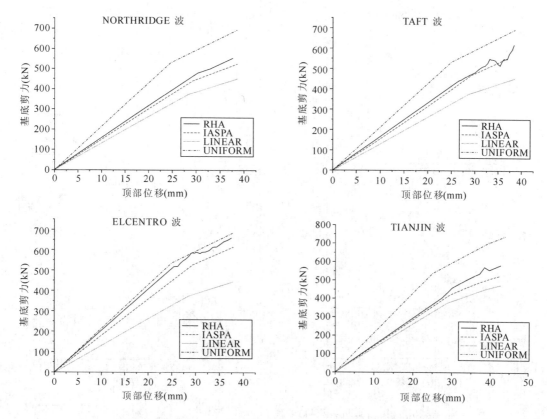

图 12.4 桥梁结构的抗震能力曲线比较

对所选桥墩施加某一分布形式的侧向荷载,逐步增加荷载值,重复非线性静力分析,直至桥墩的基底剪力达到规定的最大基底剪力值,可以得到桥墩的最大节点反应值。图 12.5 给出了在 4 种典型的地震荷载作用下,用弹塑性时程分析方法和改进的适应谱 Pushover 方法计算得到的桥墩的最大节点位移、最大节点间位移和最大节点间剪力的分布情况,以及用倒三角分布模式和均匀分布模式计算得到的桥墩的最大节点位移、最大节点间位移和最大节点间剪力的分布情况。

通过对各种方法计算得到的桥墩节点位移、节点间位移以及节点间剪力的比较,可以看出,改进的适应谱 Pushover 方法得到的计算结果比其他的方法更接近时程分析的结果。

通过对改进的适应谱 Pushover 方法和两种传统的侧向荷载分布模式的计算分析比较,可以得到以下结论:

(1) 改进的适应谱 Pushover 方法直接利用反应谱来定义加载特性,其每一步施加的荷载增量都是基于结构瞬时的动力特性;同时改进的适应谱 Pushover 方法还考虑了高阶振型的影响以及结构屈服后振动特性的改变,所以它的计算结果比倒三角分布模式和均匀分布模式的 Pushover 方法更接近桥梁结构的真实反应值;

(2) 由于改进的适应谱 Pushover 方法忽略了结构屈服之后模态之间的耦合作用,所以较适应谱 Pushover 方法来说计算更加简便。

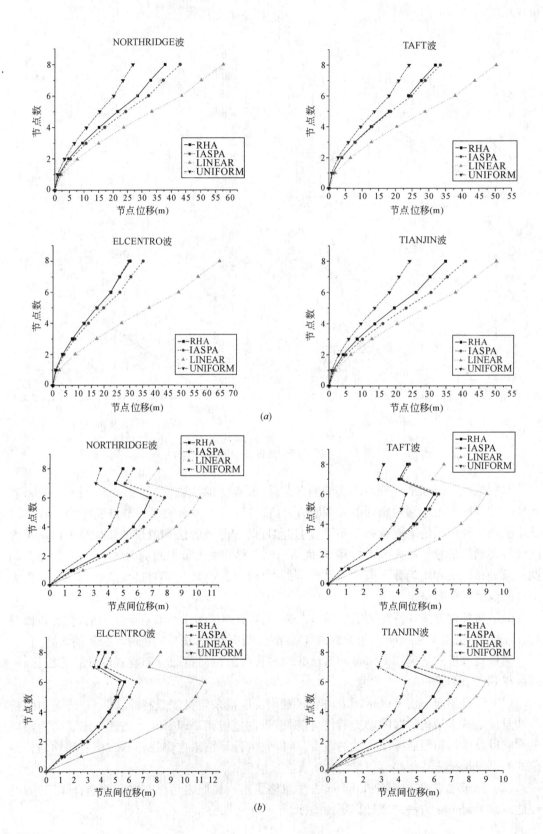

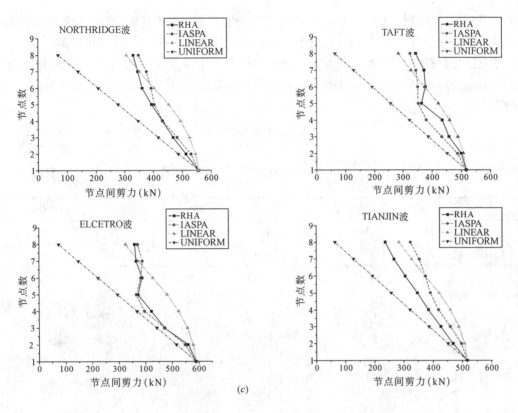

图 12.5 桥梁结构的节点位移、节点间位移和节点间剪力曲线比较
(a) 节点位移比较;(b) 节点间位移比较;(c) 节点间剪力比较

12.4 高阶振型对桥梁抗震性能的影响

传统的 Pushover 分析方法把桥墩简化为等效单自由度体系进行分析计算。对于中、低桥墩,由于桥墩本身的质量和高阶振型的贡献可以忽略,采用传统的 Pushover 分析方法是可行的。对于高墩,由于其具有截面尺寸大、结构周期长、墩身质量大等特点,忽略桥墩自身的惯性力以及高阶振型的贡献会导致较大的误差。

12.4.1 算例分析

为讨论高阶振型对不同高度的桥墩抗震性能的影响,我们选取三个高度分别为 12.614m、21.038m、40.190m 的桥墩,其截面形状皆为矩形截面,桥墩的计算参数见表 12.2,计算模型如图 12.6 所示。选取 1940 年的 El Centro 波(南北向)作为输入地震动,对应不同延性系数的非弹性加速度反应谱如图 12.7 所示。利用改进的适应谱 Pushover 方法,分别对三个桥墩进行 Pushover 分析,并将分析结果与非线性时程分析的结果进行比较。

12.4.2 峰值模态响应比较

利用改进的适应谱 Pushover 方法,对三个不同高度的桥墩进行推覆分析,分别取前一阶振型、前两阶振型和前三阶振型计算其峰值模态响应,并将计算所得到的结果与非线性时程分析所得到的结果进行对比。图 12.8 和图 12.9 分别给出了三个桥墩的节点位移和节点间位移的分布情况。从图中可以看出,对于桥墩 1,高阶振型的影响很小,桥墩可以简化成单自由度体系进行分析;对于桥墩 2,高阶振型的影响逐渐明显,但计算时取前两阶振型即可满足精度的需求;而对于桥墩 3,高阶振型的影响已经非常显著,计算需取前三阶振型才能满足精度的需求。

桥墩的计算参数　　　　　　　　表 12.2

桥墩编号	有效高度（mm）	截面尺寸 $D \times B$（mm × mm）	D 向纵筋配置	B 向纵筋配置	配筋率（%）	延性系数
1	12614	2800 × 2400	27Φ32	21Φ32	1.15	5.0
2	21038	3800 × 3200	38Φ36	30Φ36	1.14	5.2
3	29462	6000 × 4800	70Φ40	62Φ40	1.15	5.9

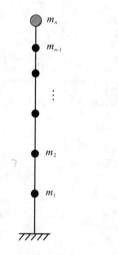

图 12.6　桥墩计算模型

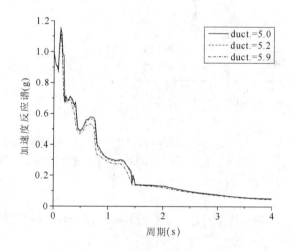

图 12.7　非弹性加速度反应谱

12.4.3　误差比较

图 12.10 ~ 图 12.12 给出了利用改进的适应谱 Pushover 分析方法所得到的桥墩地震响应的近似值与利用非线性时程分析所得到的"精确"值之间的误差比较。通过这几个图可以看出,随着参与贡献的振型数的增加,误差逐渐减小。当取前三阶振型时,改进的适应谱 Pushover 方法所得到的结果与非线性时程分析方法相比,误差很小,在可接受的范围之内。从图中还可以看出,随着桥墩高度的增加,高阶振型的影响越来越显著,对于高度超过 40m 的高墩,若不考虑高阶振型的影响,将会产生很大的误差。

12.4.4　桥梁结构 Pushover 方法的一点总结

(1) 对于中低高度的桥墩,高阶振型的影响较小,可以将桥墩简化成单自由度体系,利用传统的 Pushover 方法进行静力弹塑性分析。但是随着高度的增加,高阶振型对桥墩抗震性能的影响越来越显著,对于高度超过 40m 的高墩,忽略桥墩自身的惯性力以及高阶振型的贡献会导致较大的误差;

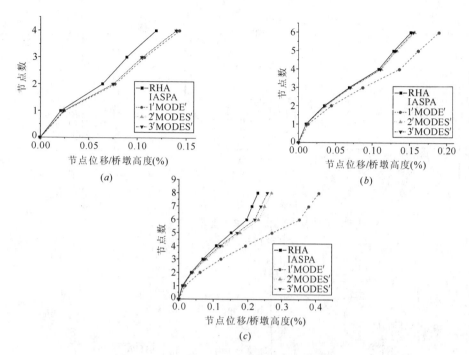

图 12.8 桥墩的节点位移与桥墩有效高度之比
(a) 桥墩 1;(b) 桥墩 2;(c) 桥墩 3

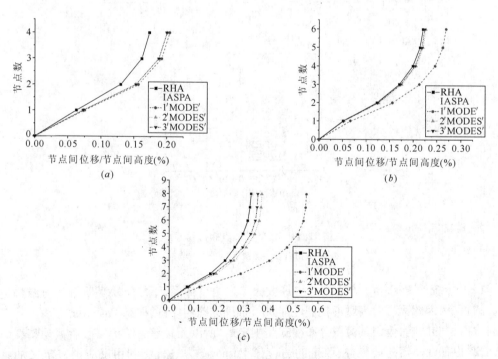

图 12.9 桥墩的节点间位移与节点间高度之比
(a) 桥墩 1;(b) 桥墩 2;(c) 桥墩 3

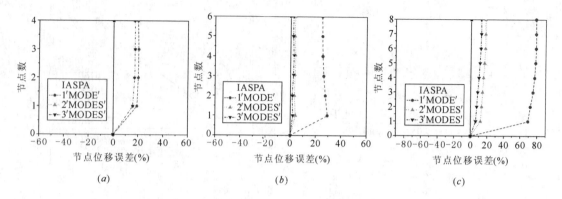

图 12.10 桥墩的节点位移误差
（a）桥墩 1；（b）桥墩 2；（c）桥墩 3

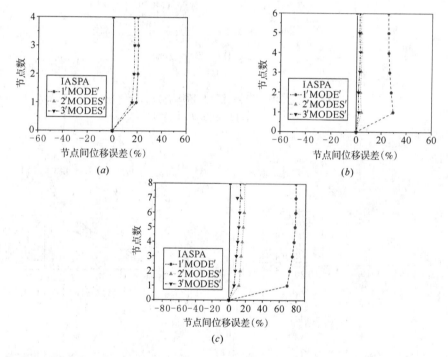

图 12.11 桥墩的节点间位移误差
（a）桥墩 1；（b）桥墩 2；（c）桥墩 3

（2）传统的 Pushover 方法将结构等效为单自由度体系,不能反映高阶振型对结构地震响应的贡献,因此无法对高墩的抗震性能进行合理准确的评价;模态 Pushover 方法虽然考虑了高阶振型的影响,但因其荷载分布模式是固定的,所以无法考虑结构屈服后振动特性的改变,因此也存在一定的局限性;改进的适应谱 Pushover 方法直接利用反应谱来定义加载特性,考虑了高阶振型的影响以及结构屈服后惯性力的重新分配,其每一步施加的荷载增量都是基于结构瞬时的动力特性,所以它的计算结果比传统的 Pushover 方法以及 MPA 法更接近桥梁结构的真实反应值,能够对高墩在地震中的抗震性能做出有效的评估;

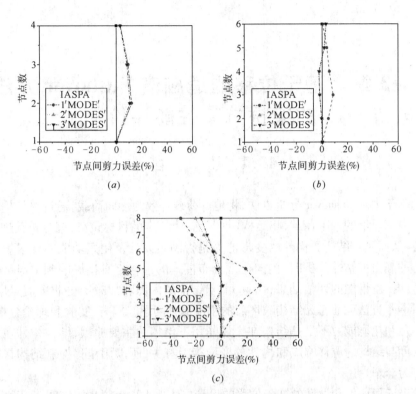

图 12.12 桥墩的节点间剪力误差
(a) 桥墩1;(b) 桥墩2;(c) 桥墩3

(3)由于改进的适应谱 Pushover 方法忽略了结构屈服之后模态之间的耦合作用,所以相对适应谱 Pushover 方法来说计算更加简便,更适用于工程实际。

第13章 基于位移的适应谱 Pushover 方法的梁桥抗震性能评价

13.1 引 言

传统的基于力的 Pushover 分析方法,将地震荷载等效为侧向荷载,通过对结构施加一定分布模式的单调递增的水平荷载,将结构"推"至一个给定的目标位移,来分析其进入非线性状态的反应,从而判断结构及构件的变形能力是否满足设计及使用功能的要求。在对结构进行基于力的静力弹塑性分析时,侧向荷载分布模式的选取将直接影响到 Pushover 分析方法对结构整体抗震性能的评估结果;而且,由于结构的内力和加载历史非单值对应关系,基于力的 Pushover 方法无法考虑结构破坏后的刚度退化问题。震害、实验和理论分析都表明,变形能力不足和耗能能力不足是结构在大震作用下倒塌的主要原因,结构构件在大震作用下的破坏程度与结构的位移响应和构件的变形能力有关,所以用位移控制结构在大震作用下的行为更为合理。

用于地震工程评价和设计的基于位移的设计方法从本质上说也是一种基于性能的设计方法,其目的是为了在工程的设计过程中将计算出的反应与结构预计的性态直接联系。

震害、实验和理论分析都表明,变形能力不足和耗能能力不足是结构在大震作用下倒塌的主要原因。结构构件在大震作用下的破坏程度与结构的位移响应和构件的变形能力有关,用位移控制结构在大震作用下的行为更为合理。用于地震工程评价和设计的基于位移的方法,其目的是在工程设计过程中通过将计算出的反应与预期的性态相联系,可以提供改进的可靠性。尽管基于位移的抗震设计方法目前还不成熟,理论方面还存在不足,具体实施也还有一个过程,但是作为结构抗震方法的发展趋势,基于位移的设计已经进入新一代的设计标准,用以指导工程抗震设计。

基于位移的抗震设计常用的有三种分析方法:按延性系数的设计方法、能力谱方法、直接基于位移的方法。

基于位移的 Pushover 方法的基本思路是:按照一定的位移分布模式,直接对结构施加单调递增的位移,并将结构推至一给定的目标位移,得到结构最终破坏的位移模式,从而来分析结构及构件的变形是否满足设计及使用功能的要求。

近年来,国内外一些研究人员开始探索与发展基于位移的结构静力弹塑性分析方法。我国学者汪梦甫等也对基于位移的静力弹塑性方法进行了研究,并选用具有代表性的高层建筑剪力墙结构进行了论证。但其在确定结构的位移模式时,只考虑了振型参与系数的影响,并没有和输入地震动的反应谱相结合。我们利用非弹性位移反应谱来定义结构的位移模式,并选取一个具有代表性的框架,来考查结构在推覆过程中位移模式和振型参与系数在不同破坏状态下的变化情况,从而建立了基于位移的适应谱 Pushover 方法(简称 DASPA

法)。现介绍如下。

13.2 基于位移的适应谱 Pushover 方法

13.2.1 位移模式及目标位移的确定

建立基于位移的 Pushover 方法,其关键是如何确定结构在地震中的位移模式及结构所能达到的目标位移。研究发现,结构在地震中的位移模式不仅和结构自身的振动特性有关,而且还和输入地震动的特性相关。因此可用以下的公式来确定结构的位移模式和目标位移:

$$\Delta_{ij} = \Gamma_j \phi_{ij} S_d(j) , \Delta_i = \sqrt{\sum_{j=1}^{N} \Delta_{ij}^2} \tag{13.1}$$

$$u_{rjo} = \Gamma_j \phi_{rj} S_d(j) , u_{ro} = \sqrt{\sum_{j=1}^{N} u_{rjo}^2} \tag{13.2}$$

式中 $S_d(j)$——第 j 阶振型所对应的非弹性位移反应谱值;

Γ_j——第 j 阶振型的振型参与系数;

ϕ_{ij}——第 j 阶振型第 i 节点的值;

Δ_{ij}——结构对应于第 j 阶振型第 i 节点的位移值;

Δ_i——组合后的结构第 i 节点的位移值;

u_{rjo}——对应于第 j 阶振型的结构的目标位移;

u_{ro}——组合后的结构的目标位移。

13.2.2 基于位移的适应谱 Pushover 方法的基本思路

(1)建立结构的计算模型,进行模态分析,得到结构的初始位移模式;

(2)利用初始位移模式对结构进行推覆分析,至结构某构件出现屈服破坏,重新对结构进行模态分析,得到一个新的位移模式;

(3)再利用此新的位移模式对结构进行推覆分析,依次类推……直至结构完全倒塌破坏;

(4)分析得到了结构的前 n 种破坏情况和 n 种位移模式,对这些位移模式进行对比分析,可以得到一些有益的结论。

13.2.3 基于位移的适应谱 Pushover 方法的具体步骤

由前面的分析可以得到 DASPA 法的具体实施步骤:

(1)建立结构的计算模型,进行模态分析,得到结构的初始周期和振型;

(2)确定结构的位移延性系数 μ,计算结构的非弹性位移反应谱 S_d;

(3)根据公式(13.1)和公式(13.2)计算得到结构的初始位移模式和目标位移;

(4)利用第(3)步中得到的初始位移模式对结构进行推覆分析,至结构某构件屈服;

(5)调整结构的刚度矩阵,重新对结构进行模态分析;并根据公式(13.1)计算新的位移模式;

(6)利用新的位移模式对结构继续进行推覆分析,至结构又有新的构件屈服;

(7)重复步骤(5)~(7),直至高阶振型的影响系数小于某个值(结构主振型的有效质量比大于 90%),或结构的位移模式与前一步位移模式相比变化很小;

(8)保持固定的位移模式继续推结构,直至达到第(3)步中计算得到的目标位移,从而可以得到在相应强度的地震作用下结构的破坏位移模式以及设计的薄弱环节。

13.3 梁桥算例分析

选用某市立交桥作为实际算例,此例中,墩高最低为16.213m,最高为16.937m,属于中低高度桥梁。对其分别进行非线性地震响应分析和Pushover分析,并将分析结果进行比较。上部结构:结构形式为四跨连续梁桥,主梁为现浇预应力混凝土单箱双室箱梁,梁宽8.8m,梁高1.25m,结构跨度4m×25m。下部结构:桩基采用挖孔灌注桩,桥墩为钢筋混凝土独柱墩,墩身截面为矩形截面。桥墩的截面尺寸及配筋等各项计算参数见表13.1。建筑材料:混凝土:主梁采用C50混凝土,墩身采用C30混凝土,桩基采用C25混凝土;钢筋:采用Ⅰ级和Ⅱ级钢筋。场地类别:Ⅲ类场地土。

桥墩的各项计算参数   表13.1

桥墩编号	有效高度(mm×mm)	截面尺寸 $D \times B$(mm×mm)	净保护层厚度(mm)	D向纵筋配置	B向纵筋配置	D向箍筋配置	B向箍筋配置
0	16937	2000×1500	30	19Φ32	15Φ32	4Φ12	6Φ12
1	16937	2000×1500	30	19Φ32	15Φ32	4Φ12	6Φ12
2	16636	2800×2400	30	27Φ32	21Φ32	4Φ12	6Φ12
3	16213	2000×1500	30	19Φ32	15Φ32	4Φ12	6Φ12
4	16213	2000×1500	30	19Φ32	15Φ32	4Φ12	6Φ12

注:主筋和箍筋皆为Ⅱ级钢筋,箍筋间距为150mm。

13.3.1 有限元分析模型的建立

采用有限元分析软件对连续梁桥进行非线性地震响应分析和性能评价。其方法是用非线性弹簧单元来模拟塑性铰,主梁和桥墩塑性铰区域以外的部分,采用弹性梁单元来模拟。采用三维杆系结构模型进行计算,图13.1为算例的有限元计算模型。

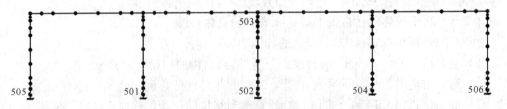

图13.1 算例有限元计算模型

1. 塑性铰长度

我们采用Eurocode 8规范中的公式来确定塑性铰长度 L_p,公式如下:

$$L_p = 0.08L + 0.022 f_y d_s \geq 0.044 f_y d_s \tag{13.3}$$

或者

$$L_p = (0.4 \sim 0.6)H \tag{13.4}$$

式中 f_y——主筋的屈服应力(MPa);

d_s——主筋的直径(m);
L——零弯矩点至塑性铰形成截面的距离;
H——截面高度。

根据公式(13.3)可得各桥墩的塑性铰长度,如表 13.2 所示:

各桥墩的塑性铰长度 表13.2

桥墩编号	0 号墩	1 号墩	2 号墩		3 号墩	4 号墩
			顶部	底部		
塑性铰长度(m)	1.6	1.6	0.68	1.12	1.5	1.5

2. 塑性铰的非线性骨架曲线

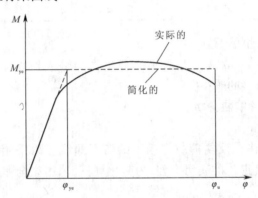

图 13.2 弯矩—曲率关系曲线的简化

塑性铰单元的非线性骨架曲线一般采用忽略开裂点的弯矩—曲率双直线计算模型,或考虑开裂点的三直线计算模型。桥墩塑性铰的非线性骨架曲线采用简化的双直线计算模型。塑性铰的弯矩—曲率关系按前面介绍的条带法编制程序计算得到。根据能量相等原则将实际的弯矩—曲率关系曲线简化为弹性—理想塑性的弯矩—曲率关系曲线。简化原则是:对实际的弯矩—曲率曲线的弹塑性近似使得在所选择的最大变形 φ_u 情况下,两条曲线下的面积相等,如图 13.2 所示。计算得到塑性铰的简化双线型骨架曲线的相应计算值如表13.3 所示。

桥墩弯曲变形非线性骨架曲线相应计算值 表13.3

塑性铰的位置(对应单元号)	$M_{ye}(N \cdot m)$	$\varphi_{ye}(1/m)$	$M_u(N \cdot m)$	$\varphi_u(1/m)$
0 号墩底部(505)	8589033.9	1.82833E-3	8589033.9	7.55101E-2
1 号墩底部(501)	9812777.0	1.82833E-3	9812777.0	4.05890E-2
2 号墩顶部(503)	19177869.1	1.01049E-3	19177869.1	8.98215E-2
2 号墩底部(502)	21780775.2	1.01049E-3	21780775.2	4.32266E-2
3 号墩底部(504)	9784353.9	1.82833E-3	9784353.9	4.11375E-2
4 号墩底部(506)	8558299.0	1.82833E-3	8558299.0	7.66071E-2

根据前面介绍的塑性铰的回转刚度的简化计算公式,可以从塑性铰的弯矩－曲率关系计算得到塑性铰的弯矩与转角关系,如表 13.4 所示。

塑性铰回转变形非线性骨架曲线相应计算值　　　　　　表 13.4

塑性铰的位置(对应单元号)	$M_{pye}(N \cdot m)$	$\varphi_{pye}(rad)$	$M_{pu}(N \cdot m)$	$\theta_{pu}(rad)$
0 号墩底部(505)	8589033.9	2.92533E-3	8589033.9	1.20816E-1
1 号墩底部(501)	9812777.0	2.92533E-3	9812777.0	6.49424E-2
2 号墩顶部(503)	19177869.1	6.87133E-4	19177869.1	6.10786E-2
2 号墩底部(502)	21780775.2	1.13175E-3	21780775.2	4.84138E-2
3 号墩底部(504)	9784353.9	2.74250E-3	9784353.9	6.17063E-2
4 号墩底部(506)	8558299.0	2.74250E-3	8558299.0	1.14911E-1

13.3.2 输入地震动的选取

选取 1940 年的 El Centro 波南北向水平分量作为输入地震动,地震波峰值加速度取 0.35g。输入方向为沿梁桥的顺桥向。

13.3.3 非线性地震响应分析

1. 非线性滞回模型

钢筋混凝土弯曲结构在反复荷载作用下的滞回曲线可以采用 Takeda 模型、Clough 模型、武藤模型等考虑刚度退化的履历模型,为简化计算,采用完全弹塑性模型,如图 13.3 所示。

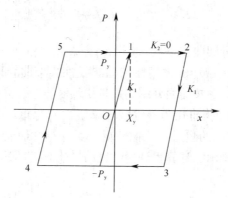

图 13.3　完全弹塑性滞回模型

2. 阻尼计算

在地震运动中,阻尼具有吸收能量、减少结构的动力响应的效果,因此,如果在地震响应计算中采用偏大的阻尼值,得到的计算结果偏小,影响结构的抗震安全性;相反,若用偏小的阻尼值计算,得到的地震响应大,结果影响结构抗震设计的经济性。因此,在结构抗震分析中合理估计阻尼值非常重要。

尽管阻尼值对计算结果的影响很大,但是目前对阻尼机理的研究和评估方法却十分有限,阻尼计算还没有得到比较好的解决,实用计算中只能采用一些比较近似的方法进行处理,如 Rayleigh 阻尼、应变能比例阻尼等近似方法计算阻尼。我们采用 Rayleigh 阻尼。Rayleigh 阻尼的比例系数计算公式如下:

$$\begin{cases} \alpha = \dfrac{4\pi(T_i\xi_i - T_j\xi_j)}{T_i^2 - T_j^2} \\ \beta = \dfrac{T_iT_j(T_i\xi_j - T_j\xi_i)}{\pi(T_i^2 - T_j^2)} \end{cases} \tag{13.5}$$

式中　T_i, ξ_j——两个卓越振型的周期;

ξ_i, ξ_j——对应的振型阻尼比。

3. 非线性地震响应计算结果

沿顺桥向输入加速度峰值为 0.35g 的 El Centro 波,利用有限元软件对结构进行非线性时程分析,可以得到桥梁上部结构的顺桥向位移时程响应(图 13.4)以及各桥墩塑性铰单元的变形履历响应(图 13.5)。

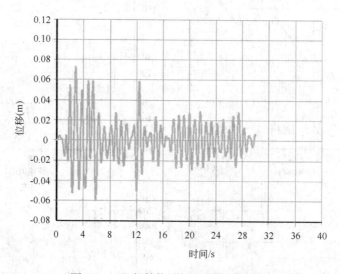

图 13.4　上部结构顺桥向位移时程响应

从图 13.4 可以看出,结构的最大位移响应达到 0.078m,残余变形为 0。从图 13.5 可以看出,在峰值加速度为 0.35g 的 El Centro 波作用下,502 单元即 2 号墩的底部形成了完整滞回环,说明 2 号墩的底部形成了固定的塑性铰,已达到损伤的程度,但由于塑性铰的回转变形没有达到极限变形,所以结构尚未达到极限破坏的程度。而 503 单元和 506 单元即 2 号墩顶部和 4 号墩底部虽然已经屈服,但没有形成完整滞回环,说明只是轻微破坏。501、504、505 单元的滞回曲线则处于弹性范围内,表明 1 号墩、3 号墩及 0 号墩弹性完好。因此,除了需要考虑防止碰撞和落梁破坏以外,2 号墩底部已出现损伤破坏,但桥梁不至倒塌。

为了与静力弹塑性分析的结果进行比较,需要计算非线性时程反应分析得到的能力曲线。逐步提高地震波的峰值,计算每一个峰值地震波作用下结构的最大顶部位移和最大基底剪力,作为能力曲线上的一个点,在计算能力曲线的过程中同时可以得到结构塑性铰出现的先后顺序。如图13.6所示,塑性铰出现的先后顺序为 2 号墩底部(502 单元)、3 号墩顶部(503 单元)、4 号墩底部(506 单元)。

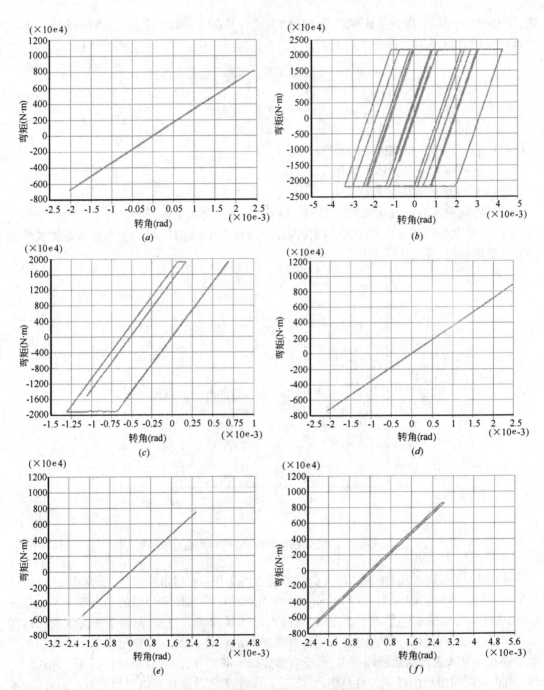

图 13.5 各桥墩塑性铰单元的变形履历响应
(a) 501 单元的滞回曲线;(b) 502 单元的滞回曲线;(c) 503 单元的滞回曲线;
(d) 504 单元的滞回曲线;(e) 505 单元的滞回曲线;(f) 506 单元的滞回曲线

13.3.4 静力弹塑性分析

1. 利用 DASPA 法对梁式桥进行 Pushover 分析

(1) 首先对结构进行模态分析(图 13.6)

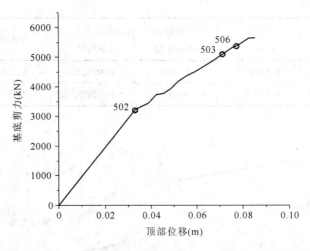

图13.6 RHA法得到的能力曲线及塑性铰出现顺序

对前面所建立的非线性有限元模型进行模态分析,得到结构的基本周期和振型。表13.5给出了顺桥向的特征值计算结果,几个对结构顺桥向地震响应有贡献的主要振型如图13.7所示。

顺桥向特征值计算结果　　　　　　　表13.5

模态	频率（Hz）	周期（s）	顺桥向振型参与系数	振型参与系数比	有效质量	累积有效质量分数
1	1.23028	0.81283	1320.5	1.000000	0.174368E+07	0.858832
2	1.77609	0.56303	0.19092E-13	0.000000	0.364501E-27	0.858832
3	2.45296	0.40767	−0.24367E-13	0.000000	0.593772E-27	0.858832
4	4.20849	0.23761	115.66	0.087585	13376.1	0.865420
5	4.23184	0.23630	0.13601E-11	0.000000	0.184976E-23	0.865420
6	4.38178	0.22822	−0.54113	0.000410	0.292820	0.865420
7	6.55557	0.15254	−107.65	0.081523	11588.5	0.871128
8	7.00860	0.14268	0.39799E-12	0.000000	0.158397E-24	0.871128
9	7.42494	0.13468	1.4179	0.001074	2.01047	0.871129
10	10.5919	0.94412E-01	128.77	0.097515	16581.0	0.879296
11	10.8999	0.91744E-01	74.703	0.056572	5580.47	0.882045
12	11.6355	0.85944E-01	212.43	0.160869	45124.4	0.904270
13	11.8609	0.84310E-01	−0.21740E-09	0.000000	0.472609E-19	0.904270
14	11.9305	0.83818E-01	204.85	0.155134	41964.7	0.924939
15	15.2885	0.65409E	84.749	0.064181	7182.47	0.928477
16	16.0006	0.62498E	−0.86035	0.000652	0.740204	0.928477

续表

模态	频率(Hz)	周期(s)	顺桥向振型参与系数	振型参与系数比	有效质量	累积有效质量分数
17	16.2290	0.61618E	5.7244	0.004335	32.7685	0.928493
18	17.2702	0.57903E	167.67	0.126977	28113.6	0.942341

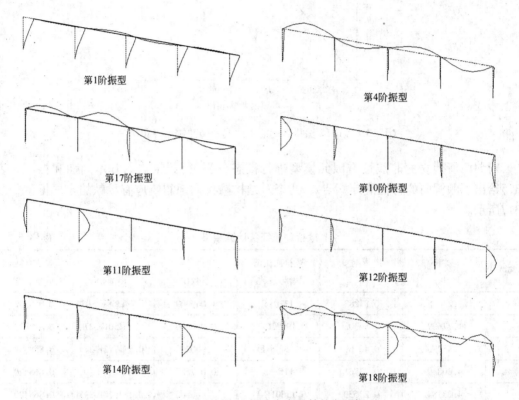

图 13.7 对顺桥向地震响应有贡献的主要振型

（2）确定结构的位移延性系数和非弹性反应谱

利用迭代法求结构的位移延性系数，其具体实施步骤如下：

① 假定结构的位移延性系数为 μ，计算对应于位移延性系数 μ 的非弹性位移反应谱值 S_d；

② 根据公式计算结构的目标位移 u_{ro}；

③ 重新计算结构的位移延性系数 $\mu' = \dfrac{u_{ro}}{u_y}$；

④ 若 $\mu' - \mu \leqslant \varepsilon$（$\varepsilon$ 为某个小值），则结构的实际位移延性系数即为 μ；若 $\mu' - \mu > \varepsilon$，则令 $\mu = \mu'$；

⑤ 重复步骤①~④，直至 $\mu' - \mu \leqslant \varepsilon$。

本例中，经计算得结构的位移延性系数 $\mu = 2.5$，对应于 $\mu = 2.5$、5% 阻尼比的非弹性位移反应谱如图 13.8 所示。

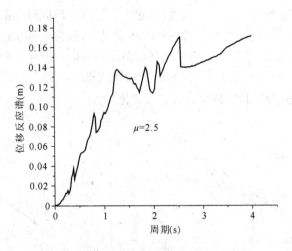

图 13.8 非弹性位移反应谱(5%阻尼比)

(3) 确定结构的目标位移和初始位移模式

根据公式(13.2)计算得结构的目标位移 $u_{ro}=0.080\mathrm{m}$,同时根据公式(13.2)计算对应于位移延性系数 $\mu=2.5$ 的初始位移模式,并利用此初始位移模式推结构,至结构某构件屈服。

(4) 塑性铰出现的先后顺序及不同破坏情况下位移模式比较

利用第(3)步中计算得到的位移模式对结构进行 Pushover 分析,每当有新的塑性铰出现,则重新进行模态分析,重新计算结构的位移模式,并利用新的位移模式继续推结构,直至达到结构的目标位移。计算得到结构的能力曲线,以及塑性铰出现的先后顺序,如图 13.9 所示。从图中可以看出,用 DASPA 法得到的塑性铰出现的顺序与非线性时程分析方法得到的结果完全一致。

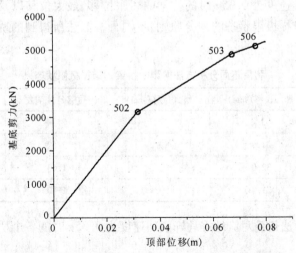

图 13.9 DASPA 法得到的能力曲线及塑性铰出现的顺序

将不同破坏情况下各桥墩的位移模式进行比较,如图 13.10 所示。其中,case1 为弹性完好状态,case2 为 2 号墩底部屈服,case3 为 2 号墩底部和顶部屈服,case4 为 2 号墩底部和顶部以及4号墩底部屈服。从图中可以看出,对于2号墩,当其墩底和墩顶前后分别出现塑性铰时,其位移模式有明显变化;而在第四种破坏情况下,虽然4号墩进入屈服,但由于2号墩不再有新的塑性铰出现,所以其位移模式基本保持不变。对于4号墩,在前三种破坏情况下,由于其一直处于弹性完好状态,所以它的位移模式基本保持一致;但在第四种破坏情况下,4号墩底部出现塑性铰,其位移模式有较大变化。

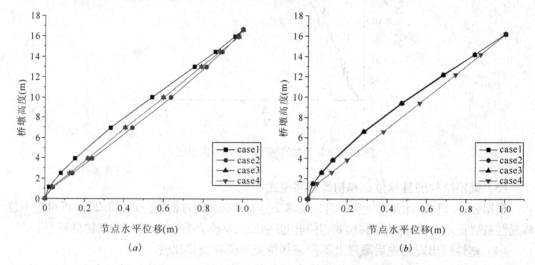

图 13.10 不同破坏情况下各桥墩位移模式比较
(a) 2号墩;(b) 4号墩

(5) 桥梁极限破坏状态比较

利用非线性时程分析方法、DASPA法、倒三角分布和均匀分布的 Pushover 方法可以得到对应地震动峰值加速度为 0.35g 时的桥梁的屈服位移、最大位移以及桥梁的整体位移延性系数。根据桥梁破损极限状态的划分原则,不同分析方法所得到的桥梁的破损极限状态如表 13.6 所示:

利用不同分析方法得到的桥梁的破损极限状态　　　　表 13.6

分析方法	屈服位移(mm)	最大位移(mm)	位移延性系数	破损极限状态
RHA 法	33.2	77.7	2.34	轻微破损
DASPA 法	31.9	80.2	2.52	轻微破损
倒三角分布	32.0	52.3	1.63	轻微破损
均匀分布	31.3	56.4	1.80	轻微破损

利用不同分析方法得到对应地震动峰值加速度为 0.35g 时的各个桥墩的破坏情况如表 13.7 所示:

利用不同分析方法得到的各桥墩的破坏情况　　　　表 13.7

分析方法	0号墩	1号墩	2号墩	3号墩	4号墩
RHA 法	弹性完好	弹性完好	墩底、墩顶屈服	弹性完好	墩底屈服

续表

分析方法	0号墩	1号墩	2号墩	3号墩	4号墩
DASPA法	弹性完好	弹性完好	墩底、墩顶屈服	弹性完好	墩底屈服
倒三角分布	弹性完好	弹性完好	墩底屈服	弹性完好	弹性完好
均匀分布	弹性完好	弹性完好	墩底屈服	弹性完好	弹性完好

13.3.5 不同地震设防烈度下桥梁的抗震性能评价

算例在不同地震设防烈度下桥梁结构的破损极限状态如表13.8所示,各个桥墩的破坏情况如表13.9所示。

梁式桥算例在不同地震设防烈度下的破损极限状态 表13.8

地震烈度	屈服位移(mm)	最大位移(mm)	位移延性系数	破损极限状态
7度	32.0	46.4	1.45	轻微破损
8度	32.6	79.6	2.46	轻微破损
9度	32.9	121.8	3.7	严重破坏

梁式桥算例1在不同地震设防烈度下各个桥墩的破坏情况 表13.9

地震烈度	0号墩	1号墩	2号墩	3号墩	4号墩
7度	弹性完好	弹性完好	墩底屈服	弹性完好	弹性完好
8度	弹性完好	弹性完好	墩底、墩顶屈服	弹性完好	墩底屈服
9度	墩底屈服	墩底屈服	墩底、墩顶屈服	墩底屈服	墩底屈服

第 14 章 斜拉桥非线性地震响应分析与性能评价

14.1 引　　言

钢筋混凝土斜拉桥是一种新型结构的桥梁。现代斜拉桥以瑞典 Stromsund 桥的建成为起始点,发展至今已有 40 年的历史。斜拉桥因其经济上、结构上与建筑造型诸方面的独特优点呈现它的竞标优势,受到桥梁工程界的日益重视。在一些多地震国家中,斜拉桥最早考虑抗震要求的是 1962 年建成于委内瑞拉的 Maracaibo 桥。在该桥的设计中,为避免由于地震或基础不均匀沉降可能造成的损失,而将五个主跨设计成独塔单拉索悬臂结构和挂孔相结合的多跨斜拉桥。70 年代,日本提出兴建本州四国连路线,为此,对斜拉桥结构形式及其地震反应的影响展开了研究。世界其他国家的学者对斜拉桥抗震的研究也是斜拉桥在多地震国家得到应用后才开始的。在我国,斜拉桥建设始于 20 世纪 70 年代初,20 世纪 80 年代进入飞跃发展时期。当时,李国豪等人对斜拉桥的动力特性与地震反应分析开展了广泛深入的研究。

随着计算机技术的不断发展,对斜拉桥的分析和计算已经由线性分析向非线性分析方向发展。为了进一步了解地震作用下桥梁结构的性能,考虑结构的非线性已是不可避免的。已有的研究结果表明,钢筋混凝土斜拉桥的非线性主要表现在以下两个方面:由材料自身的非线性性能和混凝土裂缝的产生和发展所导致的材料非线性;由梁轴力、大位移、缆索垂度及初张力等引起的几何非线性。国内外很多学者对斜拉桥的几何非线性进行了深入的研究,但对材料非线性的研究却相对较少。我们对斜拉桥所进行的非线性地震响应分析仅限于材料非线性。

由于斜拉桥结构形式复杂,在对其进行非线性时程反应分析时不仅不容易收敛,而且很耗费机时。而斜拉桥是典型的多自由度结构体系,其在地震中的反应受高阶振型影响显著,等效地震力的分布模式非常复杂,不能再用简单的倒三角分布或均匀分布来描述,因此传统的 Pushover 方法无法对斜拉桥进行静力弹塑性分析。目前,在国内外的文献上也尚未见有人提出适用于斜拉桥的静力弹塑性方法。因此,发展一种适用于斜拉桥的静力弹塑性方法是非常有必要的。

我们利用提出的基于位移的适应谱 Pushover 方法(简称 DASPA 法),直接利用非弹性位移反应谱来定义其加载特性,同时考虑了高阶振型的影响及结构屈服后振动特性的改变,可以用来分析斜拉桥的抗震性能。由于其直接基于位移控制,概念简单,而且在对斜拉桥的整个推覆过程中,不会出现结果不收敛的情况。针对斜拉桥结构形式的特殊性,在利用 DASPA 法对斜拉桥进行推覆分析时,我们又对结构屈服后的位移模式进行了修正,使得 Pushover 分析的结果更接近结构的真实反应值。

14.2 斜拉桥的工程概况和计算模型

14.2.1 算例设计概述

所选算例为一钢筋混凝土斜拉桥。该桥全长144m,主跨99m,跨径组合为(22.5+99+22.5)m,采用双塔扇形双索面结构。主梁为钢筋混凝土箱梁,箱梁高0.673m,宽5.5m。桥塔采用钻石型结构,总高度26.213m,高跨比1/3.78。斜拉索采用平行钢丝索,斜拉索在钢箱梁上索距为7.5m,索塔上索距为0.5~1.2m不等。主要截面特性如表14.1所示。斜拉桥设计方案如图14.1所示。

结构截面特性　　　　　　　　　　　表14.1

构件类型	面积 $A(m^2)$	惯性矩(m^4)		扭转常数 $J(m^4)$
		I_x	I_y	
主梁	1.999	0.0887	6.303	0.330
桥塔	0.638~8.93	0.025~2.686	0.046~16.639	0.055~8.015
索	0.0004258~0.001703	—	—	—

14.2.2 斜拉桥的非线性有限元模型

由于地震发生的位置具有随机性,因而地震反应分析的计算模型均采用空间有限元分析模式。斜拉桥在地震中的破坏主要是桥塔横桥向的破坏。因此,在对斜拉桥进行非线性地震响应分析时,主要是考虑桥塔的非线性,斜拉索、桥面梁仍按线性来分析。当考虑桥塔的非线性时,一般认为在强震作用下,桥梁的延性抗震主要是通过强震作用下桥塔局部形成稳定的塑性铰发生的弹塑性变形来耗散地震能量。为了合理地模拟塑性铰的非线性性能,在分析时采用以下假设:

(1) 只在桥塔产生沿斜拉桥横桥向转动的塑性铰;
(2) 塑性铰发生在单元两端的节点处;
(3) 塑性铰区域内配有足够的横向钢筋,不至于产生过大的剪切裂缝;
(4) 单元沿轴向不发生屈服,仅考虑轴力对于弯曲屈服强度的影响,弯曲屈服强度可以采用弯矩—曲率关系来确定。

根据以上假设,建立斜拉桥的空间动力有限元模型,如图14.2所示。塑性铰单元采用非线性弹簧单元来模拟,斜拉桥桥塔的局部有限元模型如图14.3所示。图14.3中括号外的数字为左边桥塔的塑性铰单元编号,括号内的数字为右边桥塔的塑性铰单元编号。全桥模型节点数为243,单元数为250。

14.2.3 塑性铰的力学模型及参数确定

根据前面的介绍,塑性铰的力学模型是在塑性铰长度 L_p 的中间设置一个弹塑性回转弹簧单元来模拟,上下 $L_p/2$ 按刚性构件计算,如图14.4所示。由于斜拉桥纵桥向刚度很大,在地震中斜拉桥的破坏主要是桥塔横桥向的破坏,因此只需在结构的横桥向设置非线性弹簧单元来模拟塑性铰。塑性铰的回转刚度根据桥墩结构变形等同的条件,从截面的弯矩—曲率关系换算得到。

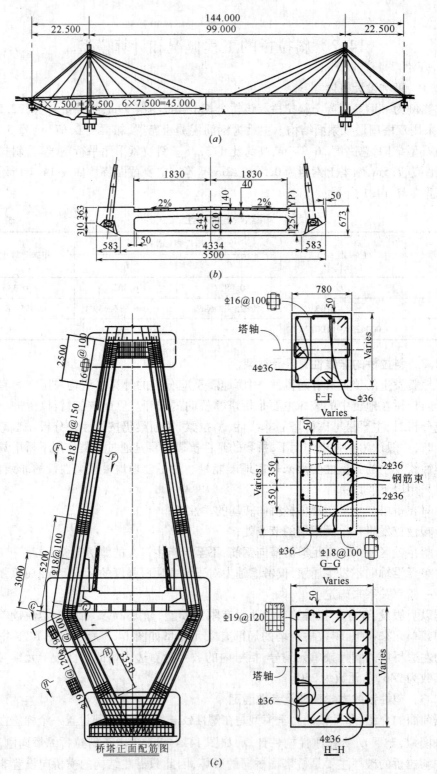

图 14.1 斜拉桥设计方案图

(a) 斜拉桥立面图;(b) 主梁横截面图;(c) 桥塔配筋图

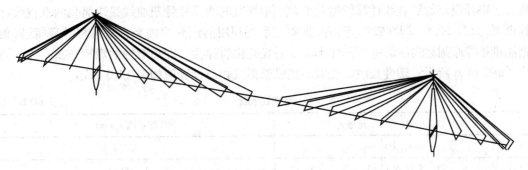

图 14.2 斜拉桥空间有限元模型

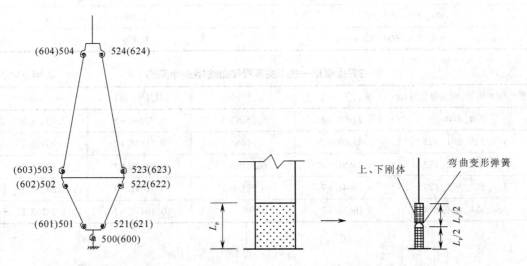

图 14.3 桥塔局部有限元模型　　图 14.4 塑性铰计算模型

1. 塑性铰的长度

由于斜拉桥的桥塔实质上是一个框架结构,而前面第 2 章所介绍的计算塑性铰长度的公式是针对梁式桥的,不适合斜拉桥。因此,本章采用我国学者朱伯龙提出的计算公式来确定塑性铰长度 L_p:

$$L_p = \left[1 - 0.5\frac{\rho f_y - (\rho' f_y + N/bh)}{f_c}\right]h_0 \tag{14.1}$$

式中　ρ_s, ρ'_s——受拉和受压钢筋的配筋率;
　　　f_y, f'_y——受拉和受压钢筋的屈服应力;
　　　N——截面所承受的轴向力;
　　　b, h——截面的宽度和高度;
　　　h_0——截面的有效高度。

表 14.2 列出了利用公式(14.1)计算得到的各可能塑性铰单元的塑性铰的长度。

2. 塑性铰的非线性滞回特性

塑性铰单元的非线性骨架曲线一般采用考虑开裂点、屈服点和极限点的三直线计算模型或忽略开裂点的双直线计算模型。本章中塑性铰的非线性骨架曲线采用简化的双直线计算模型,如图14.5。塑性铰的弯矩—曲率关系可利用前面介绍的条带法编程计算得到,根据能量相等原则将实际的弯矩—曲率关系曲线简化为弹性—理想塑性的弯矩—曲率关系曲线,如图14.6所示。塑性铰的简化双线型骨架曲线相应计算值如表14.3所示。

塑性铰长度   表14.2

塑性铰的位置(对应单元号)	塑性铰长度 L_p(m)
500,600	1.787
501,521,601,621	1.245
502,522,602,622	1.091
503,523,603,623	1.066
504,524,604,624	0.759

桥塔截面弯矩—曲率关系骨架曲线相应计算值   表14.3

塑性铰的位置(对应单元号)	M_{ye}(N·m)	φ_{ye}(1/m)	M_u(N·m)	φ_u(1/m)
500,600	0.2799E+8	0.5569E-3	0.2799E+8	2.2341E-2
501,521,601,621	0.4570E+7	0.3146E-2	0.4570E+7	1.7379E-1
502,522,602,622	0.2448E+7	0.5319E-2	0.2448E+7	1.7391E-1
503,523,603,623	0.2164E+7	0.5818E-2	0.2164E+7	1.5636E-1
504,524,604,624	0.1643E+7	0.5914E-2	0.1643E+7	1.3724E-1

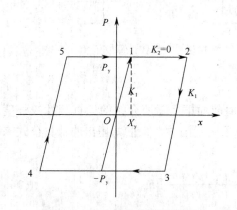

图14.5 完全弹塑性滞回模型

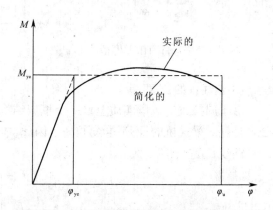

图14.6 弯矩—曲率关系曲线的简化

塑性铰的弯矩与转角关系可以根据简化公式(14.2)和(14.3)从塑性铰的弯矩—曲率关系计算得到,计算结果如表14.4所示。

塑性铰的等效屈服弯矩和回转角:

$$\begin{cases} M_{pye} = M_{ye} \\ \theta_{pye} = \varphi_{ye} L_p \end{cases} \quad (14.2)$$

极限状态时的弯矩和回转角:

$$\begin{cases} M_{\mathrm{pu}} = M_{\mathrm{u}} \\ \theta_{\mathrm{pu}} = \varphi_{\mathrm{u}} L_{\mathrm{p}} \end{cases} \quad (14.3)$$

塑性铰单元的弯矩—转角关系骨架曲线相应计算值   表 14.4

塑性铰的位置(对应单元号)	$M_{\mathrm{ye}}(\mathrm{N} \cdot \mathrm{m})$	$\theta_{\mathrm{ye}}(\mathrm{rad})$	$M_{\mathrm{u}}(\mathrm{N} \cdot \mathrm{m})$	$\theta_{\mathrm{u}}(\mathrm{rad})$
500,600	0.2799E+8	9.9518E-04	0.2799E+8	3.9923E-2
501,521,601,621	0.4570E+7	3.9168E-03	0.4570E+7	2.1637E-1
502,522,602,622	0.2448E+7	5.8030E-03	0.2448E+7	1.8974E-1
503,523,603,623	0.2164E+7	6.2020E-03	0.2164E+7	1.6668E-1
504,524,604,624	0.1643E+7	4.4887E-03	0.1643E+7	1.0417E-1

14.2.4 输入地震动的选取

选取 1940 年的 El Centro 波南北向波作为输入地震动,为了使结构充分进入塑性以便于和 DASPA 法进行比较,将加速度峰值调整为 0.4g,地震波加速度时程曲线如图 14.7 所示。

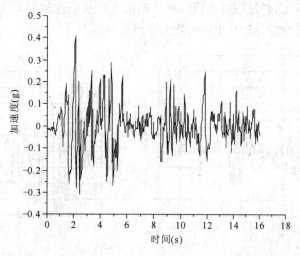

图 14.7 El Centro 波加速度时程

14.2.5 斜拉桥的非线性地震响应分析

1. 阻尼计算

在桥梁结构的动力分析中,尽管阻尼值对计算结果的影响很大,但是目前对阻尼机理的研究和评估方法却十分有限,阻尼计算还没有得到比较好的解决,实用计算中只能采用一些比较近似的方法进行处理。常用的阻尼计算的近似方法有 Rayleigh 阻尼、应变能比例阻尼。

当桥梁结构形式相对比较简单时,地震响应中低阶卓越振型所占的比例比较大,只要保证低阶振型的阻尼比与实际阻尼比相差不大,按 Rayleigh 阻尼理论计算基本上能够得到比较好的精度,故具有正交性的 Rayleigh 阻尼在桥梁抗震设计中得到广泛的应用。

但是,对于结构形式比较复杂的斜拉桥,其振型形状比较复杂,振动响应并不是由某个或某两个卓越振型起控制,用 Rayleigh 阻尼不能合理地模拟结构的阻尼特性。Rayleigh 阻尼随选取的参考振型的不同而得到不同的阻尼值,导致其地震响应计算结果取决于所选取的参考振型。相比之下,应变能比例阻尼理论能够考虑斜拉桥阻尼的分布特性,是相对比较合理的阻尼计算方法。应变能比例阻尼的计算公式如下:

$$\xi_s = \frac{\sum_{i=1}^{m} \xi^i \phi_{si}^T K_i \phi_{si}}{\phi_s^T K \phi_s + \phi_s^T K_G \phi_s} \tag{14.4}$$

式中 ξ^i——单元 i 的阻尼比;

ϕ_{si}——振型中单元 i 的局部形状;

K_i——单元 i 的刚度矩阵;

M_i——单元 i 的质量矩阵。

2. 非线性地震响应分析

由于斜拉桥在地震中的破坏主要是桥塔横桥向的破坏,因此本章只考虑斜拉桥在横桥向地震荷载作用下的抗震性能。沿结构的横桥向输入加速度峰值为 0.4g 的 El Centro 波,对结构进行非线性时程反应分析。计算得到桥塔塔顶和主梁跨中的位移时程曲线,如图 14.8 所示。从图中可以看出,斜拉桥桥塔顶部横桥向最大位移响应达到 0.146m,残余变形为 0;跨中横桥向最大位移响应达到 0.104m,残余变形为 0。

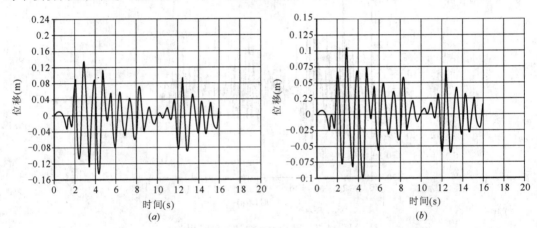

图 14.8 位移时程曲线
(a) 塔顶横桥向位移时程曲线;(b) 跨中横桥向位移时程曲线

分析还可以得到各塑性铰单元的变形履历曲线,通过这些变形履历曲线可以看出,在峰值加速度为 0.4g 的横桥向 El Centro 波作用下,左边桥塔上的 501、504、521、524 单元屈服形成塑性铰,塑性铰的滞回曲线如图 14.9 所示。同时右边桥塔也在相应部位形成塑性铰。从图中可以看出,501、504、521、524 单元皆形成完整滞回环,但回转变形在屈服位移和极限位移之间,表明结构出现损伤破坏但尚未达到极限破坏。同时还可以看出,对于对称结构的桥塔,塑性铰出现的位置以及塑性铰的回转变形完全对称,桥塔上的塑性铰分布如图 14.10 所示。

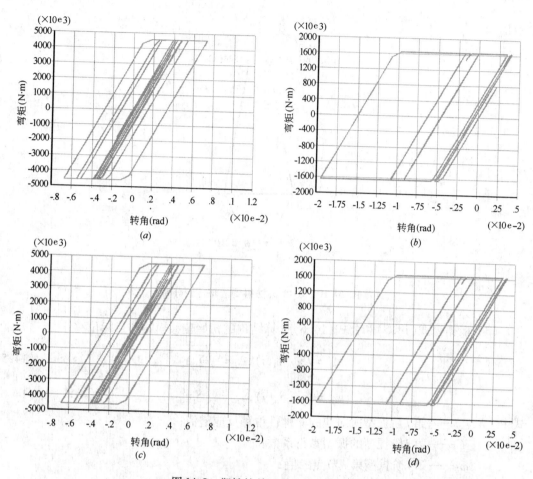

图 14.9 塑性铰单元的变形履历响应
(a) 501 单元的滞回曲线;(b) 504 单元的滞回曲线;(c) 521 单元的滞回曲线;(d) 524 单元的滞回曲线

14.3 斜拉桥的静力弹塑性分析

14.3.1 利用 DASPA 法对斜拉桥进行性能评价

斜拉桥是典型的多自由度结构体系,其在地震中的反应受高阶振型影响显著,等效地震力的分布模式非常复杂,不能再用简单的倒三角分布或均匀分布来描述,因此传统的 Pushover 方法无法对斜拉桥进行静力弹塑性分析。DASPA 法是直接基于位移的 Pushover 方法,而斜拉桥在地震中的位移模式则相对简单,同时由于 DASPA 法考虑了高阶振型的影响,因此可以对斜拉桥进行分析。

1. DASPA 法的实施步骤

DASPA 法的具体分析步骤如下:
(1) 建立结构的动力计算模型,进行模态分析,得到结构的初始周期和振型;
(2) 确定结构的位移延性系数 μ,计算结构的非弹性位移反应谱 S_d;

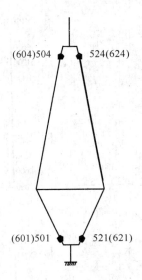

图 14.10　RHA 方法得到的塑性铰分布

（3）根据公式（14.5）和公式（14.6）计算结构的初始位移模式和目标位移；

$$\Delta_{ij} = \Gamma_j \phi_{ij} S_d(j), \Delta_i = \sqrt{\sum_{j=1}^{N} \Delta_{ij}^2} \tag{14.5}$$

$$u_{rjo} = \Gamma_j \phi_{rj} S_d(j), u_{ro} = \sqrt{\sum_{j=1}^{N} u_{rjo}^2} \tag{14.6}$$

式中　$S_d(j)$——第 j 阶振型所对应的非弹性位移反应谱值；

Γ_j——第 j 阶振型的振型参与系数；

ϕ_{ij}——第 j 阶振型第 i 节点的值；

Δ_{ij}——结构对应于第 j 阶振型第 i 节点的位移值；

Δ_i——组合后的结构第 i 节点的位移值；

u_{rjo}——对应于第 j 阶振型的结构的目标位移；

u_{ro}——组合后的结构的目标位移。

（4）利用第（3）步中得到的初始位移模式对结构进行推覆分析，至结构某构件屈服；

（5）调整结构的刚度矩阵，重新对结构进行模态分析；并根据公式（14.5）重新计算结构的位移模式；

（6）利用新的位移模式对结构继续进行推覆分析，至结构又有新的构件屈服；

（7）重复步骤（5）~（6），直至达到结构的目标位移。

14.3.2　斜拉桥的模态分析

首先对前面所建立斜拉桥的空间非线性有限元模型进行模态分析，得到结构的基本周期、振型，以及振型参与系数和振型有效质量，表 14.5 给出了斜拉桥横桥向的特征值计算结果。

从表 14.5 可以看出，斜拉桥在地震中受高阶振型的影响非常显著，在利用 DASPA 法对斜拉桥进行性能评价时，按照规范规定的所选取振型的累积有效质量要超过总有效质量的 90%，则需要取前 63 阶振型来进行计算分析。几个对结构横桥向的地震响应起贡献作用的主要振型如图 14.11 所示。

斜拉桥横桥向特征值计算结果 表14.5

模态	频率(Hz)	周期(s)	顺桥向振型参与系数	振型参与系数比	有效质量	累积有效质量分数
3	1.07352	0.93152	1343.4	1.000000	0.180470E+07	0.761913
7	2.24733	0.44497	57.592	0.042871	3316.88	0.763313
9	2.86555	0.34897	-74.612	0.055540	5566.92	0.765663
16	5.64068	0.17728	295.99	0.220333	87612.2	0.802652
21	8.43123	0.11861	42.110	0.031346	1773.28	0.803400
24	10.7305	0.93192E-01	-30.036	0.022359	902.181	0.803781
29	11.9605	0.83609E-01	-34.797	0.025902	1210.83	0.804292
35	13.9241	0.71818E-01	24.948	0.018571	622.379	0.804555
36	14.2759	0.70048E-01	143.82	0.107060	20685.1	0.813288
38	15.0053	0.66643E-01	26.956	0.020066	726.638	0.813595
45	19.6946	0.50775E-01	-43.872	0.032658	1924.76	0.814407
49	20.6899	0.48333E-01	-359.60	0.267684	129315	0.869002
55	23.3374	0.42850E-01	-22.811	0.016980	520.352	0.869222
57	24.6719	0.40532E-01	2.4080	0.001793	5.79862	0.869224
60	25.3673	0.39421E-01	169.31	0.126033	28666.3	0.881326
61	25.6776	0.38945E-01	0.21933	0.000163	0.481069E-01	0.881326
63	27.0719	0.36939E-01	-377.55	0.281042	142544	0.941506

从图 14.11 可以看出,对斜拉桥横桥向的地震响应起贡献作用的主要振型,不仅有塔和梁的横桥向振动,还有塔和梁的扭转。

14.3.3 目标位移和位移模式的确定

根据前面所介绍的求解结构位移延性系数的方法,计算得斜拉桥的位移延性系数为 $\mu = 2.0$。对应于峰值加速度 $a_{max} = 0.4g$,位移延性系数为 $\mu = 2.0$,5% 阻尼比的 El Centro 波的非弹性位移反应谱如图 14.12 所示。

取斜拉桥的前 63 阶振型,按公式(14.6)计算得结构的目标位移 $u_{ro} = 0.137m$,同时根据公式(14.5)可以得到斜拉桥整桥的初始位移模式。按照前面所述的 DASPA 法的步骤,对斜拉桥进行整桥 Pushover 分析,每当有新的构件屈服,则重新确定结构的位移模式。将塔顶位移规一,对不同破坏状态下的位移模式进行比较,如图 14.13 所示。其中,case1 为斜拉桥桥塔的初始位移模式。从图中可以看出,对应不同破坏状态的位移模式相差较大,说明当有新的构件屈服后重新计算结构的位移模式是十分必要的。

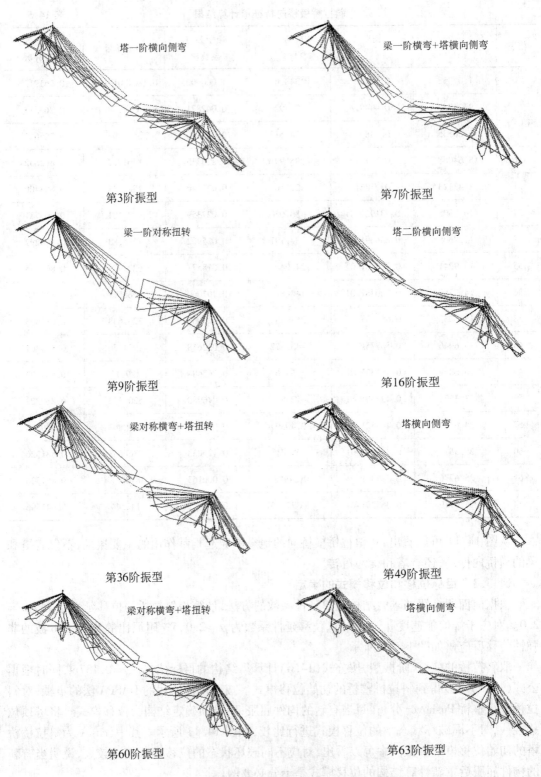

图 14.11 对斜拉桥横桥向地震响应有贡献的主要振型

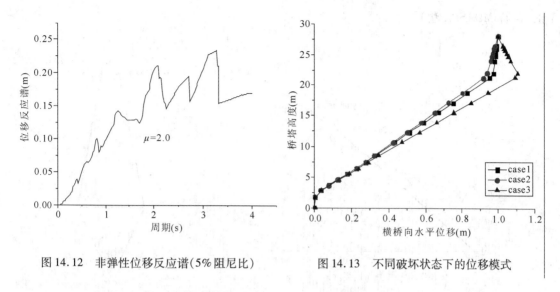

图 14.12 非弹性位移反应谱(5%阻尼比)　　图 14.13 不同破坏状态下的位移模式

14.3.4 利用 DASPA 法得到的能力曲线及塑性铰分布

按照前面所述的 DASPA 法的步骤,对结构进行 Pushover 分析,直至达到结构的目标位移。计算得到斜拉桥的能力曲线以及塑性铰出现的先后顺序如图 14.14 所示,图中 521、621、504、604 为形成塑性铰的单元编号,对应塑性铰的位置如图 14.15 所示,其中括号外为左边桥塔塑性铰单元编号,括号内为右边桥塔相应位置的塑性铰单元编号。分析结果表明,由于此例中的斜拉桥为对称结构,左右两个桥塔的塑性铰出现的位置完全对称。但是由于斜拉桥桥型的特殊性,在对斜拉桥进行横桥向单向加载的静力弹塑性分析时,由于斜拉索的作用,使同一个桥塔的左右对称的两个塔柱的塑性铰分布不对称。塑性铰出现的位置和侧向荷载的加载方向有关,若反向加载,则塑性铰出现的位置将与当前的位置恰恰相反。

14.4　基于屈服后位移模式修正的 DASPA 法

由于地震荷载为循环荷载,而此例中的斜拉桥又为完全对称结构,所以,在实际的地震中,塑性铰出现的位置不仅在左右两个桥塔上相互对称,对于同一个桥塔的左右两个塔柱,塑性铰的位置也应该是对称分布的,对斜拉桥进行非线性时程分析的结果也证明了这一点。但是,由于斜拉桥桥型的特殊性,在对斜拉桥进行单向加载的静力弹塑性分析时,由于斜拉索的作用,使得斜拉桥在横桥向不再对称,致使同一个桥塔的左右两个塔柱的塑性铰分布不对称,这与实际不符。因此需要对结构屈服后的位移模式进行修正。

利用 DASPA 法对斜拉桥进行 Pushover 分析,斜拉桥初始屈服时形成塑性铰的单元为 521 单元和 621 单元,按照对称结构在地震中塑性铰对称分布的实际情况,在对结构重新进行模态分析时需要对屈服后的结构体系进行修正,认为在 521 和 621 单元屈服的同时,501 和 601 单元也发生屈服。对修正之后的结构体系进行模态分析并确定结构新的位移模式,再利用此新的位移模式对结构继续进行推覆分析,至又有新的构件屈服。同理,当 504 和 604 单元屈服形成塑性铰时,认为与之相对称的 524 单元和 624 单元也同时发生屈服并形成了塑性铰。这种对结构屈服后的位移模式按实际情况进行修正的方法,即为修正的 DASPA

法(简称 MDASPA 法)。

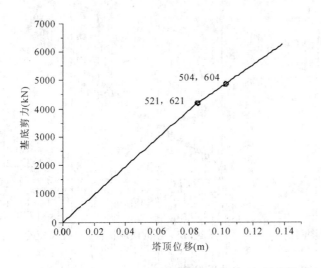

图 14.14 能力曲线及塑性铰出现顺序

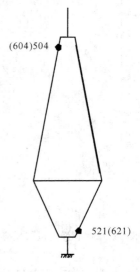

图 14.15 形成塑性铰的位置

14.4.1 分析结果对比

利用修正的 DASPA 法对斜拉桥进行性能评价,并将计算得到的峰值地震响应分别与非线性时程分析方法和 DASPA 法得到的计算结果进行对比。

图 14.16 给出了非线性 RHA 法、DASPA 法和修正的 DASPA 法得到的斜拉桥桥塔的最大节点位移比较。从图中可以看出,修正的 DASPA 法得到的计算结果比 DASPA 法更接近结构的真实反应值,尤其是在拉索锚固区之外,桥塔的塔根到上塔柱这一段,修正的 DASPA 法与 RHA 法得到的两条曲线吻合得非常好,基本重合。考查 DASPA 法和修正的 DASPA 法得到的计算结果与非线性 RHA 法的分析结果(结构的真实反应值)进行比较的误差,如图 14.17 所示。从图中可以看出,DASPA 法和 MDASPA 法对斜拉桥进行性能评价时都具有较高的精度,其中,DASPA 法的最大误差为 15%;而修正的 DASPA 法由于对结构屈服后的位移模式根据工程实际进行了修正,因此精度更高,在此例中的最大误差不超过 10%。

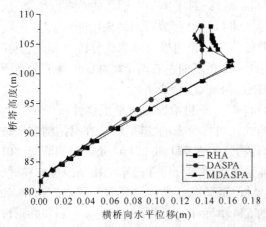

图 14.16 桥塔横桥向节点位移比较

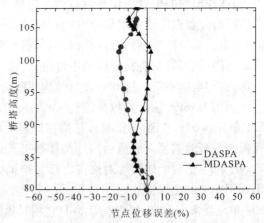

图 14.17 桥塔节点位移误差比较

14.4.2 不同地震设防烈度下斜拉桥的抗震性能评价

按照前面所介绍的方法,建立基于《公路工程抗震设计规范》的非弹性反应谱,并利用修正的 DASPA 法对斜拉桥进行抗震性能评价。计算得到斜拉桥在不同地震设防烈度下的破损极限状态如表 14.6 所示。

斜拉桥在不同地震设防烈度下的破损极限状态　　　　表 14.6

地震烈度	屈服位移(mm)	最大位移(mm)	位移延性系数	破损极限状态
7 度	85.0	85.0	1	弹性完好
8 度	86.2	136.8	1.59	轻微破损
9 度	85.7	204.0	2.38	轻微破损

斜拉桥在不同地震设防烈度下塑性铰的分布如图 14.18 所示。图中,括号外编号为左边桥塔塑性铰单元编号,括号内编号为右边桥塔相应位置的塑性铰单元编号。

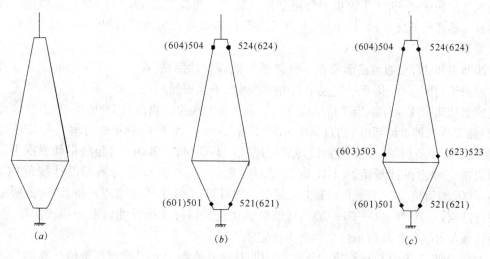

图 14.18　不同地震设防烈度下斜拉桥的塑性铰分布
(a) 7 度设防;(b) 8 度设防;(b) 9 度设防

第15章 基于日本抗震规范的桥梁结构抗震性能设计方法

15.1 中、日抗震设计规范的比较分析

15.1.1 引　言

在2008年5月12日发生汶川大地震中,百花大桥、小鱼洞大桥等多座桥梁结构发生致命损害,生命线被阻断,严重影响了救援工作的进行和灾后重建工作的展开。而桥梁抗震设计规范所采用的是1989年颁布的公路工程抗震设计规范。自1989年以后,在桥梁抗震工程界有非常多的研究成果,其中,日本由于经历了1995年阪神地震,1996年抗震规范有了较多的更新。

2008年8月,交通运输部发布了公路桥梁抗震设计细则,在一定程度上改变了这种情况。但由于时间仓促,仍有一些规定的可操作性还不是很强。

桥梁结构抗震设计在公路桥梁设计中有着重要的地位。我国自1989年10月交通部发布《公路工程抗震设计规范》(JTJ 004—89)以来,至今已经历了20年的时间。从2004年至今,陆续颁布了新版的《公路桥涵设计通用规范》(JTG D60—2004),《公路钢筋混凝土及预应力混凝土桥涵设计规范》(JTG D62—2004)和《公路桥涵地基与基础设计规范》(JTG D63—2007),但抗震设计规范并未正式颁布。2008年8月交通运输部颁布了《公路桥梁抗震设计细则》(JTG/T B02—01—2008),但这部规范是以行业推荐性标准的形式发布,与通用设计规范等其他桥规的地位之间还有一定的不同。

本从1990年起在桥梁抗震设计规范中针对罕遇地震加入了弹塑性数值计算的具体要求,1995年经历阪神地震后,对罕遇地震作用增加了内陆直下型地震,地震最大强度达1.5g~2.0g,再次强化了弹塑性数值计算的地位。2002年颁布的现行规范对抗震设计的一些具体要求又进行了进一步的细化。弹塑性时程分析法在实际工程中达到了普遍应用的水平。

15.1.2 抗震设计基本方针

1. 桥梁的抗震设防类别

我国根据桥梁的规模和所在道路的重要性,将桥梁的抗震设防类别分为A、B、C、D四类,A种是单跨跨径超过150m的特大桥;B种是单跨不超150m的高速公路,一级公路上的桥梁,单跨不超150m的二级公路上的特大桥,大桥;C种是二级公路上的中小桥,单跨跨径不超150m的三四级公路上的特大桥,大桥;D类是三四级公路上的中小桥。

日本将桥的重要度分为A种桥和B种桥,其中B种桥是抗震性能较高的桥。所有的高速公路,城市快速路,国家级道路,以及县级(日本的县相当于我国的省级行政单位)道路的跨线桥以及防灾计划上位置重要的桥都是B种桥。A种桥是上述桥梁以外的桥梁。

大致对照如下：可认为我国的 A、B、C 类桥对应日本的 B 种桥，D 类桥对应 A 种桥。这反映了日本多震的地理特点，和防灾设防程度较高的社会特点。

2. 抗震设计的类别

我国规定 A、B、C 类桥梁必须进行多遇地震和罕遇地震的抗震设计，D 类桥梁只需进行多遇地震条件下的抗震设计。

日本规定所有桥梁均须针对多遇地震和罕遇地震进行抗震设计。由于日本是多震的发达国家，所以抗震设计进行的较为复杂。

3. 抗震设防目标

桥的设防目标，从抗震设计的安全性，抗震设计的可用性，抗震设计的修复性出发分为 3 个方面。这里，抗震设计上的安全性是指，不致发生由于地震引起上部结构的落梁引起的生命的损失的机能，抗震设计的可用性是指地震后桥本来应拥有的通行机能，避难路及救助救急医疗消防活动及紧急物资的运输通路的机能。抗震设计上的修复性指由于地震引起的损伤能够修复的机能。

抗震性能 1 是要保证没有发生落梁的安全性，即使在地震刚发生后也无需进行为恢复机能而进行修复，和地震前一样保持着桥的机能。另外，也包含着为长期进行的修复也是轻微的。抗震性能 2 是由于地震引起的损伤在限定程度内，桥的性能能够迅速恢复的性能。即抗震性能 2 也包含着确保不发生落梁的安全性的同时，在地震后作为桥的机能应该能够进行应急修复。另外，长期必要的修复也比较容易进行。抗震性能 3 是地震时不产生致命损伤的性能。即包含地震后不发生落梁事故的抗震设计的安全性的必要，但不包含抗震设计上的可用性和抗震设计的修复性的必要。

根据地震作用的大小和桥梁的重要程度，进行桥梁的抗震设计。考虑地形、地质、地基条件选定高性能抗震结构形式的同时，对构成桥梁的各个构件和桥梁全体系进行抗震设计。

当遭遇多遇地震时，要求桥梁结构达到抗震性能 1（无损伤），对于 B 种桥（高等级桥梁）遭遇罕遇地震，要求达到抗震性能 2（震中安全，震后可修），对于 A 种桥（低等级桥梁）遭遇罕遇地震，要求达到抗震性能 3（无致命损伤）。

我国规定，各类桥梁在多遇地震下，一般不受损或不需修复可继续使用；日本规定各种桥梁在多遇地震下桥的健全性没有损害。两国的规定基本一致。

在罕遇地震作用下，我国规定 A 类桥可发生局部轻微损伤，不需修复或经简单修复后可继续使用。具备应急修复性和长期修复性。B、C 类桥为不致倒塌或产生严重结构损伤，经临时加固后可供维持应急交通使用。但是不要求长期修复性。日本规定 B 种桥为高速道路和主要道路，损伤在限定范围内，地震发生后可用，地震后经修理具有长期可用性；类似于我国的 A 类桥。日本的 A 种桥位于次要道路，要求大震不倒；类似于我国的 C 类桥。

可以看出，在遭遇罕遇地震后，日本遍布全国的 B 种桥能保持通行功能和震后可修缮功能，设防水准较高。由于 A 种桥只存在于低等级道路上，所以可以认为由 B 种桥组建的道路网在发生强震后的桥梁不会对救援工作的展开和震后重建造成障碍，而且桥梁自身也可在事后进行修缮，而不需重建。

4. 抗震设计上希望采用的桥梁结构形式和尽力避免采用的结构形式

在日本规范中明确提出了几种抗震设计上希望采用的桥梁结构形式和尽力避免采用的

结构形式：

(1) 为确实防止发生落梁现象,尽可能采用多径间连续梁的结构形式。采用多径间连续梁后,通常希望顺桥向支座的支持形式选用水平力分散支座。如果是一点固定多点可动的支持形式,容易造成固定支座处承担过大的水平力。但在山区的设有高墩的桥梁,桥台部的地震条件好的话,也可考虑由桥台承担地震时水平力。总之,为提高桥梁全体系的抗震能力,根据桥梁的结构形式,基础地基支持条件等选择适当的支座形式。

(2) 在容易发生滑坡,液状化,流动化的地基条件时,选定水平刚性高的基础形式,多点固定形式,刚构形式等,上下部接点尽可能多的结构形式。

(3) 在良好地基条件下,对于结构自振周期短的多径间连续桥梁,希望采用免震形式。

(4) 由部分构件的失效引起全体系崩溃的结构体系,须设法使这部分构件的损伤控制在限界条件内。

(5) 在大地震作用下,对允许进入塑性的构件和须保持在弹性状态的构件分别进行设计,构成适当的结构体系。避免采用几何学非线性影响大的结构,或在恒载条件下受到大的偏心弯矩作用的结构。

(6) 在地基条件或结构形式发生显著变化的位置,上部结构采用截断还有连续须进行充分的研讨。

相比之下,我国的水平力分散结构的应用还不普遍。有推力连拱桥的单拱失效容易引起全体系的崩溃。对水平作用的分配还需多下功夫；根据结构体系的不同分别对待,对连拱桥等结构采取更高的安全系数。

15.1.3 地震作用

1. 抗震设计应考虑的作用效应

我国规范规定,抗震设计时考虑永久作用和地震作用。其中永久作用包括恒载、预应力、土压力、水压力。地震作用包括地震动的作用和土压力、水压力等。作用效应组合包括永久作用效应+地震作用效应。

在这点上日本规范规定更详尽一些。其中的永久作用除包括恒载、预应力、土压力、水压力外,还将混凝土的徐变作用、混凝土的干燥收缩作用、水的浮力作用明确地列出。在实际设计中,徐变、干燥收缩、浮力作用均加以考虑,设计进行的较为细致。地震作用除结构自身重力引起的惯性力、土压、水压外,还有地基的液状化和流动化的影响,地震时地基的变位等作用的影响。日本是地震多发的岛国,在距海岸线/水岸线附近的砂质土层有可能在地震时发生液状化,甚至在地震时发生流动化,作用在基础上产生不利的影响。地震时地基会发生变位,有可能引起落梁等极端事件。我国规范在场地和地基一章中也对地基液化和软土地基作了相关规定。

2. 抗震设防烈度区划

我国的幅员辽阔,各地受地震作用影响差别非常大,从地震区的抗震设防基本烈度上看,分为6度区到9度区,基本加速度从0.05g到0.40g,相差8倍(表15.1)。

日本国土狭小,整体处于地震带,抗震规范中规定的地震作用基本值乘以地域修正系数来修正地震作用的大小。日本的太平洋沿岸大部分地区,日本海沿岸的部分地区为A地域,包括东京、大阪、名古屋、神户等日本大部分大中城市,日本的主要高等级公路网多在此区域。对于 A 区域，地震作用为基本值。B 地域为新泻、秋田等沿日本海地区，及北海道、四国、九州的部分地区，地震作用为基本值乘以 0.85；C 地域为北海道和九州的少部分地区，地震作用为基本值乘以 0.70。从整体上看，日本的地震作用随地域变化为的最大值和最小值之比为 1:0.70，远小于我国规定的 8 倍。

我国规定的抗震设防烈度和水平向设计基本地震加速度峰值 A　　　　表 15.1

抗震设防烈度	6	7	8	9
A	0.05g	0.10(0.15)g	0.20(0.30)g	0.40g

3. 场地类别

我国根据土层平均剪切波速和场地覆盖土层厚度，将桥梁场地类别分为 Ⅰ、Ⅱ、Ⅲ、Ⅳ 四类，日本根据场地土的自振周期，将场地土分为 Ⅰ、Ⅱ、Ⅲ 三种，大致对应关系为如表 15.2。

桥梁工程场地类别划分的大致对应关系　　　　表 15.2

我国规定的工程场地类别	日本规定的工程场地类别
Ⅰ	Ⅰ
Ⅱ、Ⅲ	Ⅱ
Ⅳ	Ⅲ

4. 多遇地震作用

我国桥梁随种类不同重要性系数有很大不同，为便于比较，与我国的高速公路和一级公路上的大桥、特大桥为例进行说明（表 15.3、表 15.4）。

我国各类桥梁的多遇地震抗震重要性系数　　　　表 15.3

桥 梁 分 类	E1 地 震 作 用
A	1.0
B	0.43(0.5)
C	0.34

注：高速公路和一级公路上的大桥、特大桥，其抗震重要性系数取 B 类括号内的值。

多遇地震水平设计加速度峰值（Ⅱ类/Ⅱ种场地的基本值）　　　　表 15.4

桥 梁 分 类	E1 地 震 作 用
中国 7 度区高速公路和一级公路上大桥、特大桥	0.113（0.169）
中国 8 度区高速公路和一级公路上大桥、特大桥	0.225（0.338）
中国 9 度区高速公路和一级公路上大桥、特大桥	0.45
日本 A 地域的 B 种桥（最普遍地域的最普遍桥梁）	0.25

从表中可以看出，日本的多遇地震水平设计加速度峰值与我国 8 度区相仿。

结构自振周期大于特征周期时，加速度的峰值将得到低减。两国的特征周期的规定有较大不同。表 15.5 对多遇地震特征周期的规定进行了比较分析。

多遇地震特征周期规定的比较　　　　　　　　　　　　　表 15.5

场地土类别	我国规范规定	日本规范规定
Ⅰ类场地/Ⅰ种场地	0.25～0.35	1.1
Ⅱ类场地/Ⅱ种场地	0.35～0.45	1.3
Ⅲ类场地/Ⅱ种场地	0.45～0.65	1.3
Ⅳ类场地/Ⅲ种场地	0.65～0.90	1.5

可以看出,日本特征周期规定的很长,使得大多数桥梁的自振周期都小于特征周期,使得设计加速度值与峰值一致。设计取的较为保守。

5. 罕遇地震作用

日本的罕遇地震有两大类,以 1923 年东京大地震为代表的平面境界型地震和以 1995 年阪神地震为代表的内陆直下型地震,分别简称为 TYPE Ⅰ 型和 TYPE Ⅱ 型地震。我国的则如表 15.6 所示。

我国各类桥梁的罕遇地震抗震重要性系数　　　　　　　　表 15.6

桥梁分类	E1 地震作用
A	1.7
B	1.3(1.7)
C	1.0

注:高速公路和一级公路上的大桥、特大桥,其抗震重要性系数取 B 类括号内的值。

对于一般的地震作用,场地土越软弱,最大加速度越大。但是在 1995 年阪神地震中发现,对于内陆直下型罕遇地震,坚硬场地土的加速度峰值更大(表 15.7)。

日本规范规定的内陆直下型罕遇地震特点　　　　　　　　表 15.7

场地土类别	特征周期	加速度峰值
Ⅰ种场地	0.7	2.00
Ⅱ种场地	1.2	1.75
Ⅲ种场地	1.5	1.50

为便于时程分析的采用,在日本规范中直接给出了各种场地土对应的多遇地震,平面境界型罕遇地震和内陆直下型罕遇地震时程分析用的地震波。这些地震波是各次地震中实际记录的地震波,并且频谱特性均经过调整,使得各频率下的强度与上述反应谱的强度一致。在多遇地震作用下,要求结构保持在弹性状态下,并且可以通过反应谱法等其他动力的解析方法进行验算,对各种场地土的地震波只给出了一个。对于罕遇地震,结构已进入到塑性阶段,考虑地震动的随机性,需要用三个波的平均值进行评价。不仅是振幅大小罕遇地震与多遇地震不同,而且罕遇地震与多遇地震之间,两种类型的罕遇地震之间的特征周期并不相同。对于重大工程,如果有对应场地土的强震实测纪录,当然可以考虑优先使用。但是尽管日本设立了相当多的地震观测仪,对于绝大多数桥梁,都不可能获得实测地震波,在规范中

直接给出的这21个(多遇地震的3个+罕遇地震的18个)地震波,使得工程应用非常方便,时程分析法得到了普及。在我国的 JTG/TB 02—01—2008 中,规定当采用3组时程波计算时,应取3组计算结果的最大值;当采用7组时程波计算时,可取7组计算结果的平均值。并须保证任意两组间同方向时程的相关系数绝对值小于0.1。随场地类型划分不同,特征周期从0.25s 至0.90s 点上都有,须分别选取不同的地震波。

15.1.4 高烈度条件下高等级桥梁的抗震设计

日本全国处于地震带,步入后工业化时代,抗震设防水准高。1990年以后,在抗震设计规范中全面导入弹塑性设计,即静力学方法的地震时水平承载力法和动力学方法的弹塑性时程分析。在内陆直下型罕遇地震的水平地震影响系数的最大值随场地土类型不同达1.5~2.0,与我国高烈度地区的水平地震影响系数的最大值相仿(表15.8)。

我国建筑抗震规范规定的高烈度地区水平地震影响系数最大值　　　　表15.8

地震影响	8 度	9 度
多遇地震	0.16(0.24)	0.32
罕遇地震	0.90 (1.20)	1.40

注:括号中的数值用于设计基本加速度为0.30g 的地区。

地震作用的特征周期,随场地土类型不同,在多遇地震下,为1.1~1.5s,在平面境界型罕遇地震下为1.4~2.0s,内陆直下型罕遇地震为0.7~1.5s,比我国的规定的数值明显大一些。在这样的设计地震作用下,主干道路网上的桥梁不仅要求不影响地震后的紧急通行,而且要求具有供震后长期使用可修复性。在遇到超设计地震时,还有破坏形态的控制,落梁防止装置,梁搭接长等措施防止产生灾难性后果。对我国高烈度条件下高等级桥梁的抗震设计有一定借鉴意义。

15.1.5 其他

桥梁的抗震性能维系着生命线的畅通,抗震分析中日本规范重视延性设计、对抗震构造细节的严格执行等均是我们应该借鉴和思考的。我们在规范方面应更重视以下几方面的问题:

(1)重视弹塑性的数值分析:地震时水平承载力法和非线性时程分析的普遍应用。地震作用:各种场地条件下各种特征周期的地震波时程数据。结构体系:连续梁条件下单点固定的支座条件,对顺桥向抗震非常不利,倡导水平力分散支座的推广使用。普通的板式橡胶支座缺乏与上下部结构的连接性差,在高烈度地区不可使用。有推力连拱形式的体系,容易引起全体系的坍塌,应避免使用。桩柱式桥墩的基础在地震时的损伤部位难于限定,应避免使用。

(2)细部结构:在钢筋混凝土墩柱中,强化箍筋和拉筋对核心混凝土的束缚作用。束缚效果直接影响弹塑性变形性能,在施工中对箍筋和拉筋的端部弯钩必须加以充分的重视。为使地震时相邻上部结构不互相撞击,应保证梁端间隔。

(3)强化抗震构造措施:变位限制装置,落梁防止装置,梁搭接长的普遍推广应用等问题。

15.2 算例1 基于日本抗震规范单墩柱的Pushover抗震分析

15.2.1 单墩柱设计概况

其单墩柱基础形式是桩基础;上部结构恒载反力 R_0 = 5100kN;上部结构惯性力作用位置(相对于墩柱顶端),顺桥向 = 0m;横桥向 = 1.8m;E2 地震时桥墩分配水平力,顺桥向 = 3600kN;横桥向 = 1100kN。结构型式如下图15.1。

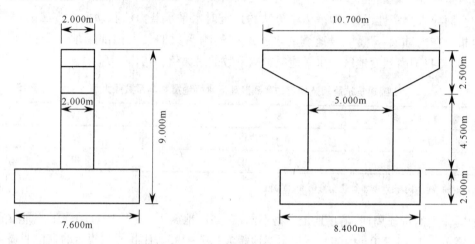

图 15.1 单墩柱结构型式图

E2 地震最大水平地震影响系数:TYPE1 型罕遇地震(类似于 1923 年东京大地震的罕遇地震类型,地震强度大,最大震幅反复 10 数次)的水平向地震加速度,顺桥向为 0.85g;直桥向为 0.85g。TYPE2 型罕遇地震(类似于 1995 年阪神大地震的罕遇地震类型,地震强度大,最大震幅反复数次)的水平向地震加速度,顺桥向为 1.75g;直桥向为 1.46g。钢筋混凝土比重 γ_c = 24.5kN/m³;钢筋材质(SDA345)f_{yk} = 345N/mm²;钢筋的弹性模量 E_s = 2.0E5N/mm²;混凝土(C24)设计基准强度 σ_{ck} = 24N/mm²;纵向钢筋合计面积 = 32400.2mm²。

纵向钢筋的设置见表 15.9 和表 15.10。

纵向钢筋(前面侧和背面侧)　　　　　　　　　　　　　　表 15.9

保护层(mm)	径	缘端(mm)	配筋	缘端(mm)
150	D29	150	2@175 + 16@250 + 2@175	150

纵向钢筋(左侧和右侧)　　　　　　　　　　　　　　表 15.10

保护层(mm)	径	缘端(mm)	配筋	缘端(mm)
150	D22	325	175 + 4@250 + 175	325

15.2.2 顺桥向的计算

1. 水平承载力

柱基部的应力-应变关系

柱基部的应力-应变关系见图 15.2。横拘束筋的截面积(D16) $A_h = 198.6 mm^2$；横拘束筋的间距 $s = 150 mm$；混凝土应力-应变关系算出时用横拘束筋有效长 d，顺桥向 $= 1000 mm$；横桥向 $= 850 mm$；横拘束筋的体积比 $\rho_s = 0.005296$；横拘束钢筋的屈服点 $\sigma_{sy} = 345 N/mm^2$；混凝土的设计基准强度 $\sigma_{ck} = 24 N/mm^2$；混凝土的弹性模量 $E_c = 25000 N/mm^2$；弹性模量的下降段 $E_{dess} = 3530.8 N/mm^2$；断面修正系数 $\alpha = 0.20$；断面修正系数 $\beta = 0.40$；最大压缩应力时的应变 $\varepsilon_{cc} = 0.00300492$；被箍筋所约束的混凝土的强度 $\sigma_{cc} = 25.389 N/mm^2$；承载能力极限时对应的应变 $\varepsilon_{cu} = 0.00444304$。

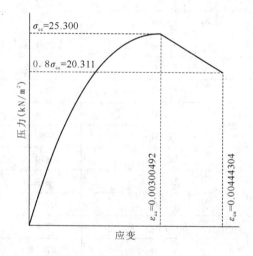

图 15.2 柱基部的应力-应变关系

经过计算分析，各计算位置上的轴力和弯矩见表 15.11；各计算位置的弯矩与曲率之间的非线性关系见表 15.12；各位置上达到各状态时的水平力见表 15.13；最先达到各状态时的水平力(极限承载时的水平力)见表 15.14。

各计算位置上的轴力和弯矩　　　　　表 15.11

i	相对柱基础高度 h_i(m)	与惯性力作用位置之间距离 y_i(m)	柱轴力 N_i(kN)	主荷重引起弯矩 M_{oi}(kN·m)
0	0.000	7.000	7303.8	0.0
1	0.090	6.910	7281.7	0.0
2	0.180	6.820	7259.7	0.0
3	0.270	6.730	7237.6	0.0
4	0.360	6.640	7215.6	0.0
5	0.450	6.550	7193.5	0.0
6	0.540	6.460	7171.5	0.0
7	0.630	6.370	7149.4	0.0
8	0.720	6.280	7127.4	0.0

续表

i	相对柱基础高度 h_i(m)	与惯性力作用位置之间距离 y_i(m)	柱轴力 N_i(kN)	主荷重引起弯矩 M_{oi}(kN·m)
9	0.810	6.190	7105.3	0.0
10	0.900	6.100	7083.3	0.0
11	0.990	6.010	7061.2	0.0
12	1.080	5.920	7039.2	0.0
13	1.170	5.830	7017.1	0.0
14	1.260	5.740	6995.1	0.0
15	1.350	5.650	6973.0	0.0
16	1.440	5.560	6951.0	0.0
17	1.530	5.470	6928.9	0.0
18	1.620	5.380	6906.9	0.0
19	1.710	5.290	6884.8	0.0
20	1.800	5.200	6862.8	0.0
21	1.890	5.110	6840.7	0.0
22	1.980	5.020	6818.7	0.0
23	2.070	4.930	6796.6	0.0
24	2.160	4.840	6774.6	0.0
25	2.250	4.750	6752.5	0.0
26	2.340	4.660	6730.5	0.0
27	2.430	4.570	6708.4	0.0
28	2.520	4.480	6686.4	0.0
29	2.610	4.390	6664.3	0.0
30	2.700	4.300	6642.3	0.0
31	2.790	4.210	6620.2	0.0
32	2.880	4.120	6598.2	0.0
33	2.970	4.030	6576.1	0.0
34	3.060	3.940	6554.1	0.0
35	3.150	3.850	6532.0	0.0
36	3.240	3.760	6510.0	0.0
37	3.330	3.670	6487.9	0.0
38	3.420	3.580	6465.9	0.0
39	3.510	3.490	6443.8	0.0
40	3.600	3.400	6421.8	0.0
41	3.690	3.310	6399.7	0.0

续表

i	相对柱基础高度 h_i(m)	与惯性力作用位置之间距离 y_i(m)	柱轴力 N_i(kN)	主荷重引起弯矩 M_{oi}(kN·m)
42	3.780	3.220	6377.7	0.0
43	3.870	3.130	6355.6	0.0
44	3.960	3.040	6333.6	0.0
45	4.050	2.950	6311.5	0.0
46	4.140	2.860	6289.5	0.0
47	4.230	2.770	6267.4	0.0
48	4.320	2.680	6245.4	0.0
49	4.410	2.590	6223.3	0.0
50	4.500	2.500	6201.3	0.0
51	4.500	2.500	6201.3	0.0
52	7.000	0.000	5100.0	0.0

各计算位置的弯矩与曲率之间的非线性关系 表15.12

i	弯矩 (kN·m)				曲率 (1/m)			
	开裂 M_{ci}	初屈服 M_{yoi}	M_{ui} 极限承载		开裂 φ_{ci}	初屈服 φ_{yoi}	φ_{ui} 极限承载	
			TYPE 1	TYPE 2			TYPE 1	TYPE 2
0	9186.4	14886.9	15342.7	15339.4	0.00010502	0.00122605	0.02907094	0.04698534
1	9178.9	14980.2	15324.9	15322.4	0.00010194	0.00122574	0.02914448	0.04709898
2	9171.4	14963.5	15308.3	15305.7	0.00010485	0.00122543	0.02921310	0.04721045
3	9163.9	14946.0	15291.7	15288.7	0.00010177	0.00122511	0.02928205	0.04732518
4	9156.4	14929.3	15273.9	15272.1	0.00010468	0.00122480	0.02935666	0.04743772
5	9148.8	14911.9	15257.3	15255.0	0.00010459	0.00122448	0.02942628	0.04755356
6	9141.3	14895.2	15240.8	152838.0	0.00010451	0.00122417	0.02949624	0.04766997
7	9133.8	14878.2	15222.9	15220.9	0.00010442	0.00122385	0.02957195	0.04778695
8	9126.3	14861.2	15206.3	15203.8	0.00010434	0.00122354	0.02964260	0.04790451
9	9188.8	14844.2	15189.7	15186.8	0.00010425	0.00122322	0.02971359	0.04802264
10	9111.2	14827.2	15171.9	15169.9	0.00010416	0.00122290	0.02979042	0.04814136
11	9103.7	14810.2	15155.3	15152.6	0.00010408	0.00123259	0.02986212	0.04826067
12	9096.2	14793.2	15138.7	15135.6	0.00010399	0.00122227	0.02993416	0.04838057
13	9088.7	14775.8	15120.8	15118.5	0.00010391	0.00122195	0.03001214	0.04850107
14	9081.2	14759.3	15104.0	15101.4	0.00010382	0.00122164	0.03008491	0.04862217
15	9073.6	14741.9	15087.6	15084.7	0.00010373	0.00122132	0.03015804	0.04847097
16	9066.1	14725.0	15069.7	15068.0	0.00010365	0.00122100	0.03023719	0.04886035

续表

i	弯矩（kN·m）				曲率（1/m）			
	开裂 M_{ci}	初屈服 M_{y0i}	M_{ui}极限承载		开裂 φ_{ci}	初屈服 φ_{y0i}	φ_{ui}极限承载	
			TYPE 1	TYPE 2			TYPE 1	TYPE 2
17	9058.6	14708.1	15053.1	15050.9	0.00010356	0.00122069	0.03031106	0.04898326
18	9051.1	14690.8	15036.5	15033.8	0.00010348	0.00122037	0.03038529	0.04910678
19	9043.6	14673.9	15018.6	15016.7	0.00010339	0.00122005	0.03046564	0.04923093
20	9036.0	14657.0	15001.9	14999.6	0.00010330	0.00121974	0.03054063	0.04935570
21	9028.5	14639.8	14985.3	14982.5	0.00010322	0.00121942	0.03061599	0.04948112
22	9021.0	14622.5	14967.4	14965.4	0.00010313	0.00121910	0.03069757	0.04960717
23	9013.5	14605.7	14950.7	14948.2	0.00010305	0.00121878	0.03077370	0.04973386
24	9006.0	14588.8	14934.1	14931.1	0.00010296	0.00121847	0.03085022	0.04986120
25	8998.4	14571.6	14916.2	14914.0	0.00010287	0.00121815	0.03093305	0.04998920
26	8990.9	14554.4	14899.5	14896.8	0.00010279	0.00121783	0.03101036	0.05011785
27	8983.4	14537.2	14882.8	14880.1	0.00010270	0.00121751	0.03108806	0.05024409
28	8975.9	14520.0	14864.9	14863.0	0.00010262	0.00121719	0.03119218	0.05037406
29	8968.4	14502.9	14848.2	14846.2	0.00010253	0.00121687	0.03125069	0.05050159
30	8960.8	14486.1	14831.6	14829.1	0.00010244	0.00121655	0.03132960	0.05063290
31	8953.3	14469.0	14813.6	14811.9	0.00010236	0.00121623	0.03141503	0.05076489
32	8945.8	14451.9	14796.9	14794.7	0.00010227	0.00121591	0.03149477	0.05089757
33	8938.3	14435.2	14780.2	14777.6	0.00010219	0.00121560	0.03157492	0.05103095
34	8930.8	14418.1	14762.3	14760.4	0.00010210	0.00121528	0.03166170	0.05116503
35	8923.2	14400.6	14745.6	14743.2	0.00010202	0.00121496	0.03174270	0.05129982
36	8915.7	14383.5	14728.9	14726.0	0.00010193	0.00121464	0.03182412	0.05143532
37	8908.2	14366.0	14710.9	14708.9	0.00010184	0.00121431	0.03191227	0.05157154
38	8900.7	14349.0	14694.2	14691.7	0.00010176	0.00121399	0.03199456	0.05170848
39	8893.2	14331.9	14677.2	14674.5	0.00010167	0.00121367	0.03207727	0.05184614
40	8885.6	14314.9	14659.5	14657.7	0.00010159	0.00121335	0.03216683	0.05198125
41	8878.1	14297.9	14642.8	14640.5	0.00010150	0.00121304	0.03225044	0.05212037
42	8870.6	14280.9	14626.0	14623.7	0.00010141	0.00121272	0.03233449	0.05225691
43	8863.1	14263.5	14608.0	14606.5	0.00010133	0.00121239	0.03242549	0.05239752
44	8855.6	14246.2	14591.3	14589.3	0.00010124	0.00121207	0.03251046	0.05253888
45	8848.1	14229.2	14574.6	14572.0	0.00010116	0.00121175	0.03259587	0.05268102
46	8840.5	14212.3	14556.5	14554.8	0.00010107	0.00121143	0.03268835	0.05282392
47	8833.0	14194.9	14539.8	14567.6	0.00010098	0.00121111	0.03277470	0.05296760

续表

i	弯矩（kN·m）				曲率（1/m）			
	开裂 M_{ci}	初屈服 M_{y0i}	M_{ui}极限承载		开裂 φ_{ci}	初屈服 φ_{y0i}	φ_{ui}极限承载	
			TYPE 1	TYPE 2			TYPE 1	TYPE 2
48	8825.5	14177.6	14522.4	14520.4	0.00010090	0.00121078	0.03286485	0.05311207
49	8818.0	14160.7	14505.0	14503.1	0.00010081	0.00121046	0.03296550	0.05325732
50	8810.5	14143.8	14488.3	14485.9	0.00010073	0.00121015	0.03304327	0.05340337
51	—	—	—	—	0.00000000	0.00000000	0.00000000	0.00000000
52	—	—	—	—	0.00000000	0.00000000	0.00000000	0.00000000

各位置上达到各状态时的水平力　　　　　　　　　　　　表 15.13

i	相对柱基础高度 h_i(m)	与惯性力作用位置之间距离 y_i(m)	混凝土开裂时的水平力 p_{ci}(kN)	钢筋屈服时的水平力 p_{y0i}(kN)	TYPE1 型的极限承载时的水平力 p_{ui}(kN)	TYPE2 型的极限承载时的水平力 p_{ui}(kN)
0	0.000	7.000	1312.35	2142.41	2191.81	2191.34
1	0.090	6.910	1328.35	2167.90	2217.78	2217.42
2	0.180	6.820	1344.78	2194.06	2244.62	2244.24
3	0.270	6.730	1361.65	2220.80	2272.18	2271.72
4	0.360	6.640	1378.97	2248.39	2300.29	2300.01
5	0.450	6.550	1369.77	2276.62	2329.36	2329.01
6	0.540	6.460	1415.07	2305.76	2359.25	2358.82
7	0.630	6.370	1433.88	2335.67	2389.78	2389.47
8	0.720	6.280	1453.23	2366.43	2421.39	2420.99
9	0.810	6.190	1473.15	2398.09	2453.92	2453.44
10	0.900	6.100	1493.65	2430.68	2487.19	2486.84
11	0.990	6.010	1514.76	2464.25	2521.68	2521.24
12	1.080	5.920	1536.52	2498.85	2557.21	2556.68
13	1.170	5.830	1558.95	2534.45	2593.62	2593.22
14	1.260	5.740	1582.09	2571.30	2631.40	2630.90
15	1.350	5.650	1605.96	2609.19	2670.37	2669.86
16	1.440	5.560	1630.60	2648.38	2710.38	2710.08
17	1.530	5.470	1656.05	2688.87	2751.94	2751.54
18	1.620	5.380	1682.36	2730.63	2794.88	2794.39
19	1.710	5.290	1709.56	2773.89	2839.05	2838.70
20	1.800	5.200	1737.70	2718.66	2884.99	2884.54

续表

i	相对柱基础高度 h_i(m)	与惯性力作用位置之间距离 y_i(m)	混凝土开裂时的水平力 p_{ci}(kN)	钢筋屈服时的水平力 p_{y0i}(kN)	TYPE1 型的极限承载时的水平力 p_{ui}(kN)	TYPE2 型的极限承载时的水平力 p_{ui}(kN)
21	1.890	5.110	1766.84	2864.92	2932.54	2931.99
22	1.980	5.020	1797.01	2912.85	2981.55	2981.15
23	2.070	4.930	1828.29	2962.61	3032.60	3032.10
24	2.160	4.840	1860.74	3014.22	3085.56	3084.94
25	2.250	4.750	1894.41	3067.71	3140.24	3139.78
26	2.340	4.660	1929.38	3123.27	3197.32	3196.75
27	2.430	4.570	1965.74	3181.01	3256.64	3256.04
28	2.520	4.480	2003.55	3241.08	3318.06	3317.62
29	2.610	4.390	2042.91	3303.62	3382.29	3381.83
30	2.700	4.300	2083.92	3368.87	3449.20	3448.62
31	2.790	4.210	2126.68	3436.82	3518.67	3518.27
32	2.880	4.120	2171.31	3507.73	3591.49	3590.96
33	2.970	4.030	2217.94	3581.93	3667.55	3666.89
34	3.060	3.940	2266.69	3659.41	3746.77	3746.30
35	3.150	3.850	2317.73	3740.41	3830.02	3829.41
36	3.240	3.760	2371.20	3825.40	3917.26	3916.50
37	3.330	3.670	2727.31	3914.45	4008.42	4007.85
38	3.420	3.580	2486.23	4008.09	4104.52	4103.82
39	3.510	3.490	2548.19	4106.57	4205.58	4204.72
40	3.600	3.400	2613.43	4210.27	4311.61	4311.09
41	3.690	3.310	2682.21	4319.61	4423.80	4423.11
42	3.780	3.220	2754.85	4435.07	4542.25	4541.52
43	3.870	3.130	2831.66	4557.04	4667.10	4666.61
44	3.960	3.040	2913.02	4686.24	4799.77	4799.10
45	4.050	2.950	2999.34	4823.46	4940.53	4939.68
46	4.140	2.860	3091.09	4969.32	5089.70	5089.10
47	4.230	2.770	3188.81	5124.52	5249.03	5248.23
48	4.320	2.680	3293.09	5290.16	5418.81	5418.05
49	4.410	2.590	3404.62	5467.46	5600.39	5599.66
50	4.500	2.500	3524.18	5657.53	5795.31	5794.36
51	4.500	2.500	—	—	—	—
52	7.000	0.000				

最先达到各状态时的水平力　　　　　　　表 15.14

	混凝土开裂时	钢筋屈服时	TYPE1 型极限承载时	TYPE2 型极限承载时
相对柱基高度(m)	0.000	0.000	0.000	0.000
水平力(kN)	1312.35	2142.41	2191.81	2191.34

对于 TYPE1 和 TYPE2 两种类型的罕遇地震,对应的极限承载时的水平力分别为 2191.81kN 和 2191.34kN。

2. 水平变位

水平变位按下式计算。

$$\delta_c = \int \varphi_c \cdot y dy = \sum (\varphi_{ci} \cdot y_i + \varphi_{c_{i-1}} \cdot y_{i-1}) \Delta y_i / 2 \times 10^3 = 1.64 (\text{mm}) \quad (15.1)$$

$$\delta_{y0} = \int \varphi_{y0} \cdot y dy = \sum (\varphi_{y0i} \cdot y_i + \varphi_{y0_{i-1}} \cdot y_{i-1}) \Delta y_i / 2 \times 10^3 = 11.83 (\text{mm}) \quad (15.2)$$

式中,δ_c 为混凝土开裂时的变位,由惯性力作用位置作用开裂水平力 p_c 时在墩柱的分布的曲率求出;δ_{y0} 为钢筋屈服时的变位,由惯性力作用位置作用开裂水平力 p_{y0} 时在墩柱的分布的曲率求出;y_i 为各计算截面惯性力作用位置的距离(m);φ_{ci} 为在惯性力作为位置作用开裂水平力 p_c 时各截面的曲率(1/m);φ_{y0i} 为在惯性力作为位置作用初屈服水平力 p_{y0} 时各截面的曲率(1/m)。

(1)混凝土裂缝时和初屈服时的变位见表 15.15。

混凝土裂缝时和初屈服时的变位　　　　　　　表 15.15

i	y_i(m)	φ_{ci}(1/m)	$\varphi_{ci} \cdot y_i$	φ_{y0i}(1/m)	$\varphi_{y0i} \cdot y_i$	Δy_i(m)
0	7.000	0.00010502	0.000735168	0.00122605	0.008582373	0.090
1	6.910	0.00010367	0.000716386	0.00119172	0.008234763	0.090
2	6.820	0.00010232	0.000697846	0.00115728	0.007892677	0.090
3	6.730	0.00010097	0.000679549	0.00112289	0.007557033	0.090
4	6.640	0.00009962	0.000661496	0.00108826	0.007226028	0.090
5	6.550	0.00009827	0.000643685	0.00105365	0.00690133	0.090
6	6.460	0.00009692	0.000626117	0.00101882	0.006581608	0.090
7	6.370	0.00009557	0.000608793	0.00098396	0.006267798	0.090
8	6.280	0.00009422	0.000591712	0.00094898	0.005959622	0.090
9	6.190	0.00009287	0.000574867	0.00091391	0.005657105	0.090
10	6.100	0.00009152	0.000558278	0.00087873	0.005360275	0.090
11	6.010	0.00009017	0.000541926	0.00084345	0.005069156	0.090
12	5.920	0.00008882	0.000525816	0.00080807	0.004783775	0.090
13	5.830	0.00008747	0.000509950	0.00077263	0.004504415	0.090
14	5.740	0.00008612	0.000494327	0.00073699	0.004230331	0.090

续表

i	$y_i(\text{m})$	$\varphi_{ci}(1/\text{m})$	$\varphi_{ci}\cdot y_i$	$\varphi_{y0i}(1/\text{m})$	$\varphi_{y0i}\cdot y_i$	$\Delta y_i(\text{m})$
15	5.650	0.00008477	0.000478947	0.00070134	0.003962544	0.090
16	5.560	0.00008342	0.000463810	0.00066553	0.003700361	0.090
17	5.470	0.00008207	0.000448916	0.00062692	0.003444048	0.090
18	5.380	0.00008072	0.000434265	0.00059364	0.003193806	0.090
19	5.290	0.00007937	0.000419858	0.00055752	0.002949209	0.090
20	5.200	0.00007802	0.000405693	0.00052130	0.002710742	0.090
21	5.110	0.00007667	0.000391771	0.00048499	0.002478293	0.090
22	5.020	0.00007532	0.000378093	0.00044857	0.002251821	0.090
23	4.930	0.00007397	0.000364657	0.00041202	0.002031253	0.090
24	4.840	0.00007262	0.000351465	0.00037536	0.001816745	0.090
25	4.750	0.00007127	0.000338515	0.00033861	0.001608400	0.090
26	4.660	0.00006992	0.000325809	0.00030175	0.001406145	0.090
27	4.570	0.00006857	0.000313345	0.00026477	0.001210009	0.090
28	4.480	0.00006722	0.000301125	0.00022768	0.001020021	0.090
29	4.390	0.00006587	0.000289148	0.00019048	0.000836211	0.090
30	4.300	0.00006451	0.000277414	0.00015316	0.000658591	0.090
31	4.210	0.00006316	0.000265922	0.00011573	0.000487233	0.090
32	4.120	0.00006181	0.000254674	0.00010091	0.000415756	0.090
33	4.030	0.00006046	0.000243669	0.00009871	0.000397790	0.090
34	3.940	0.00005911	0.000232907	0.00009650	0.000380221	0.090
35	3.850	0.00005776	0.000222388	0.00009430	0.000363049	0.090
36	3.760	0.00005641	0.000212113	0.00009209	0.000346274	0.090
37	3.670	0.00005506	0.000202080	0.00008989	0.000329895	0.090
38	3.580	0.00005371	0.000192290	0.00008769	0.000313914	0.090
39	3.490	0.00005236	0.000182743	0.00008548	0.000298329	0.090
40	3.400	0.00005101	0.000173440	0.00008328	0.000283140	0.090
41	3.310	0.00004966	0.000764379	0.00008107	0.000268349	0.090
42	3.220	0.00004831	0.000155562	0.00007887	0.000253954	0.090
43	3.130	0.00004696	0.000146987	0.00007666	0.000239957	0.090
44	3.040	0.00004561	0.000138656	0.00007446	0.000226356	0.090
45	2.950	0.00004426	0.000130567	0.00007225	0.000213151	0.090
46	2.860	0.00004291	0.000122722	0.00007005	0.000200344	0.090
47	2.770	0.00004156	0.000115120	0.00006785	0.000187933	0.090

续表

i	$y_i(\mathrm{m})$	$\varphi_{ci}(1/\mathrm{m})$	$\varphi_{ci}\cdot y_i$	$\varphi_{y0i}(1/\mathrm{m})$	$\varphi_{y0i}\cdot y_i$	$\Delta y_i(\mathrm{m})$
48	2.680	0.00004021	0.000107761	0.00006564	0.000175919	0.090
49	2.590	0.00003886	0.000100645	0.00006344	0.000164302	0.090
50	2.500	0.00003751	0.000093771	0.00006123	0.000153082	0.090
51	2.500	0.00000000	0.000000000	0.00000000	0.000000000	0.000
52	0.00	0.00000000	0.000000000	0.00000000	0.000000000	2.500

(2)极限承载时变位

1) TYPE1 型罕遇地震

$$\delta_u = \delta_y + (\varphi_u - \varphi_y)L_p(h - L_p/2) = 192.91(\mathrm{mm}) \tag{15.3}$$

式中 δ_u——极限承载时变位;

L_p——塑性铰长度(mm),$L_p = 0.2h - 0.1D \leqslant 0.5D$ 且 $\geqslant 0.1D = 1000.00(\mathrm{mm})$;

D——截面高 $D = 2000(\mathrm{mm})$;

h——柱基部至惯性力作用位置之间的高度,$h = 7000(\mathrm{mm})$;

φ_u——柱基部截面的极限承载曲率,$\varphi_u = 0.02907094$;

φ_y——柱基部截面的屈服曲率,$\varphi_y = \left(\dfrac{M_u}{M_{yo}}\right)\varphi_{y0} = 0.00125432(1/\mathrm{m})$;

δ_y——墩柱的屈服变位,$\delta_y = \left(\dfrac{M_u}{M_{yo}}\right)\varphi_{y0} = 12.10(\mathrm{mm})$。

其中,M_u 为柱基部截面的极限承载弯矩,$M_u = 15342.7(\mathrm{kN\cdot m})$;$M_{y0}$ 为柱基部截面的初屈曲弯矩,$M_{y0} = 14996.9(\mathrm{kN\cdot m})$;$\varphi_{y0}$ 为柱基部截面的初屈服曲率,$\varphi_{y0} = 0.00122605(1/\mathrm{m})$;$\delta_{y0}$ 为墩柱的初屈服变位,$\delta_{y0} = 11.83(\mathrm{mm})$。

2) TYPE2 型罕遇地震

根据公式(15.3)可得:$\delta_u = 309.35(\mathrm{mm})$

(3)水平力与水平变位关系

1) TYPE1 型罕遇地震

水平力与水平变位关系曲线见图15.3,计算结果见表15.16。

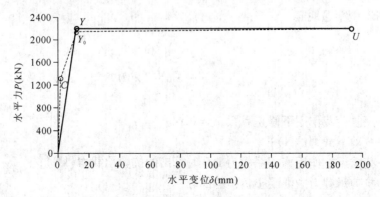

图 15.3 水平力与水平变位关系

TYPE1 水平力与水平变位关系表   表15.16

		水平力（kN）	变位（mm）
开裂时	C	1312.35	1.64
初屈服时	y_0	2142.41	11.83
屈服时	Y	2191.81	12.10
极限承载时	U	2191.81	192.91

2）TYPE2 型罕遇地震

水平力与水平变位关系曲线见图15.4，计算结果见表15.17。

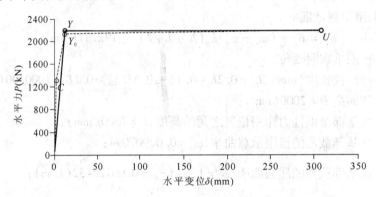

图15.4 水平力与水平变位关系

TYPE2 水平力与水平变位关系表   表15.17

		水平力（kN）	变位（mm）
开裂时	C	1312.35	1.64
初屈服时	y_0	2142.41	11.83
屈服时	Y	2191.34	12.10
极限承载时	U	2191.34	309.35

3．抗剪承载力

（1）TYPE1 型罕遇地震

$$p_{s0} = S_{c0} + S_s \quad (15.4)$$

$$p_s = S_c + S_s \quad (15.5)$$

$$S_{c0} = c_e \cdot c_{pt} \cdot \tau_c \cdot b \cdot d \times 10^{-3} \quad (15.6)$$

$$S_c = c_c \cdot c_e \cdot c_{pt} \tau_c \cdot b \cdot d \times 10^{-3} \quad (15.7)$$

式中 c_c——反复荷载作用下修正系数，$c_c = 0.6$；

p_s——抗剪承载力（kN）；

p_{s0}——荷重反复作用修正系数为1.0时算出的抗剪承载力（kN）；

S_c——抗剪承载力中混凝土负担的部分（kN）；

S_{c0}——抗剪承载力中混凝土负担的部分（kN）（荷重反复作用修正系数为1.0时的

值);

σ_{ck}——混凝土设计基准强度,$\sigma_{ck}=24(N/mm^2)$;

τ_c——混凝土可承担的平均抗剪应力,$\tau_c=0.350(N/mm^2)$;

σ_{sy}——抗剪钢筋的屈服应力,$\sigma_{sy}=345(N/mm^2)$;

h_p——墩柱的高度,$h_p=7000(mm)$;

c_e——针对有效高 d 的修正系数,$c_e=0.872$;

c_{pt}——受拉钢筋的修正系数,$c_{pt}=0.850$;

pt——纵向受拉钢筋的面积比(抗拉一侧),$pt=0.175(\%)$;

b——截面的宽度,$b=5000.0(mm)$;

d——截面的有效高,$d=1850.0(mm)$;

S_s——抗剪承载力中抗剪钢筋承担的部分,$S_s=4408.92(kN)$,按下式计算:

$$d/1.15 \leqslant h_p \rightarrow S_s = A_w \cdot \sigma_{sy} \cdot d/(1.15 \cdot a) \times 10^{-3}$$

$$d/1.15 > h_p \rightarrow S_s = A_w \cdot \sigma_{sy} \cdot h_p/a \times 10^{-3}$$

其中,A_w 为抗剪承载力中抗剪钢筋承担的部分,$A_w=1191.6(kN)$,a 为抗剪钢筋的间距,$a=150(mm)$。

(2) TYPE2 型罕遇地震

根据公式(15.4)和式(15.5),可得:

$$p_{so}=6810.7(kN)$$

$$p_s=6330.34(kN)$$

4. 破坏形态的判定,罕遇地震时极限水平承载力及容许塑性率

(1) TYPE1 型罕遇地震

$$p_a = p_u \leqslant p_s$$

$$\mu_a = 1 + \frac{\delta_\mu - \delta_y}{\alpha \cdot \delta_y} \tag{15.8}$$

式中 p_a——钢筋混凝土墩柱在罕遇地震时极限水平承载力;

μ_a——钢筋混凝土墩柱的容许塑性率;

α——安全率。对于 TYPE1 型罕遇地震,$\alpha=3$。对于 TYPE2 型罕遇地震,$\alpha=1.5$。

(2) TYPE2 型罕遇地震

同理,$p_a = p_u \leqslant p_s$,弯曲破坏型。

5. 作用荷重

(1) 设计水平地震作用系数

$$k_{hc} = c_s k_{hc0}$$

式中 k_{hc}——设计水平地震作用系数;

k_{hc0}——设计水平地震作用系数的标准值;

c_s——由于弹塑性变形能力的修正系数。

TYPE1 型罕遇地震:

$$c_s = 1(2\mu_a - 1)^{0.5} = 0.302;$$

$k_{hc} = c_s k_{hc0} = 0.26$;小于下限值 0.4,所以 $k_{hc} = 0.4$。

TYPE2 型罕遇地震：

$c_s = 1(2\mu_a - 1)^{0.5} = 0.172$；$k_{hc} = c_s k_{hc0} = 0.30$；小于下限值 0.4，所以 $k_{hc} = 0.4$。

（2）等价重量

1）TYPE1 型罕遇地震

$$W = W_u + c_p W_p \quad (15.9)$$

式中　W_u——墩柱在水平方向分担的上部结构重量，$W_u = 3600.00(kN)$；

　　　c_p——等价重量算出系数，$c_p = 0.5$（弯曲破坏型）；

　　　W——罕遇地震时极限水平承载力算出用等价重量；

　　　W_p——墩柱的重量，$W_p = 2203.77(kN)$。

2）TYPE2 型罕遇地震

$$W = 4701.89(kN)$$

式中符号同前。

6. 罕遇地震时水平极限承载力

（1）TYPE1 型罕遇地震

$$p_a = 2191.81, k_{hc} \times W = 1880.76$$

式中　p_a——罕遇地震时水平极限承载力（kN）。

（2）TYPE2 型罕遇地震

同理，可得 TYPE2 型罕遇地震时水平极限承载力。

7. 罕遇地震时残留变形量的验算

（1）TYPE1 型罕遇地震

$$\mu_r = \frac{1}{2}\left\{\left(\frac{k_{hc0}W}{P_0}\right)^2 + 1\right\} = 2.162 \quad (15.10)$$

式中　μ_r——墩柱的最大应答塑性率。

$$\delta_R = c_R(\mu_r - 1)(1 - r)\delta_y = 8.3 \quad (15.11)$$

其中，c_R 为墩柱残留变形计算修正系数，对于钢筋混凝土墩柱为 0.6；r 为屈服后相对于屈服刚度的二次刚性比，对于钢筋混凝土墩柱为 0；δ_y 为墩柱的屈服变形量（mm）。

$$\delta_R \leq \delta_{Ra} = 70$$

式中　δ_R——残留变形（mm）；

　　　δ_{Ra}——容许残留变位（mm），通常取墩柱基部到惯性力作用高的 1/100。

（2）TYPE2 型罕遇地震

$\mu_r = 7.550$，$\delta_R = 46.5$，因此，$\delta_R \leq \delta_{Ra} = 70$

15.2.3　横桥向的计算

1. 水平承载力

（1）柱基部的应力—应变关系：

柱基部的应力—应变关系见图 15.5。横拘束筋的截面积（D16）$A_h = 198.6mm^2$；横拘束筋的间距 $s = 150mm$；混凝土应力—应变关系算出时用横拘束筋有效长 d，横桥向 $= 850mm$；横拘束筋的体积比 $\rho_s = 0.00623059$；横拘束钢筋的屈服点 $\sigma_{sy} = 345N/mm^2$；混凝土的设计基准强度 $\sigma_{ck} = 24N/mm^2$；混凝土的弹性模量 $E_c = 25000N/mm^2$；弹性模量的下降段 $E_{dess} =$

3001.2 N/mm²;断面修正系数 $\alpha=0.20$;断面修正系数 $\beta=0.40$;最大压缩应力时的应变 ε_{cc} =0.00318225;被箍筋所约束的混凝土的强度 $\sigma_{cc}=25.634$ N/mm²;承载能力极限时对应的应变 $\varepsilon_{cu}=0.00489049$。

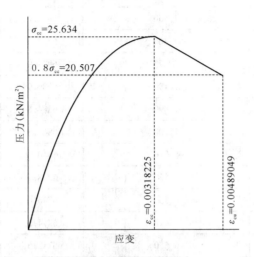

图 15.5 柱基部的应力-应变关系

经过计算分析,各计算位置上的轴力和弯矩见表 15.18;各计算位置的弯矩与曲率之间的非线性关系见表 15.19;各位置上达到各状态时的水平力见表 15.20;最先达到各状态时的水平力(极限承载时的水平力)见表 15.21。

各计算位置上的轴力和弯矩　　　　表 15.18

i	相对柱基础高度 h_i(m)	与惯性力作用位置之间距离 y_i(m)	柱轴力 N_i(kN)	主荷重引起弯矩 M_{oi}(kN·m)
0	0.000	8.800	7303.8	0.0
1	0.090	8.710	7281.7	0.0
2	0.180	8.620	7259.7	0.0
3	0.270	8.530	7237.6	0.0
4	0.360	8.440	7215.6	0.0
5	0.450	8.350	7193.5	0.0
6	0.540	8.260	7171.5	0.0
7	0.630	8.170	7149.4	0.0
8	0.720	8.080	7127.4	0.0
9	0.810	7.990	7105.3	0.0
10	0.900	7.900	7083.3	0.0
11	0.990	7.810	7061.2	0.0
12	1.080	7.720	7039.2	0.0
13	1.170	7.630	7017.1	0.0

续表

i	相对柱基础高度 h_i(m)	与惯性力作用位置之间距离 y_i(m)	柱轴力 N_i(kN)	主荷重引起弯矩 M_{oi}(kN·m)
14	1.260	7.540	6995.1	0.0
15	1.350	7.450	6973.0	0.0
16	1.440	7.360	6951.0	0.0
17	1.530	7.270	6928.9	0.0
18	1.620	7.180	6906.9	0.0
19	1.710	7.090	6884.8	0.0
20	1.800	7.000	6862.8	0.0
21	1.890	6.910	6840.7	0.0
22	1.980	6.820	6818.7	0.0
23	2.070	6.730	6796.6	0.0
24	2.160	6.640	6774.6	0.0
25	2.250	6.550	6752.5	0.0
26	2.340	6.460	6730.5	0.0
27	2.430	6.370	6708.4	0.0
28	2.520	6.280	6686.4	0.0
29	2.610	6.190	6664.3	0.0
30	2.700	6.100	6642.3	0.0
31	2.790	6.010	6620.2	0.0
32	2.880	5.920	6598.2	0.0
33	2.970	5.830	6576.1	0.0
34	3.060	5.740	6554.1	0.0
35	3.150	5.650	6532.0	0.0
36	3.240	5.560	6510.0	0.0
37	3.330	5.470	6487.9	0.0
38	3.420	5.380	6465.9	0.0
39	3.510	5.290	6443.8	0.0
40	3.600	5.200	6421.8	0.0
41	3.690	5.110	6399.7	0.0
42	3.780	5.020	6377.7	0.0
43	3.870	4.930	6355.6	0.0
44	3.960	4.840	6333.6	0.0
45	4.050	4.750	6311.5	0.0
46	4.140	4.660	6289.5	0.0

续表

i	相对柱基础高度 h_i(m)	与惯性力作用位置之间距离 y_i(m)	柱轴力 N_i(kN)	主荷重引起弯矩 M_{oi}(kN·m)
47	4.230	4.570	6267.4	0.0
48	4.320	4.480	6245.4	0.0
49	4.410	4.390	6223.3	0.0
50	4.500	4.300	6201.3	0.0
51	4.500	4.300	6201.3	0.0
52	7.000	1.800	5100.0	0.0
53	8.800	0.000	5100.0	0.0

各计算位置的弯矩与曲率之间的非线性关系   表15.19

i	弯矩(kN·m)				曲率(1/m)			
	开裂 M_{ci}	初屈服 M_{y0i}	M_{ui}极限承载		开裂 φ_{ci}	初屈服 φ_{y0i}	φ_{ui}极限承载	
			Type 1	Type 2			Type 1	Type 2
0	22628.1	32314.1	40873.9	40864.0	0.00004201	0.00046401	0.00802252	0.01347263
1	22609.6	32273.6	40829.3	40818.4	0.00004198	0.00046389	0.00803347	0.01349204
2	22591.1	32233.1	40784.6	40774.0	0.00004194	0.00046378	0.00804444	0.01351101
3	22572.5	32191.8	40741.5	40729.5	0.00004191	0.00046366	0.00805507	0.01353004
4	22554.0	32150.6	40695.3	40683.9	0.00004187	0.00046354	0.00806648	0.01354961
5	22535.5	32109.4	40652.1	40639.5	0.00004184	0.00046342	0.00807716	0.01356875
6	22517.0	32069.0	40605.8	40594.9	0.00004180	0.00046330	0.00808864	0.01358794
7	22498.4	32028.6	40562.6	40549.3	0.00004177	0.00046318	0.00809938	0.01360768
8	22479.9	31987.5	40517.8	40504.7	0.00004173	0.00046307	0.00811054	0.01362698
9	22461.4	31946.4	40473.0	40460.2	0.00004170	0.00046295	0.00812172	0.01364634
10	22442.9	31905.4	40429.7	40414.4	0.00004167	0.00046283	0.00813255	0.01366625
11	22424.3	31864.4	40383.3	40369.8	0.00004163	0.00046271	0.00814419	0.01368572
12	22405.8	31823.4	40339.9	40325.2	0.00004160	0.00046259	0.00815508	0.01370524
13	22387.3	31782.5	40293.5	40279.4	0.00004156	0.00046247	0.00816678	0.01372533
14	22368.8	31741.6	40250.1	40234.8	0.00004153	0.00046235	0.00817773	0.01374196
15	22350.3	31700.7	40206.5	40190.1	0.00004149	0.00046223	0.00818950	0.01376466
16	22331.7	31659.1	40160.3	40144.3	0.00004146	0.00046211	0.00820208	0.01378492
17	22313.2	31618.2	40114.1	40100.7	0.00004143	0.00046199	0.00821471	0.01380422
18	22294.7	31576.7	40070.7	40054.8	0.00004139	0.00046187	0.00822658	0.01382459
19	22276.2	31535.9	40024.4	40008.9	0.00004136	0.00046175	0.00823928	0.01384502
20	22257.6	31495.2	39979.6	39965.3	0.00004132	0.00046163	0.00825163	0.01386449

续表

i	弯矩(kN·m)				曲率(1/m)			
	开裂 M_{ci}	初屈服 M_{y0i}	M_{ui}极限承载		开裂 φ_{ci}	初屈服 φ_{y0i}	φ_{ui}极限承载	
			Type 1	Type 2			Type 1	Type 2
21	22239.1	31453.8	39934.7	39919.3	0.00004129	0.00046151	0.00826400	0.01388504
22	22220.6	31412.3	39888.4	39875.7	0.00004125	0.00046139	0.00827682	0.01390463
23	22202.1	31371.7	39845.0	39829.7	0.00004122	0.00046127	0.00828887	0.01392530
24	22183.5	31331.1	39798.6	39783.7	0.00004118	0.00046116	0.00830177	0.01394603
25	22165.0	31289.0	39753.7	39740.0	0.00004115	0.00046103	0.00831430	0.01396579
26	22146.5	31248.5	39708.8	39693.9	0.00004112	0.00046092	0.00832687	0.01398664
27	22128.0	31207.2	39664.1	39650.2	0.00004108	0.00046080	0.00833907	0.01400651
28	22109.5	31166.0	39617.9	39604.1	0.00004105	0.00046068	0.00835171	0.01402748
29	22090.9	31124.8	39571.6	39559.2	0.00004101	0.00046055	0.00836439	0.01404800
30	22072.4	31083.6	39526.9	39514.2	0.00004098	0.00046043	0.00837670	0.01406857
31	22053.9	31042.5	39482.1	39468.0	0.00004094	0.00046031	0.00838905	0.01408973
32	22035.4	31001.4	39437.3	39424.2	0.00004091	0.00046019	0.00840143	0.01410989
33	22016.8	30959.6	39323.5	39378.0	0.00004087	0.00046007	0.00841385	0.01413118
34	21998.3	30919.3	39344.7	39334.1	0.00004084	0.00045996	0.00842713	0.01415146
35	21979.8	30877.6	39299.8	39287.9	0.00004081	0.00045983	0.00843963	0.01417288
36	21961.3	30836.6	39255.0	39244.0	0.00004077	0.00045971	0.00845216	0.01419328
37	21942.7	30795.6	39210.1	39197.7	0.00004074	0.00045959	0.00846473	0.01421482
38	21924.2	30754.0	39165.2	39152.6	0.00004070	0.00045947	0.00847733	0.01423588
39	21905.7	30712.4	39120.2	39107.4	0.00004067	0.00045935	0.00848998	0.01425701
40	21887.2	30671.5	39073.8	39062.3	0.00004063	0.00045923	0.00850308	0.01427820
41	21868.6	30630.7	39027.3	39017.1	0.00004060	0.00045911	0.00851623	0.01429945
42	21850.1	30589.2	38982.3	38971.9	0.00004057	0.00045899	0.00852899	0.01432077
43	21831.6	30547.7	38937.3	38926.6	0.00004053	0.00045887	0.00854179	0.01434215
44	21813.1	30506.3	38892.3	38881.4	0.00004050	0.00045875	0.00855462	0.01436359
45	21794.6	30464.9	38847.3	38836.1	0.00004046	0.00045863	0.00856750	0.01438510
46	21776.0	30423.5	38802.2	38790.8	0.00004043	0.00045850	0.00858041	0.01440667
47	21757.5	30382.1	38755.6	38745.5	0.00004039	0.00045838	0.00859380	0.01442831
48	21739.0	30340.8	38709.0	38701.4	0.00004036	0.00045826	0.00860723	0.01444945
49	21720.5	30299.5	38663.9	38654.8	0.00004032	0.00045814	0.00862026	0.01447178
50	21701.9	30258.3	38618.7	38610.6	0.00004029	0.00045802	0.00863334	0.01449305
51	—	—	—	—	0.00000000	0.00000000	0.00000000	0.00000000

续表

i	弯矩（kN·m）				曲率（1/m）			
	开裂 M_{ci}	初屈服 M_{y0i}	M_{ui} 极限承载		开裂 φ_{ci}	初屈服 φ_{y0i}	φ_{ui} 极限承载	
			Type 1	Type 2			Type 1	Type 2
52	—	—	—	—	0.00000000	0.00000000	0.00000000	0.00000000
53	—	—			0.00000000	0.00000000	0.00000000	0.00000000

各位置上达到各状态时的水平力　　表 15.20

i	相对柱基础高度 h_i(m)	与惯性力作用位置之间距离 y_i(m)	混凝土开裂时的水平力 p_{ci}(kN)	钢筋屈服时的水平力 p_{y0i}(kN)	TYPE1 型的极限承载时的水平力 p_{ui}(kN)	TYPE2 型的极限承载时的水平力 p_{ui}(kN)
0	0.000	8.800	2571.37	3672.06	4644.76	4643.63
1	0.090	8.710	2595.82	3705.35	4687.63	4686.39
2	0.180	8.620	2620.77	3739.33	4731.40	4730.16
3	0.270	8.530	2646.25	3773.95	4776.26	4774.86
4	0.360	8.440	2672.28	3809.31	4821.71	4820.37
5	0.450	8.350	2698.86	3845.44	4868.51	4867.00
6	0.540	8.260	2726.02	3882.44	4915.95	4914.64
7	0.630	8.170	2753.79	3920.27	4964.82	4963.19
8	0.720	8.080	2782.17	3958.85	5014.58	5012.96
9	0.810	7.990	2811.19	3998.30	5065.45	5063.85
10	0.900	7.900	2840.87	4038.66	5117.68	5115.75
11	0.990	7.810	2871.23	4079.95	5170.71	5168.99
12	1.080	7.720	2902.31	4122.20	5225.38	5223.47
13	1.170	7.630	2934.11	4165.46	5280.93	5279.09
14	1.260	7.540	2966.68	4209.76	5338.21	5336.18
15	1.350	7.450	3000.03	4255.12	5396.85	5394.65
16	1.440	7.360	3034.20	4301.50	5456.56	5454.38
17	1.530	7.270	3069.22	4349.14	5517.75	5515.91
18	1.620	7.180	3105.11	4397.87	5580.88	5578.66
19	1.710	7.090	3141.91	4447.95	5645.20	5643.01
20	1.800	7.000	3179.66	4499.32	5711.37	5709.33
21	1.890	6.910	3218.40	4551.92	5779.27	5777.04
22	1.980	6.820	3258.15	4605.91	5848.74	5846.87

续表

i	相对柱基础高度 h_i(m)	与惯性力作用位置之间距离 y_i(m)	混凝土开裂时的水平力 p_{ci}(kN)	钢筋屈服时的水平力 p_{y0i}(kN)	TYPE1型的极限承载时的水平力 $p_{\mu i}$(kN)	TYPE2型的极限承载时的水平力 p_{ui}(kN)
23	2.070	6.730	3298.97	4661.47	5920.50	5918.23
24	2.160	6.640	3340.90	4718.54	5993.77	5991.52
25	2.250	6.550	3383.97	4776.95	6069.27	6067.17
26	2.340	6.460	3428.25	4837.23	6146.87	6144.57
27	2.430	6.370	3473.78	4899.09	6226.70	6224.52
28	2.520	6.280	3520.61	4962.74	6308.58	6306.39
29	2.610	6.190	3568.81	5028.24	6392.83	6390.82
30	2.700	6.100	3618.43	5095.68	6479.82	6477.74
31	2.790	6.010	3669.53	5165.14	6569.40	6567.06
32	2.880	5.920	3722.19	5236.72	6661.71	6659.49
33	2.970	5.830	3776.47	5310.39	6756.86	6754.38
34	3.060	5.740	3832.46	5386.64	6854.48	6852.63
35	3.150	5.650	3890.23	5465.05	6955.72	6953.61
36	3.240	5.560	3949.87	5546.15	7060.25	7058.27
37	3.330	5.470	4011.47	5629.92	7168.20	7165.94
38	3.420	5.380	4075.13	5716.36	7279.77	7277.43
39	3.510	5.290	4140.96	5805.74	7395.13	7392.71
40	3.600	5.200	4209.07	5898.37	7514.19	7511.97
41	3.690	5.110	4279.58	5994.27	7637.44	7635.44
42	3.780	5.020	4352.61	6093.47	7765.41	7763.32
43	3.870	4.930	4428.32	6169.29	7898.04	7895.87
44	3.960	4.840	4506.83	6302.95	8035.60	8033.35
45	4.050	4.750	4588.33	6413.66	8178.37	8176.03
46	4.140	4.660	4672.97	6528.64	8326.65	8324.21
47	4.230	4.570	4760.94	6648.17	8480.44	8478.23
48	4.320	4.480	4852.45	6772.50	8640.40	8638.70
49	4.410	4.390	4947.71	6901.94	8807.26	8805.20
50	4.500	4.300	5046.96	7036.81	8981.10	8979.22
51	4.500	4.300	—	—	—	—
52	7.000	1.800	—	—	—	—
53	8.800	0.000	—	—	—	—

最先达到各状态时的水平力(极限承载时的水平力) 表15.21

	混凝土开裂时	钢筋屈服时	TYPE1 型极限承载时	TYPE2 型极限承载时
相对柱基高度(m)	0.000	0.000	0.000	0.000
水平力(kN)	2571.37	3672.06	4644.76	4643.63

所以,对于 TYPE1 和 TYPE2 两种类型的罕遇地震,对应的极限承载时的水平力分别为 4644.76kN 和 4643.63kN。

2. 水平变位

(1)经过计算分析,混凝土裂缝时和初屈服时的变位见表15.22。

(2)极限承载时变位

1)TYPE1 型罕遇地震

根据前面的方法,可得:$\delta_u = 84.02(mm)$

混凝土裂缝时和初屈服时的变位 表15.22

i	$y_i(m)$	$\varphi_{ci}(1/m)$	$\varphi_{ci} \cdot y_i$	$\varphi_{y0i}(1/m)$	$\varphi_{y0i} \cdot y_i$	$\Delta y_i(m)$
0	8.800	0.00004201	0.000369685	0.00046401	0.004083307	0.090
1	8.710	0.00004158	0.000362162	0.00045124	0.003930269	0.090
2	8.620	0.00004115	0.000354716	0.00043841	0.003779065	0.090
3	8.530	0.00004072	0.000347347	0.00042555	0.003629950	0.090
4	8.440	0.00004029	0.000340056	0.00041264	0.003482674	0.090
5	8.350	0.00003986	0.000332843	0.00039967	0.003337250	0.090
6	8.260	0.00003943	0.000325706	0.00038662	0.003193477	0.090
7	8.170	0.00003900	0.000318647	0.00037351	0.003051601	0.090
8	8.080	0.00003857	0.000311666	0.00036037	0.002911828	0.090
9	7.990	0.00003814	0.000304761	0.00034718	0.002773959	0.090
10	7.900	0.00003771	0.000297934	0.00033392	0.002638006	0.090
11	7.810	0.00003728	0.000291184	0.00032061	0.002503983	0.090
12	7.720	0.00003685	0.000284512	0.00030724	0.002371904	0.090
13	7.630	0.00003642	0.000277917	0.00029381	0.002241782	0.090
14	7.540	0.00003599	0.000271399	0.00028032	0.002113632	0.090
15	7.450	0.00003556	0.000264959	0.00026677	0.001987465	0.090
16	7.360	0.00003514	0.000258596	0.00025318	0.001863416	0.090
17	7.270	0.00003471	0.000252310	0.00023951	0.001741252	0.090

续表

i	$y_i(\text{m})$	$\varphi_{ci}(1/\text{m})$	$\varphi_{ci} \cdot y_i$	$\varphi_{y0i}(1/\text{m})$	$\varphi_{y0i} \cdot y_i$	$\Delta y_i(\text{m})$
18	7.180	0.00003428	0.000246102	0.00022580	0.001621215	0.090
19	7.090	0.00003385	0.000239971	0.00021200	0.001503110	0.090
20	7.000	0.00003342	0.000233917	0.00019815	0.001387060	0.090
21	6.910	0.00003299	0.000227941	0.00018425	0.001273155	0.090
22	6.820	0.00003256	0.000222042	0.00017028	0.001161318	0.090
23	6.730	0.00003213	0.000216220	0.00015624	0.001051504	0.090
24	6.640	0.00003170	0.000210476	0.00014214	0.000943804	0.090
25	6.550	0.00003127	0.000204809	0.00012799	0.000838319	0.090
26	6.460	0.00003084	0.000199219	0.00011376	0.000734875	0.090
27	6.370	0.00003041	0.000193707	0.00009947	0.000633617	0.090
28	6.280	0.00002998	0.000188272	0.00008511	0.000534519	0.090
29	6.190	0.00002955	0.000182914	0.00007069	0.000437594	0.090
30	6.100	0.00002912	0.000177634	0.00005621	0.000342860	0.090
31	6.010	0.00002869	0.000172431	0.00004165	0.000250332	0.090
32	5.920	0.00002826	0.000167305	0.00004036	0.000238921	0.090
33	5.830	0.00002783	0.000162257	0.00003974	0.000231711	0.090
34	5.740	0.00002740	0.000157286	0.00003913	0.000224613	0.090
35	5.650	0.00002697	0.000152392	0.00003852	0.000217624	0.090
36	5.560	0.00002654	0.000147576	0.00003790	0.000210746	0.090
37	5.470	0.00002611	0.000142837	0.00003729	0.000203979	0.090
38	5.380	0.00002568	0.000138175	0.00003668	0.000197322	0.090
39	5.290	0.00002525	0.000133591	0.00003606	0.000190775	0.090
40	5.200	0.00002482	0.000129084	0.00003545	0.000184339	0.090
41	5.110	0.00002439	0.000124654	0.00003484	0.000178013	0.090
42	5.020	0.00002396	0.000120302	0.00003422	0.000171798	0.090
43	4.930	0.00002353	0.000116027	0.00003361	0.000165693	0.090
44	4.840	0.00002311	0.000111830	0.00003300	0.000159699	0.090
45	4.750	0.00002268	0.000107709	0.00003238	0.000153815	0.090

续表

i	$y_i(m)$	$\varphi_{ci}(1/m)$	$\varphi_{ci} \cdot y_i$	$\varphi_{y0i}(1/m)$	$\varphi_{y0i} \cdot y_i$	$\Delta y_i(m)$
45	4.750	0.00002268	0.000107709	0.00003238	0.000153815	0.090
46	4.660	0.00002225	0.000103666	0.00003177	0.000148041	0.090
47	4.570	0.00002182	0.000099701	0.00003115	0.000142378	0.090
48	4.480	0.00002139	0.000095812	0.00003054	0.000136825	0.090
49	4.390	0.00002096	0.000092002	0.00002993	0.000131383	0.090
50	4.300	0.00002053	0.000088268	0.00002931	0.000126051	0.090
51	4.300	0.00000000	0.000000000	0.00000000	0.000000000	0.000
52	1.800	0.00000000	0.000000000	0.00000000	0.000000000	2.500
53	0.000	0.00000000	0.000000000	0.00000000	0.000000000	1.800

2）TYPE2 型罕遇地震

同理，可得：$\delta_u = 140.12(mm)$

（3）水平力与水平变位关系

1）TYPE1 型罕遇地震

水平力与水平变位关系曲线见图 15.6，计算结果见表 15.23。

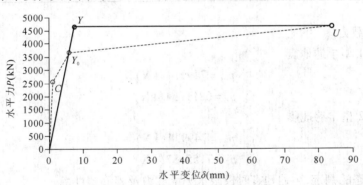

图 15.6　水平力与水平变位关系

TYPE1 水平力与水平变位关系表　　表 15.23

		水 平 力（kN）	变 位（mm）
开裂时	C	2571.37	0.96
初屈服时	y_0	3672.06	5.91
屈服时	Y	4644.76	7.47
极限承载时	U	4644.76	84.02

2）TYPE2 型罕遇地震

水平力与水平变位关系曲线见图 15.7，计算结果见表 15.24。

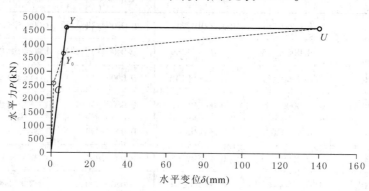

图 15.7 水平力与水平变位关系

TYPE2 水平力与水平变位关系表　　　　　　　　　　表 15.24

		水 平 力 （kN）	变 位 （mm）
开裂时	C	2571.37	0.96
初屈服时	y_0	3672.06	5.91
屈服时	Y	4643.63	7.47
极限承载时	U	4643.63	140.12

3. 抗剪承载力

（1）TYPE1 型罕遇地震

$$p_{s0} = 7499.4 (\text{kN})$$
$$p_s = 6811.34 (\text{kN})$$

（2）TYPE2 型罕遇地震

$$p_{s0} = 7499.4 (\text{kN})$$
$$p_s = 7155.37 (\text{kN})$$

4. 破坏形态的判定，罕遇地震时极限水平承载力及容许塑性率

（1）TYPE1 型罕遇地震

桥墩为弯曲破坏型。

$$\mu_a = 1 + \frac{\delta_u - \delta_y}{a \cdot \delta_y} = 4.414$$

（2）TYPE2 型罕遇地震

桥墩为弯曲破坏型。

$$\mu_a = 1 + \frac{\delta_u - \delta_y}{a \cdot \delta_y} = 12.834$$

式中符号意义同前。

5. 作用荷重

TYPE1 型罕遇地震:$c_s=0.357$;$k_{hc}=0.3$
TYPE2 型罕遇地震:$c_s=0.201$;$k_{hc}=0.29$
等价重量:
1) TYPE1 型罕遇地震
$$W=2201.89(kN)$$
2) TYPE2 型罕遇地震
$$W=2201.89(kN)$$

6. 罕遇地震时水平极限承载力
(1) TYPE1 型罕遇地震
$$p_a=4644.76,k_{hc}\times W=880.76$$
(2) TYPE2 型罕遇地震
$$p_a=4643.63,k_{hc}\times W=880.76$$
式中符号同前。

7. 罕遇地震时残留变形量的验算
(1) TYPE1 型罕遇地震
$$\mu_r=\frac{1}{2}\left\{\left(\frac{k_{kco}W}{P_o}\right)^2+1\right\}=0.58<1 \quad 线弹性范围内。$$
(2) TYPE2 型罕遇地震
$$\mu_r=\frac{1}{2}\left\{\left(\frac{k_{kco}W}{P_o}\right)^2+1\right\}=0.740<1 \quad 线弹性范围内。$$

15.3 算例2 基于日本抗震规范桥梁全体系 Pushover 抗震分析

15.3.1 设计概况

桥梁结构形式的上部结构为5跨连续预应力混凝土箱梁桥,下部结构为钢筋混凝土矩形截面墩柱(P1、P2、P3 上下部刚结,P4 滑动支座),结构跨度为 64.600m + 79.000m + 68.000m + 68.000m + 43.500m。使用材料:上部结构为混凝土 C40,钢筋 SD295($f_{sk}=295MPa$),SD345($f_{sk}=345MPa$)(纵筋 D25 以上时),PC 钢材:SWPR7B12S 12.7($f_{pk}=1580MPa$);下部结构为混凝土 C24,钢筋 SD345($f_{sk}=345MPa$)。

15.3.2 顺桥向的 Pushover 抗震设计

1. 设计振动单位
桥梁上部结构与 P1、P2、P3 墩柱构成一个整体振动单位。
2. 构件的模型化方法
在遭遇罕遇地震时,在墩柱的上下两端产生塑性铰,所以墩柱采用弹塑性模型;由于是刚构桥,与连续梁桥不同,上部结构也承受较大地震力,但不允许超过屈服状态,上部结构采用屈服刚性的线弹性模型见表 15.25,各墩柱上下端附近塑性铰长度见表 15.26。

上部结构采用屈服刚性的线弹性模型　　　　　　　　　　表 15.25

构　　件		解析模型	弯曲刚性
上部结构		线弹性梁	屈服刚性
下部结构	上,下端	弹塑性	$M-\varphi$ 弹塑性关系
	端部以外	弹性梁	屈服刚性

各墩柱上下端附近塑性铰长度(单位:m)　　　　　　　　表 15.26

墩柱号	h	D	L_p
P1	10.757	3.5	1.75
P2	12.757	3.5	1.75
P3	13.007	3.5	1.75

表中,h 为墩柱下端到上部结构惯性力作用位置距离的一半;D 为墩柱延顺桥向的尺寸;L_p 为塑性铰的长度,$L_p = 0.2h - 0.1D$(且 $0.1D \leq L_p \leq 0.5D$)。全桥计算力学模型如下图 15.8 所示,节点坐标及离散化重量(顺桥向)见表 15.27,构件截面参数见表 15.28。

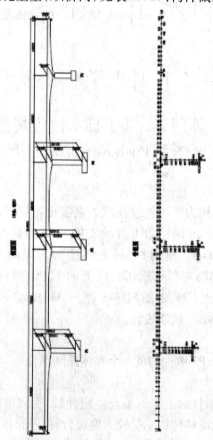

图 15.8　全桥计算力学模型

节点坐标及离散化重量(顺桥向) 表15.27

节点编号 No.	顺桥向 X_i(m)	铅直方向 Y_i(m)	重量 W_i(kN)	节点编号 No.	顺桥向 X_i(m)	铅直方向 Y_i(m)	重量 W_i(kN)
1	0.70	0.00	1344.4	3	8.00	0.00	1304.9
2	1.70	0.00	946.0	4	12.83	0.00	999.2
5	17.65	0.00	971.8	39	117.30	0.00	564.8
6	22.48	0.00	939.4	40	120.80	0.00	605.7
7	27.30	0.00	916.4	41	124.30	0.00	667.5
8	31.30	0.00	701.1	42	127.80	0.00	724.3
9	34.80	0.00	646.4	43	131.30	0.00	778.4
10	38.30	0.00	643.5	44	134.80	0.00	839.3
11	41.80	0.00	675.1	45	138.30	0.00	692.6
12	45.30	0.00	752.9	46	140.25	0.00	573.8
13	48.80	0.00	829.1	47	142.55	0.00	401.6
14	52.30	0.00	891.8	48	143.15	0.00	247.2
15	55.80	0.00	959.0	49	144.30	0.00	2082.1
16	59.30	0.00	788.6	50	145.45	0.00	247.2
17	61.25	0.00	649.5	51	146.05	0.00	401.6
18	63.55	0.00	460.9	52	148.35	0.00	573.8
19	64.20	0.00	277.9	53	150.30	0.00	692.6
20	65.30	0.00	1884.0	54	153.80	0.00	839.3
22	66.50	0.00	247.2	55	157.30	0.00	778.4
23	67.05	0.00	394.6	56	160.80	0.00	724.3
24	69.35	0.00	573.8	57	164.30	0.00	667.5
25	71.30	0.00	692.6	58	167.80	0.00	605.7
26	74.80	0.00	839.3	59	171.30	0.00	564.8
27	78.30	0.00	778.4	60	174.80	0.00	554.2
28	81.80	0.00	724.3	61	178.30	0.00	593.8
29	85.30	0.00	667.5	62	182.30	0.00	590.7
30	88.80	0.00	605.7	64	185.30	0.00	561.7
31	92.30	0.00	564.8	65	188.80	0.00	605.7
32	95.80	0.00	554.2	66	192.30	0.00	667.5
33	99.30	0.00	593.8	67	195.80	0.00	724.3
34	103.30	0.00	590.7	68	199.30	0.00	778.4
36	106.30	0.00	590.7	69	202.80	0.00	839.3

续表

节点编号 No.	顺桥向 X_i (m)	铅直方向 Y_i (m)	重量 W_i (kN)	节点编号 No.	顺桥向 X_i (m)	铅直方向 Y_i (m)	重量 W_i (kN)
37	110.30	0.00	593.8	70	206.30	0.00	692.6
38	113.80	0.00	554.2	71	208.25	0.00	573.8
72	210.55	0.00	401.6	107	307.30	0.00	558.50
73	211.15	0.00	247.2	108	310.80	0.00	543.30
74	212.30	0.00	2082.1	109	314.30	0.00	578.40
75	213.45	0.00	247.2	110	318.30	0.00	707.20
76	214.05	0.00	401.6	111	322.80	0.00	529.50
77	216.35	0.00	573.8	112	323.80	0.00	561.60
78	218.30	0.00	692.6	1000	65.30	−25.51	0.00
79	221.80	0.00	839.3	201	65.30	−25.51	0.00
80	225.30	0.00	778.4	202	65.30	−23.51	19726.60
81	228.80	0.00	724.3	203	65.30	−21.51	291.60
82	232.30	0.00	667.5	204	65.30	−20.64	583.10
83	235.80	0.00	605.7	205	65.30	−19.76	947.50
84	239.30	0.00	561.7	206	65.30	−17.51	1428.60
86	242.30	0.00	590.7	207	65.30	−14.86	1545.20
87	246.30	0.00	593.8	208	65.30	−12.21	1545.20
88	249.80	0.00	554.2	209	65.30	−9.56	1545.20
89	253.30	0.00	564.6	210	65.30	−6.91	1545.20
90	256.80	0.00	604.1	211	65.30	−4.26	1027.70
91	260.30	0.00	662.50	212	65.30	−3.39	510.20
92	263.80	0.00	713.90	213	65.30	−2.51	255.10
93	267.30	0.00	760.80	2000	144.30	−29.51	0.00
94	270.80	0.00	812.70	301	144.30	−29.51	0.00
95	274.30	0.00	1000.60	302	144.30	−27.51	18593.30
97	278.80	0.00	781.80	303	144.30	−25.51	291.60
98	280.30	0.00	1907.80	304	144.30	−24.64	583.10
99	281.80	0.00	784.00	305	144.30	−23.76	947.50
101	286.30	0.00	1007.30	306	144.30	−21.51	1661.80
102	289.80	0.00	822.80	307	144.30	−18.06	2011.70
103	293.30	0.00	772.10	308	144.30	−14.61	2011.70
104	296.80	0.00	723.80	309	144.30	−11.16	2011.70

续表

节点编号 No.	顺桥向 X_i(m)	铅直方向 Y_i(m)	重量 W_i(kN)	节点编号 No.	顺桥向 X_i(m)	铅直方向 Y_i(m)	重量 W_i(kN)
105	300.30	0.00	668.20	310	144.30	-7.71	2011.70
106	303.80	0.00	677.80	311	144.30	-4.26	1261.00
312	144.30	-3.39	510.20	406	212.30	-22.01	1691.00
313	144.30	-2.51	255.10	407	212.30	-18.46	2070.00
3000	212.30	-30.01	0.00	408	212.30	-14.91	2070.00
401	212.30	-30.01	0.00	409	212.30	-11.36	2070.00
402	212.30	-28.01	19726.60	410	212.30	-7.81	2070.00
403	212.30	-26.01	291.60	411	212.30	-4.26	1290.10
404	212.30	-25.14	583.10	412	212.30	-3.39	510.20
405	212.30	-24.26	947.50	413	212.30	-2.51	255.10

构件截面参数表   表 15.28

构件端节点号		截面积 A(m^2)	2 次惯性矩 I_z(m^4)	构件端节点号		截面积 A(m^2)	2 次惯性矩 I_z(m^4)
No.	No.			No.	No.		
19	20	12.96	26.47	41	42	8.15	3.23
20	22	11.53	25.44	42	43	8.74	4.35
1	2	12.05	1.96	22	23	11.53	21.10
2	3	10.35	1.87	23	24	11.25	16.76
3	4	8.57	1.78	24	25	10.76	12.43
4	5	8.34	1.69	25	26	10.16	8.84
5	6	8.11	1.61	26	27	9.41	6.39
6	7	7.79	1.56	27	28	8.74	4.74
7	8	7.69	1.60	28	29	8.15	3.60
8	9	7.57	1.81	29	30	7.42	2.79
9	10	7.51	2.12	30	31	6.71	2.33
10	11	7.50	2.62	31	32	6.46	2.08
11	12	8.24	3.41	32	33	6.46	1.94
12	13	9.32	4.71	33	34	6.46	1.77
13	14	10.02	7.11	34	36	6.46	1.68
14	15	10.78	10.88	36	37	6.46	1.77
15	16	11.59	15.79	37	38	6.46	1.92
16	17	12.22	19.62	38	39	6.46	2.11

续表

构件端节点号		截面积 $A(m^2)$	2次惯性矩 $I_z(m^4)$	构件端节点号		截面积 $A(m^2)$	2次惯性矩 $I_z(m^4)$
No.	No.			No.	No.		
17	18	12.70	21.90	39	40	6.71	2.39
18	19	12.96	24.19	40	41	7.42	2.67
43	44	9.41	6.12	76	77	11.25	9.26
44	45	10.16	8.87	77	78	10.76	8.92
45	46	10.76	11.35	78	79	10.16	7.36
46	47	11.25	12.95	79	80	9.41	5.06
47	48	11.53	14.56	80	81	8.74	3.73
48	49	11.53	16.16	81	82	8.15	2.94
49	50	11.53	16.23	82	83	7.42	2.37
50	51	11.53	14.77	83	84	6.71	2.05
51	52	11.25	13.30	84	86	6.46	1.84
52	53	10.76	11.83	86	87	6.46	1.67
53	54	10.16	9.28	87	88	6.46	1.63
54	55	9.41	6.21	88	89	6.46	1.75
55	56	8.74	4.32	89	90	6.70	1.86
56	57	8.15	3.29	90	91	7.39	2.11
57	58	7.42	2.59	91	92	8.07	2.54
58	59	6.71	2.17	92	93	8.58	3.23
59	60	6.46	2.01	93	94	9.16	4.23
60	61	6.46	1.88	94	95	9.79	6.18
61	62	6.46	1.72	95	97	10.53	8.65
62	64	6.46	1.72	97	98	10.94	10.79
64	65	6.71	1.89	98	99	10.94	11.13
65	66	7.42	2.17	99	101	10.58	9.66
66	67	8.15	2.73	101	102	9.90	8.20
67	68	8.74	3.59	102	103	9.29	6.74
68	69	9.41	4.65	103	104	8.72	5.28
69	70	10.16	5.97	104	105	8.17	3.82
70	71	10.76	7.17	105	106	7.42	2.70
71	72	11.25	8.00	106	107	6.67	2.31
72	73	11.53	8.84	107	108	6.36	1.92
73	74	11.53	9.68	108	109	6.31	1.47

续表

构件端节点号		截面积 $A(m^2)$	2次惯性矩 $I_z(m^4)$	构件端节点号		截面积 $A(m^2)$	2次惯性矩 $I_z(m^4)$
No.	No.			No.	No.		
74	75	11.53	9.93	109	110	6.28	1.34
75	76	11.53	9.59	110	111	7.24	1.21
111	112	8.21	1.09	307	308	23.80	8.94
201	202	∞	∞	308	309	23.80	8.94
202	203	∞	∞	309	310	23.80	8.94
203	204	27.20	13.58	310	311	23.80	8.94
204	205	27.20	13.58	311	312	23.80	8.94
205	206	23.80	11.11	312	313	23.80	8.94
206	207	23.80	11.11	313	49	∞	∞
207	208	23.80	11.11	401	402	∞	∞
208	209	23.80	11.11	402	403	∞	∞
209	210	23.80	11.11	403	404	27.20	14.37
210	211	23.80	11.11	404	405	27.20	14.37
211	212	23.80	11.11	405	406	23.80	11.72
212	213	23.80	11.11	406	407	23.80	11.72
213	20	∞	∞	407	408	23.80	11.72
301	302	∞	∞	408	409	23.80	11.72
302	303	∞	∞	409	410	23.80	11.72
303	304	27.20	11.35	410	411	23.80	11.72
304	305	27.20	11.35	411	412	23.80	11.72
304	305	27.20	11.35	412	413	23.80	11.72
305	306	23.80	8.94	413	74	∞	∞
306	307	23.80	8.94				

3. 构件的刚性

在分析模型中，根据构件所处的非线性状态的程度选择刚性，上下部结构均采用屈服刚度。混凝土的应力－应变曲线中考虑箍筋的横拘束效果。在计算开裂弯矩时考虑混凝土的抗拉强度，但超过开裂弯矩后，在计算屈服弯矩和极限弯矩时忽略混凝土的抗拉强度。在计算极限弯矩时，位于保护层的混凝土已脱落，压缩纵筋位置的混凝土达到极限强度时定义为截面达到极限强度，保护层内的混凝土并不承担压缩力。按照应力——应变曲线计算出的弯矩——曲率关系有开裂点、屈服点、极限点等3点。

经过计算分析，截面 $M-\varphi$ 关系曲线见图15.9；截面 $M-\varphi$ 数据结果（E2TYPE1地震动）见表15.29，截面 $M-\varphi$ 数据结果（E2TYPE2地震动）见表15.30。

上部结构的屈服刚性：上部结构由于横截面上下不对称,所以上下的开裂弯矩、屈服弯矩、极限弯矩值不相同。选取初期状态时分别与上侧截面受拉时的屈服点和下侧截面受拉时屈服点之间刚度较大的一方。刚度采用较大一侧的数值,算出的内力偏大。经过计算分析,截面 $M-\varphi$ 关系骨架曲线见图 15.10;

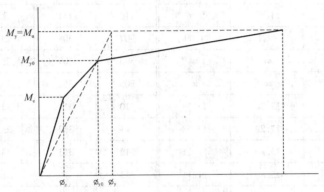

图 15.9 截面 $M-\varphi$ 关系

截面 $M-\varphi$ 关系(E2TYPE1 地震动)　　　　　表 15.29

		P1 桥脚		P2 桥脚		P3 桥脚	
		上部断面	基础断面	上部断面	基础断面	上部断面	基础断面
M_c	(kN·m)	49736	71661	44045	67775	46732	69976
φ_c	(1/m)	0.0000648	0.0000569	0.0000616	0.0000561	0.0000602	0.0000551
M_{y0}	(kN·m)	210004	247266	160585	201428	219381	262140
φ_{y0}	(1/m)	0.0007834	0.0007326	0.0007552	0.0007101	0.0007786	0.0007338
M_{y1}	(kN·m)	238748	253796	203139	218940	264537	281392
φ_{y1}	(1/m)	0.0008906	0.0007519	0.0009553	0.0007718	0.0009388	0.0007877
M_{u1}	(kN·m)	238748	253796	203139	218940	264537	281392
φ_{u1}	(1/m)	0.0171073	0.0133874	0.0088317	0.0075090	0.0101507	0.0083992

截面 $M-\varphi$ 关系(E2TYPE2 地震动)　　　　　表 15.30

		P1 桥脚		P2 桥脚		P3 桥脚	
		上部断面	基础断面	上部断面	基础断面	上部断面	基础断面
M_c	(kN·m)	49736	71661	44045	67775	46732	69976
φ_c	(1/m)	0.0000648	0.0000569	0.0000616	0.0000561	0.0000602	0.0000551
M_{y0}	(kN·m)	210004	247266	160585	201428	219381	262140
φ_{y0}	(1/m)	0.0007834	0.0007326	0.0007552	0.0007101	0.0007786	0.0007338
M_{y2}	(kN·m)	238709	253647	203209	219016	264497	281458
φ_{y2}	(1/m)	0.0008904	0.0007515	0.0009556	0.0007721	0.0009387	0.0007879
M_{u2}	(kN·m)	238709	253647	203209	219016	264497	281458
φ_{u2}	(1/m)	0.0359178	0.0284015	0.0172865	0.0146710	0.0200307	0.0164367

4. 地基弹簧刚度

在计算结构体系的自振周期时需考虑地基弹簧刚度,但在进行 PUSHOVERA 解析时须将基础底面固定。在进行自振周期计算时使用的地基弹簧刚度如表 15.31。

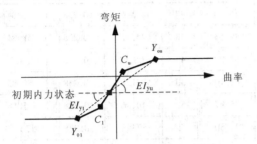

C_1：下侧混凝土开裂时
Y_{o1}：下侧钢筋屈服时
EI_{y1}：下侧截面屈服刚性
C_u：上侧混凝土开裂时
Y_{ou}：上侧钢筋屈服时
EI_{yu}：上侧截面屈服刚性

图 15.10　截面 $M-\varphi$ 关系骨架曲线

地基弹簧刚度表　　　　　　　　　　　　　　表 15.31

	K_x(kN/m)	K_y(kN/m)	$K_{\theta z}$(kN·m/rad)
P1 墩柱	4.861E+07	1.460E+08	3.725E+09
P2 墩柱	4.685E+07	1.407E+08	3.192E+09
P3 墩柱	4.861E+07	1.460E+08	3.725E+09

5. 自振周期及水平地震影响系数

自振周期按下式计算：

$$T = 2.01\delta^{0.5} = 0.953\text{s} \tag{15.12}$$

$$\delta = (\sum W_i \times u_i^2)/(\sum W_i \times u_i) \tag{15.13}$$

式中　W_i——各节点的重量(kN)；

u_i——各节点在重量相当的水平惯性力作用下产生的位移(m)。

在此自振周期下的 TYPE1 型罕遇地震的水平地震影响系数为：$K_{hc} = 0.7$ ($T = 0.953 \leqslant 1.4\text{s}$)，大于规范规定的下限值 0.3。TYPE2 型罕遇地震的水平地震影响系数为：$K_{hc} = 1.24T^{-3/4} = 1.29$ ($T = 0.953 > 0.7\text{s}$)，大于规范规定的下限值 0.6。

上部结构及下部结构重力相当水平力作用时各点产生的水平位移如下表 15.32 所示。

上部结构及下部结构重力相当水平力作用时各点产生的水平位移　　表 15.32

节点号 No.	重量 W_i(kN)	位移 u_i(m)	$W_i \times u_i$ (kN·m)	$W_i \times u_i^2$ (kN·m²)	节点号 No.	重量 W_i(kN)	位移 u_i(m)	$W_i \times u_i$ (kN·m)	$W_i \times u_i^2$ (kN·m²)
1	1344.4	0.237	318.70	75.55	7	916.4	0.237	216.82	51.30
2	946.0	0.237	224.24	53.16	8	701.1	0.237	165.79	39.21
3	1304.9	0.237	309.25	73.29	9	646.4	0.236	152.78	36.11
4	999.2	0.237	236.74	56.09	10	643.5	0.236	152.02	35.91
5	971.8	0.237	230.17	54.51	11	675.0	0.236	159.36	37.62
6	939.4	0.237	222.39	52.65	12	752.9	0.236	177.64	41.91

续表

节点号 No.	重量 W_i(kN)	位移 u_i(m)	$W_i \times u_i$ (kN·m)	$W_i \times u_i^2$ (kN·m²)	节点号 No.	重量 W_i(kN)	位移 u_i(m)	$W_i \times u_i$ (kN·m)	$W_i \times u_i^2$ (kN·m²)
13	829.1	0.236	195.51	46.10	47	401.6	0.238	95.54	22.73
14	891.8	0.236	210.17	49.53	48	247.2	0.238	58.81	13.99
15	959.0	0.236	225.87	53.20	49	2082.1	0.238	495.28	117.82
16	788.6	0.235	185.65	43.70	50	247.2	0.238	58.83	14.00
17	649.5	0.235	152.85	35.97	51	401.6	0.238	95.58	22.75
18	460.9	0.235	108.42	25.50	52	573.8	0.238	136.63	32.53
19	277.9	0.235	65.37	15.37	53	692.6	0.238	165.00	39.31
20	1884.0	0.235	443.06	104.19	54	839.3	0.238	200.11	47.72
22	247.2	0.235	58.16	13.68	55	778.4	0.239	185.78	44.34
23	394.6	0.235	92.82	21.84	56	724.3	0.239	173.03	41.33
24	573.8	0.235	135.04	31.78	57	667.5	0.239	159.60	38.16
25	692.6	0.235	163.06	38.39	58	605.7	0.239	144.98	34.70
26	839.3	0.236	197.72	46.58	59	564.8	0.240	135.34	32.43
27	778.4	0.236	183.52	43.27	60	554.2	0.240	132.95	31.89
28	724.3	0.236	170.88	40.31	61	593.8	0.240	142.59	34.24
29	667.5	0.236	157.58	37.20	62	590.7	0.240	142.01	34.14
30	605.7	0.236	143.10	33.81	64	561.7	0.241	135.15	32.52
31	564.8	0.236	133.54	31.57	65	605.7	0.241	145.85	35.12
32	554.2	0.237	131.14	31.03	66	667.5	0.241	160.86	38.77
33	593.8	0.237	140.61	33.29	67	724.3	0.241	174.67	42.12
34	590.7	0.237	139.98	33.17	68	778.4	0.241	187.82	45.32
36	590.7	0.237	140.05	33.21	69	839.3	0.241	202.60	48.91
37	593.8	0.237	140.88	33.42	70	692.6	0.242	167.26	40.39
38	554.2	0.237	131.56	31.23	71	573.8	0.242	138.60	33.48
39	564.8	0.238	134.13	31.85	72	401.6	0.242	97.03	23.44
40	605.7	0.238	143.90	34.19	73	247.2	0.242	59.74	14.43
41	667.5	0.238	158.64	37.70	74	2082.1	0.242	503.10	121.57
42	724.3	0.238	172.19	40.94	75	247.2	0.242	59.76	14.45
43	778.4	0.238	185.10	44.02	76	401.6	0.242	97.10	23.47
44	839.3	0.238	199.60	47.47	77	573.8	0.242	138.81	33.58
45	692.6	0.238	164.74	39.18	78	692.6	0.242	167.65	40.58
46	573.8	0.238	136.49	32.47	79	839.3	0.242	203.36	49.28

续表

节点号 No.	重量 W_i(kN)	位移 u_i(m)	$W_i \times u_i$ (kN·m)	$W_i \times u_i^2$ (kN·m²)	节点号 No.	重量 W_i(kN)	位移 u_i(m)	$W_i \times u_i$ (kN·m)	$W_i \times u_i^2$ (kN·m²)
80	778.4	0.243	188.83	45.81	205	947.5	0.003	2.53	0.01
81	724.3	0.243	175.90	42.72	206	1428.6	0.014	19.49	0.27
82	667.5	0.243	162.29	39.46	207	1545.2	0.036	56.08	2.04
83	605.7	0.243	147.45	35.90	208	1545.2	0.067	103.17	6.89
84	561.7	0.244	136.93	33.38	209	1545.2	0.102	158.12	16.18
86	590.7	0.244	144.17	35.18	210	1545.2	0.140	216.84	30.43
87	593.8	0.244	145.14	35.48	211	1027.7	0.178	183.20	32.66
88	554.2	0.245	135.63	33.19	212	510.2	0.190	97.12	18.49
89	564.6	0.245	138.33	33.90	213	255.1	0.202	51.55	10.42
90	604.1	0.245	148.19	36.35	302	18593.3	0.000	0.21	0.00
91	662.5	0.246	162.68	39.95	303	291.6	0.000	0.01	0.00
92	713.9	0.246	175.46	43.12	304	583.1	0.001	0.38	0.00
93	760.8	0.246	187.13	46.03	305	947.5	0.002	2.27	0.01
94	812.7	0.246	200.02	49.23	306	1661.8	0.012	20.50	0.25
95	1000.6	0.246	246.43	60.69	307	2011.7	0.041	81.68	3.32
97	781.8	0.246	192.66	47.48	308	2011.7	0.079	159.51	12.65
98	1907.8	0.247	470.24	115.91	309	2011.7	0.123	246.85	30.29
99	784.0	0.247	193.28	47.65	310	2011.7	0.166	332.97	55.11
101	1007.3	0.247	248.44	61.27	311	1261.0	0.203	255.68	51.84
102	822.8	0.247	203.00	50.08	312	510.2	0.211	107.54	22.67
103	772.1	0.247	190.57	47.03	313	255.1	0.218	55.63	12.13
104	723.8	0.247	178.69	44.11	402	19726.6	0.000	0.19	0.00
105	668.2	0.247	165.00	40.75	403	291.6	0.000	0.01	0.00
106	677.8	0.247	167.42	41.35	404	583.1	0.001	0.32	0.00
107	558.5	0.247	137.99	34.09	405	947.5	0.002	1.93	0.00
108	543.3	0.247	134.26	33.18	406	1691.0	0.011	17.69	0.19
109	578.4	0.247	142.97	35.34	407	2070.0	0.036	73.63	2.62
110	707.2	0.247	174.82	43.22	408	2070.0	0.071	147.03	10.44
111	529.5	0.247	130.91	32.36	409	2070.0	0.113	232.77	26.18
112	561.6	0.247	138.84	34.33	410	2070.0	0.156	322.43	50.22
202	19726.6	0.000	0.24	0.00	411	1290.1	0.197	254.43	50.18
203	291.6	0.000	0.01	0.00	412	510.2	0.207	105.49	21.81
204	583.1	0.001	0.42	0.00	413	255.1	0.216	55.08	11.89
合计								21595.4	4859.7

参 考 文 献

［1］胡聿贤. 地震工程学. 北京：地震出版社，1988.
［2］R. 克拉夫，J. 彭津. 结构动力学. 北京：高等教育出版社，2006.
［3］范立础. 桥梁抗震［M］. 上海：同济大学出版社，1997.
［4］欧进萍. 钢筋混凝土结构地震损伤理论与应用. 袁驷,张跃,茹继平主编. 二十一世纪土木工程学科的发展趋势. 北京：科学出版社，1997.
［5］谢旭. 桥梁结构地震响应分析与抗震设计［M］. 北京：人民交通出版社，2005.
［6］柳春光,林皋,李宏男,周晶. 生命线地震工程导论［M］. 大连：大连理工大学出版社，2005.
［7］李建华. 工程结构抗震可靠度实用分析方法的研究［D］. 上海：同济大学出版社，2004.
［8］李建中，宋晓东，范立础. 桥梁高墩位移延性能力的探讨［J］. 地震工程与工程振动，2005，25(1)：43－48.
［9］侯爽，欧进萍. 结构Pushover分析的侧向力分布及高阶振型影响［J］. 地震工程与工程振动，2004，24(3)：89－97.
［10］李刚,程耿东. 基于性能的结构抗震设计－理论、方法与应用. 北京：科学出版社，2004.
［11］Hu Z, Jian W. Study on supervisory control of retaining pile displacement based on pushover analysis method. Yanshilixue Yu Gongcheng Xuebao/Chinese Journal of Rock Mechanics and Engineering, 2007, 26(SUPPL 1)：3148－3154.
［12］Medhekar M. S. , Kennedy D. J. L. Displacement－based seismic design of buildings－application. Engineering Structures, 2000, 22：210－221.
［13］Siachos G. , Dritsos S. Displacement based seismic assessment for retrofitting R. C. structures. Ancona, Italy：WIT Press, Southampton, SO40 7AA, United Kingdom, 2004：631－641.
［14］Zheng Y, Usami T, Ge H. Seismic response predictions of muti－span steel bridges through pushover analysis. Earthquake Engineering and Structural Dynamics, 2003, 32(8)：1259－1274.
［15］Lu Z, Usami T, Ge H. Seismic performance evaluation of steel arch bridges against major earthquakes. Part 2：Simplified verification procedure. Earthquake Engineering and Structural Dynamics, 2004, 33(14)：1355－1372.
［16］Castro JC, Maxwell JS. Seismic evaluation of the macy street bridge, Los Angeles, California using 3D nonlinear pushover methodologies. Washington, DC, USA：Publ by ASCE, New York, NY, USA, 1994：1099－1105.
［17］Pan L, Sun LM, Fan LC. Seismic damage assessment model and method based on pushover analysis for bridges. Tongji Daxue Xuebao/Journal of Tongji University, 2001, 29(1)：10－14.

[18] Abeysinghe RS, Gavaise E, Rosignoli M, Tzaveas T. Pushover analysis of inelastic seismic behavior of greveniotikos bridge. Journal of Bridge Engineering, 2002, 7(2):115-126.

[19] Chen X-Y, Liu W-H, Tang X-S. Pushover analysis for continuous rigid frame bridge. Zhongnan Daxue Xuebao (Ziran Kexue Ban)/Journal of Central South University (Science and Technology), 2008, 39(1):202-208.

[20] 周云,安宇,梁兴文. 基于性态的抗震设计理论和方法的研究与发展. 世界地震工程, 2001, 17(2):1-7.

[21] 中华人民共和国标准. 建筑抗震设计规范(GB 50011—2001). 北京:中国建筑工业出版社, 2001.

[22] 汪梦甫,王锐. 基于位移的结构静力弹塑性分析方法的研究[J]. 地震工程与工程振动, 2006, 26(5):73-80.

[23] 熊向阳,戚震华. 侧向荷载分布方式对静力弹塑性分析结果的影响. 建筑科学, 2001, (5):8-13.

[24] 郭杰强. 侧向荷载分布方式对钢筋混凝土框架结构层间耗能分布的影响. 中外建筑, 2007, (2):77-79.

[25] 种迅,叶献国等. Pushover 分析中侧向力分布形式的影响. 工程力学, 2001, (A03):298-302.

[26] 范立础,卓卫东. 桥梁延性抗震设计[M]. 北京:人民交通出版社, 2001.

[27] 中国工程建设标准化协会. 建筑工程抗震性态设计通则(试用)[S]. 北京:中国计划出版社, 2004.

[28] 朱镜清,结构抗震分析原理[M]. 北京:地震出版社, 2002.

[29] 林家浩,张亚辉. 随机振动的虚拟激励法[M]. 北京:科学出版社, 2004.

[30] S. Ganzerli, C. P. Pantelides, L. D. Reaveley. Performance-based design using optimization design. Earthquake Engineering and Structural Dynamics, 2000, 29:1677-1690.

[31] A. Ghobarah. Performance-based design in earthquake engineering: state of development. Engineering Structures, 2001, 23:878-884.

[32] A. M. Chandler, N. T. K. Lam. Performance-based design in earthquake engineering: a multidisciplinary review. Engineering Structures, 2001, 23:1525-1543.

[33] A. M. Chandler, P. A. Mendis. Performance of reiforced concrete frames using force and displacement based seismic assessment methods. Engineering Structures, 2000, 22:352-363.

[34] C. P. Court. Performance based engineering of buildings - a displacement design approach. Proc of Structural Engineers World Congress (SEWC'98), USA, 1998.

[35] H. Krawinkler. Issues and challenges in performance based seismic design. Proc of Structural Engineers World Congress (SEWC'98), USA, 1998.

[36] B. J. Choi, J. H. Shen. The establishing of performance level thresholds for steel moment-resistant frame using an energy approach. The structural design of tall buildings, 2001, 10:53-67.

[37] M. S. Medhekar, D. J. L. Kennedy. Displacement-based seismic design of buildings - appli-

cation. Engineering Structures,2000, 22:210 – 221.

[38] A. H – S. Ang,J. C. Lee. Cost optimal design of RC buildings. Reliability Engineering and System Safety,2001, 73:233 –238.

[39] H. Krawinkler. Challenges and progress in performance – based earthquake engineering. International seminar on seismic engineering for tomorrow – in honor of professor Hiroshi Akiyama,Tokyo,Japan, 1999.

[40] Eurocode – 8. Design of structures for earthquake resistance. General rules, seismic actions and rules for buildings. London：British Standards Institution, 2003.

[41] 刘先明,叶继红,李爱群. 多点输入反应谱法的理论研究[J]. 土木工程学报,2005,38(3).

[42] 贡金鑫. 工程结构可靠度计算方法[M]. 大连：大连理工大学出版社,2003:96 – 103.

[43] [美]M.J.N.普瑞斯特雷,F.塞勃勤,G.M.卡尔维著. 桥梁抗震设计与加固. 袁万城等译. 北京：人民交通出版社,1997.

[44] 吕西林,金国芳,吴晓涵编著. 钢筋混凝土结构非线性有限元理论与应用[M]. 上海：同济大学出版社,1996.

[45] 沈聚敏,周锡元,高小旺,刘晶波. 地震工程学[M]. 北京：中国建筑工业出版社.2000.

[46] 王君杰,范立础. 规范反应谱长周期部分修正方法的讨论[J]. 土木工程学报,1998.31(6):49 – 55.

[47] 李杰,李国强. 地震工程学导论[M]. 北京：地震出版社,1992.

[48] 史志利,李忠献. 随机地震动多点激励下大跨度桥梁地震反应分析方法[J]. 地震工程与工程振动,23(4):124 – 130.

[49] 欧进萍,牛荻涛,杜修力. 设计用随机地震动的模型及参数确定[J]. 地震工程与工程振动,1991.11(3):45 – 53.

[50] 杜修力,陈厚群. 地震动随机模拟及其参数确定方法[J]. 地震工程与工程振动,1994.14(4):1 – 5.

[51] 冯启民,胡聿贤. 空间相关地面运动的数学模型[J]. 地震工程与工程振动,1981.1(2):1 – 8.

[52] 屈铁军,王君杰,王前信. 空间变化的地震动功率谱的实用模型[J]. 地震学报,1996.18(1):55 – 62.

[53] 丁光莹,李杰. 多点非一致激励长跨结构抗震可靠度分析[J]. 世界地震工程,2000,16(3):84 – 89.

[54] A. K. Chopra,R. K. Goel. Capacity demand diagram methods for estimating seismic deformation of inelastic structures SDF system. Report No. PEER – 1999/02. Pacific Earthquake Engineering Research Center, University of California, Berkeley, 1999.

[55] Applied Technology Council (ATC), Seismic evaluation and retrofit of concrete buildings. Report No. Report ATC 40, 1996.

[56] FEMA274. NEHRP Commentary on the guidelines for the rehabilitation of buildings. Report No. Federal Emergency Management Agency, Washington D C, September, 1996.

[57] FEMA273. NEHRP Commentary on the guidelines for the rehabilitation of buildings. Washington D C: Federal Emergency management Agency, September, 1996.

[58] 陈明宪. 斜拉桥建造技术[M]. 北京:人民交通出版社,2003.

[59] 秦泗凤. 基于性能的桥梁静力非线性地震响应分析方法研究[D]. 大连理工大学博士论文,2008.

[60] 沈惠申,高峰. 斜拉桥索塔的可靠性分析[J],中国公路学报,1994,7(4):40-43.

[61] 张建仁,刘杨,许福有,郝海霞. 结构可靠度理论及其在桥梁工程中的应用[M]. 北京:人民交通出版社,2003

[62] Krawinkler H, Seneviratna GDPK. Pros and cons of a pushover analysis of seismic performance evaluation. Engineering Structures, 1998, 20(4-6):452-464.

[63] Eberhard MO, Sozen MA. Behavior-based method to determine design shear in earthquake-resistant walls. Journal of Structural Engineering,1993, 119(2):619-640.

[64] Fajfar P, Gaspersic P. N2 method for the seismic damage analysis of RC buildings. Earthquake Engineering & Structural Dynamics,1996, 25(1):31-46.

[65] Gupta B, Kunnath SK. Adaptive spectra-based pushover procedure for seismic evaluation of structures. Earthquake Spectra,2000, 16(2):367-391.

[66] Chopra AK, Goel RK. A modal pushover analysis procedure for estimating seismic demands for buildings. Earthquake Engineering and Structural Dynamics,2002, 31(3):561-582.

[67] 陈跃进,王树和. 直接基于位移的抗震设计方法及应用[J]. 科学技术与工程,2005,(17):1274-1276.

[68] 易伟建,蒋蝶. 一种基于滞回耗能的改进 pushover 分析方法[J]. 自然灾害学报,2007,(3):104-108.

[69] 龚胡广,沈蒲生. 一种基于位移的改进静力弹塑性分析方法[J]. 地震工程与工程振动,2005,(3):18-23.

[70] 周定松,吕西林. 延性需求谱在基于性能的抗震设计中的应用[J]. 地震工程与工程振动,2004,(1):30-38.

[71] Lin J-L, Tsai K-C. Simplified seismic analysis of asymmetric building systems. Earthquake Engineering and Structural Dynamics,2007, 36(4):459-479.

[72] Goel RK, Chopra AK. Role of higher-"mode" pushover analyses in seismic analysis of buildings. Earthquake Spectra,2005, 21(4):1027-1041.

[73] Barros RC, Almeida R. Pushover analysis of asymmetric three-dimensional building frames. Journal of Civil Engineering and Management,2005, 11(1):3-12.

[74] Li G, Liu Y. Pushover analysis of 3D eccentric structures. Jisuan Lixue Xuebao/Chinese Journal of Computational Mechanics,2005, 22(5):529-533.

[75] Chopra AK, Goel RK. A modal pushover analysis procedure to estimate seismic demands for unsymmetric-plan buildings. Earthquake Engineering and Structural Dynamics,2004, 33(8):903-927.

[76] Chopra AK, Goel RK, Chintanapakdee C. Evaluation of a modified MPA procedure assum-

ing higher modes as elastic to estimate seismic demands. Earthquake Spectra,2004, 20(3):757-778.

[77] Turker K, Irtem E. An effective multi-modal and adaptive pushover procedure for buildings. ARI Bulletin of the Istanbul Technical University,2007, 54(5):34-45.

[78] 王理,王亚勇,程绍革. 空间结构非线性静力分析的工程应用[J]. 建筑结构学报,2000,21(1):57-62.

[79] 欧进萍,侯钢领,等. 概率Pushover分析方法及其在结构体系抗震可靠度评估中的应用[J]. 建筑结构学报,2001,(6):81-86.

[80] 沈蒲生,龚胡广. 多模态静力推覆分析及其在高层混合结构体系抗震评估中的应用[J]. 工程力学,2006,(8):69-73.

[81] 熊学玉,李春祥,耿耀明,黄鼎业. 大跨预应力混凝土框架结构的静力弹塑性(pushover)分析[J]. 地震工程与工程振动,2004,(1):68-75.

[82] Fang D-P, Wang Q-F. Pushover analysis of concrete frame using improved capacity spectrum method. Gongcheng Lixue/Engineering Mechanics,2008, 25(1):150-154.

[83] Goel RK. Evaluation of modal and FEMA pushover analysis procedures using recorded motions of two steel buildings. Nashville, TN, United States: American Society of Civil Engineers, Reston, United States, 2004: 697-706.

[84] Chopra AK, Chintanapakdee C. Evaluation of Modal and FEMA Pushover Analyses: Vertically "Regular" and Irregular Generic Frames. Earthquake Spectra,2004, 20(1):255-271.

[85] Goel RK, Chopra AK. Evaluation of Modal and FEMA Pushover Analyses: SAC Buildings. Earthquake Spectra,2004, 20(1):225-254.

[86] Jia H, Yan G. Application of pushover method to seismic resistant performance evaluation of double column bridge pier. Beijing Jiaotong Daxue Xuebao/Journal of Beijing Jiaotong University,2008, 32(1):74-78.

[87] Lu Z, Ge H, Usami T. Applicability of pushover analysis-based seismic performance evaluation procedure for steel arch bridges. Engineering Structures, 2004, 26(13):1957-1977.

[88] S. A. Freeman. Development and use of capacity spectrum method. Proceedings of 6th US National Conference on Earthquake Engineering, Seattle, CD-ROM, EERI, Oakland, 1998.

[89] Saiidi M, Sozen MA. Simple nolinear seismic analysis of R/C structures,1981, 107(5):937-952.

[90] Bracci JM, Kunnath SK, Reinhorn AM. Seismic performance and retrofit evaluation of reinforced concrete structures. Journal of Structural Engineering,1997, 123(1):3-10.

[91] 魏巍. 几种push-over分析方法对比研究. 哈尔滨:中国地震局工程力学研究所,2001.

[92] 钱稼茹,罗文斌. 静力弹塑性分析-基于性能/位移抗震设计的分析工具[J]. 建筑结

构,2000, 30(6):23-26.

[93] 毛建猛,谢礼立,翟长海. 模态 pushover 分析方法的研究和改进[J]. 地震工程与工程振动,2006, (6):50-55.

[94] Isakovic T, Fischinger M. Higher modes in simplified inelastic seismic analysis of single column bent viaducts. Earthquake Engineering and Structural Dynamics,2006, 35(1):95-114.

[95] Paraskeva TS, Kappos AJ, Sextos AG. Extension of modal pushover analysis to seismic assessment of bridges. Earthquake Engineering and Structural Dynamics,2006, 35(10):1269-1293.

[96] Daniels J, Hughes D, Ramey GE, Hughes ML. Effects of bridge pile bent geometry and levels of scour and P loads on bent pushover loads in extreme flood/scour events. Practice Periodical on Structural Design and Construction,2007, 12(2):122-134.

[97] Memari AM, Harris HG, Hamid AA, Scanlon A. Ductility evaluation for typical existing R/C bridge columns in the eastern USA. Engineering Structures,2005, 27(2):203-212.

[98] Ghobarah A, Abou-Elfath H, Biddah A. Response-based damage assessment of structures. Earthquake Engineering & Structural Dynamics,1999, 28(1):79-104.

[99] 潘龙,孙利民,范立础. 基于推倒分析的桥梁地震损伤评估模型与方法[J]. 同济大学学报,2001, 29(1):10-15.

[100] 柳春光,林皋. 桥梁结构 Pushover 方法抗震性能研究[J]. 大连理工大学学报,2005, 45(3):395-400.

[101] Liu Chun-guang, Qin Si-feng and Lin Gao. Improved Adaptive Spectra-Based Pushover Analysis for Estimating Seismic Performance for Bridge Structures[C], 4th International Conference on Earthquake Geotechnical Engineering, Thessaloniki, Greece, 25-28 June,2007.

[102] 柳春光,林皋,洪峰. 桥梁工程系统地震可靠性分析[J]. 大连理工大学学报,No.1, Vol.43, p104-108,2003.

[103] 柳春光,林皋. 已建立交桥工程系统抗震加固优化方法研究[J]. 大连理工大学学报, No.3, Vol.42, p338-341,2002.

[104] 崔高航. 桥梁结构 PUSH-OVER 方法研究. 哈尔滨:中国地震局工程力学研究所, 2003.

[105] 柳春光,包峰. 基于公路工程规范地震需求谱研究[J]. 世界地震工程,2006, 22(3):21-26.

[106] 王东升,翟桐,郭明珠. 利用 Push-over 方法评价桥梁的抗震安全性[J]. 世界地震工程,2000, 16(2):47-51.

[107] 柳春光,刘鑫. 遗传算法在桥梁结构地震可靠性分析中的应用[J]. 地震工程与工程振动,No.5, Vol.26, p120-125,2006.

[108] 柳春光,杜勇刚,刘鑫. 基于反应谱法的多点激励下桥梁结构抗震可靠性分析[J]. 防灾减灾工程学报,Vol.27, No.3, p270-274,2007.

[109] 张新培. 钢筋混凝土抗震结构非线性分析[M]. 北京：科学出版社，2003.
[110] 交通部公路规划设计院. 公路工程抗震设计规范(JTJ 004-89). 北京：人民交通出版社，1992.
[111] 王建民，朱晞. 地震作用下高架桥结构的脆弱性[J]. 中国公路学报，2007，20(1)：68-72.
[112] Chopra Anil K. Dynamics of Structures: Theory and Applications to Earthquake Engineering. 北京：清华大学出版社，2005.
[113] 道路橋示方書. 同解説，V耐震設計編，2002年3月，社団法人，日本道路協会.
[114] 道路橋示方書. 同解説，Ⅳ下部構造編，2002年3月，社団法人，日本道路協会.
[115] 道路橋の耐震設計に関する資料，1997年3月，社団法人，日本道路協会.
[116] 道路橋の耐震設計に関する資料——PCラーメン橋，1998年1月，社団法人，日本道路協会.
[117] 公路桥梁抗震设计细则(JTG/TB 02-01-2008). 中华人民共和国交通运输部.
[118] 陈星烨，邵旭东等. 大跨度斜拉桥地震动线性与非线性响应分析[J]. 湖南大学学报，2002，29(2)：106-111.